教育部人文社会科学研究一般项目（11YJAZH128）

当代中国
城市公共文化空间
变迁研究

仲红卫　著

SPM 南方传媒 | 广东人民出版社
·广州·

图书在版编目（CIP）数据

当代中国城市公共文化空间变迁研究 / 仲红卫著. —广州：广东人民出版社，2022.12
ISBN 978-7-218-16419-9

Ⅰ.①当… Ⅱ.①仲… Ⅲ.①城市文化—研究—中国 Ⅳ.①C912.81

中国版本图书馆CIP数据核字（2022）第255165号

DANGDAI ZHONGGUO CHENGSHI GONGGONG WENHUA KONGJIAN BIANQIAN YANJIU
当代中国城市公共文化空间变迁研究
仲红卫　著

版权所有　翻印必究

出 版 人：肖风华

责任编辑：钱飞遥
责任技编：吴彦斌　周星奎

出版发行：广东人民出版社
地　　址：广州市越秀区大沙头四马路10号（邮政编码：510199）
电　　话：（020）85716809（总编室）
传　　真：（020）83289585
网　　址：http://www.gdpph.com
印　　刷：广州小明数码印刷有限公司
开　　本：787毫米×1092毫米　1/16
印　　张：17.75　　字　　数：360千
版　　次：2022年12月第1版
印　　次：2022年12月第1次印刷
定　　价：68.00元

如发现印装质量问题，影响阅读，请与出版社（020-87712513）联系调换。
售书热线：（020）87717307

序

自工业革命之后，城市在人类生活中的地位与日俱增。如今，不仅仅在发达国家，在许多努力发展经济的发展中国家，生活在城市中的人口也已经超过了乡村人口。"城市化"被经济学家看作拉动财富增长的主要动力，被政治家看作驱动社会进入"现代化"阶段的重要标志。城市化和城市带来的变化，就如同人类从游牧生活进入以种植农业为依托的定居生活一样，把人类带入了一个新的历史发展阶段。

就中国城市的发展历史而言，虽然城市的起源很早，但古代城市实际上是"城"而不是"市"，因为城市的核心功能是政治的和军事的而非商业的。从近代西方殖民主义者的入侵开始，才逐渐在沿海地区兴起了以工商业立足的具有资本主义性质的现代城市。中华人民共和国成立后很长一段时间内，城市和乡村实行两种不同的管理模式。城市虽然集政治功能、经济功能、文化功能等于一身，但是吸纳的人口并不多。在广大的农村包围下，城市仿佛是一座座的"孤岛"。改革开放后，中国的城市化进程不断加速，新的城市不断涌现，还形成了或者正在形成若干个极为庞大的"城市群"。今天，城市经济构成了经济的绝对主体，城市人口也占据了全国总人口的65%以上。比较起来，乡村却在各个方面都显得"黯然失色"，以至于"振兴乡村"被国家作为实现全国均衡发展、协调发展的重大战略而予以推动。

这个历史变化迫使我们不得不好好地打量城市——不是从工具主义的角度，而是从人文主义出发，认真思索除高度发达的物质生活以外，城市究竟给我们带来了哪些更为重要的影响。在西方，早在十九世纪就已经有学者从社会学、哲学的角度探究过诸如此类的问题；二十世纪早期兴起的芝加哥学派，对于城市的发展产生了巨大的影响。在西方学者的讨论中，城市公共空间是其中的一个重要领域。西方学者之所以关心公共空间，并非仅仅基于理论上的兴趣，而是因为资本主义政治制度的渊源和实际形成过程、发展变迁等等，与公共空间的历史发展具有极为密切的关系。这一点也可以用来说明为什么中国学者自古及今都不关注公共空间问题，因为历史上中国政治制度的变迁与公共空间基本上没有关系。中国学者留意到公共空间——或者作为其抽象价值的公共性——问题，只是最近二十年左右的事情。有两个因素促成了这一变化：首先是中国社会发生了实实在在的巨大变化。随着城市经济发展和规模扩大，出现了庞大的新市民阶层。这些人对于公共空间的参与程度和依赖程度都是前所未有的。在家庭、谋生机构之外，公共空间——无论是虚拟的还是现实的，抑或是二者的融合——构成了他们的第三生活领域，而且其重要性还在持续增长。其次是西方有关理论的引入，为人们观察问题提供了可资借鉴的新视角。在这些理论中，汉娜·阿伦特、尤尔根·哈贝马斯、亨利·列斐伏尔等人的思想最被从事哲学、政治学、历史学和文学研究的学者看重，而类似于阿兰·B.雅各布斯（Allan B. Jacobs）和简·雅各布斯（Jane Jacobs）这些更多关注"城市生活""城市肌理"的学者，则对许多人要相对陌生一些。现在看来，两位同姓雅各布斯的学者从生活角度出发呼唤的城市公共空间人文性回归，对于我们研究城市公共空间的意义，其参考价值也许并不比哈贝马斯等人弱。

这本书的重点是研究中华人民共和国成立后城市公共空间的发展变化。原计划在总论（第一章）之后，按照时间顺序分为几个阶段，先概括地描述每一个阶段的总体特征，然后作为案例深入讨论某一种具体的公共文化空间。但是在研究中却发现这种思路基本走不通，因为公共文化空间的"共性"主要体现在建构这种空间的历史背景条件的一致性上，然而由于空间本身在性质上的巨大差异，其作为公共文化空间的特殊性难以一概而论。按照公共文化空间的类别分开研究不但可以使讨论更为深入，而且也更符合研究的逻辑。因此，在研究中改变了写作的框架，形成了现在的写作体系。为了使研究具有纵深感，对于所讨论的每一种公共文化空间在中西方的历史发展线索，给予了尽可能简要的描述和讨论。

本书的书稿在2018年底就已完成。完成之后，首先请中国社会科学院世界宗教研究所的周齐教授看过，她建议笔者在每一章之后写一个小结；然后又请笔者的同事孙媛教授审读，她看得很仔细，提了许多宝贵的意见，这些意见的很大一部分在定稿时吸收了，还有一些因为笔者的能力所限，处理得并不令人完全满意。

感谢广东省文史研究馆田丰馆员为笔者介绍广东人民出版社出版此书。

感谢我的妻子邓秋华女士对笔者的支持。研究是一件需要专注投入的事情，而这同时也意味着需要最亲密的人承担本该写作者自己承担的家庭工作。

仲红卫

2022年12月31日记于韶关学院

目　录

第一章
城市公共文化空间概论

　　虽然现代自然科学的发展正在逐渐"颠覆"——也许用"侵蚀"这个词更好一些——传统的空间概念，比如量子纠缠理论对于"定域性"和"非定域性"的重新界定，但是无论如何，人类的生存需要一个可辨识和可用于指导日常生活的"稳定"的空间。这个经验性的"常识"，对于生活在由时间和空间组成的"基本秩序"中的人类来说，是开展一切活动的前提。然而，很可能是因为这个"常识"太不引人注目，直到19世纪以前，事实上没有人觉得"空间"是一个应该被仔细打量、反思的对象。幸运的是，在社会学、历史学、文学等的研究中，这一现象正在改变：不但"空间"问题被从人类思想发展、文化发展的角度提了出来，而且像"公共空间""私人空间""社会空间"等等范畴也受到了重视。正像有的社会科学学者所说的，学术界正在出现一种"向空间转型"的潮流。

第一节　公共空间概论

（一）空间

在著名的《1844年经济学哲学手稿》中，青年马克思（Karl Heinrich Marx）写道：

"动物是和它的生命活动直接同一的。它没有自己和自己的生命活动之间的区别。它就是这种生命活动。人则把自己的生活活动本身变成自己的意志和意识的对象。他的生活活动是有意识的。这不是人与之直接融为一体的那种规定性。有意识的生活活动直接把人跟动物的生命活动区别开来。正是仅仅由于这个缘故，人是类的存在物。"①

对马克思来说，人的活动属于"生活活动"，而动物的活动属于"生命活动"；将两者区别开来的关键，是人能够把自己的活动本身"变成自己的意志和意识的对象"。这也就是说，人是有意识的存在物；"有意识"的意思是说，人不仅能感觉、知觉到自己的活动，而且能明确地意识到自己的活动，并能把自身和自身的活动区别开来。人的这种意识是如何发展起来的呢？从人类意识的发生来看，因为人的一切活动都是在一定的时间和空间中进行的，所以时空意识的逐渐形成是人类其他一切意识发展的起点和基础，是从"混沌"走向"光明"的第一步。所以，从生存本体论的意义上说，获得时间感觉和空间感觉，意味着人从动物的混沌状态中走出来，进入了物我两分，可以将世界对象化的发展阶段。

"对于所有的思想模式来说，空间都是一个必不可少的思维框架。从物理学到美学、从神话巫术到普通的日常生活，空间连同时间一起共同地把一个基本的构序系统（ordering system）搣入到人类思想的方方面面。"②因为

① ［德］马克思：《1844年经济学哲学手稿》，刘丕坤译，人民出版社1979年版，第50页。

② ［美］罗伯特·戴维·萨克：《社会思想中的空间观：一种地理学的视角》，黄春芳译，北京师范大学出版社2010年版，第4—5页。

空间普泛的、无所不入地渗透到人类社会生活的各个层面和各个方向，所以人们可以从不同的角度来谈论空间，这也形成了空间概念的复杂性。也即是说，"在不同的抽象层次上，都会出现关于空间的概念的互相分离和互相关联；同样的，在不同的观点以及不同的思想模式中，也会出现关于空间的概念的互相分离与互相关联。"①虽然如此，但是物质的、物理的空间仍然是一切空间思想的起点，这是因为具有相对客观性、可衡量的物理学意义上的空间和时间界定、规范了人的肉体生命，而肉体生命的存在是人类其他一切行为的基础。但是，这只是一方面。从另一方面来讲，独立于人之外的空间对于人来说是不存在的。因为世界总是我的世界，是我与之建立起种种实践性关系的世界。与人无关的世界是不可想象的。这即是说，因为人在其本质规定上是社会性的，所以作为人的感觉的、认识的、物质的实践对象之空间也必然是社会性的——在最直接的意义上，空间和时间这一对概念本身就是人类赋予世界秩序的一种方式，而只是借助于这种秩序，世界才向我以如此这般的方式呈现自身；离开了这种秩序，世界就会"隐没"，而人也不复为人。空间的社会性使得我们不仅可以从物理的角度谈论空间，也可以从历史的、社会的角度谈论空间，也即是把空间视为人类实践的结果。

早在十九世纪，马克思和恩格斯（Friedrich Engels）就关注过空间的生产问题。虽然他们还没有明确地将"空间"和"生产"联系起来，但已经敏锐地发现了资本主义是如何通过自由贸易和工业城镇的迅速生长而彻底改变了空间的面貌。在《共产党宣言》中，他们指出"大工业建立了由美洲的发现所准备好的世界市场。世界市场使商业、航海业和陆路交通得到了巨大的发展。这种发展又反过来促进了工业的扩展，同时，工业、商业、航海业和铁路愈是扩展，资产阶级也愈是发展"，②又说：

"资产阶级，由于开拓了世界市场，使一切国家的生产和消费都成为世界性的了。……过去那种地方的和民族的自给自足和闭关自守状态，被各民

---

① ［美］罗伯特·戴维·萨克：《社会思想中的空间观：一种地理学的视角》，黄春芳译，北京师范大学出版社2010年版，第5页。

② ［德］马克思、［德］恩格斯：《共产党宣言》，见《马克思恩格斯选集》（第1卷），人民出版社1972年版，第252页。

族的各方面的互相往来和各方面的互相依赖所代替了。……资产阶级……把一切民族甚至最野蛮的民族都卷到文明中来了。它的商品的低廉价格，是它用来摧毁一切万里长城、征服野蛮人最顽强的仇外心理的重炮。它迫使一切民族——如果它不想灭亡的话——采用资产阶级的方式；它迫使它们在自己那里推行所谓文明制度，即变成资产者。一句话，它按照自己的面貌为自己创造出一个世界。"①

对于马克思和恩格斯而言，资产阶级"按照自己的面貌为自己创造的世界"是一个全新的社会空间，具有与此前的各个社会完全不同的面貌：它在生产和消费方面是真正意义上的"世界性"的；它通过商品打破了旧有的一切民族的、国家的界限；同时，它促使社会日益分化为两大完全对立的阶级——资产阶级和无产阶级，并使得一切传承久远的凝固的关系在很短时间内烟消云散。总之，世界范围内的政治、经济乃至文化的空间秩序以及每一处特定空间内的种种社会关系都发生了根本性改变。

对于空间社会学，最重要的经典作家无疑是齐美尔（Georg Simmel）。他认为一些社会互动能够使空洞的空间变成有意义的空间。齐美尔分析了在这些互动中找到的空间形式的五项基本属性，这些属性是：一块空间的排他性或独特性；空间可以由此划分成具有空间化"框架"的片段和活动的那些方式；社会互动可以在空间里局部化的程度；邻近/距离的程度，尤其是在城市里表现出来的程度以及视觉的角色；变动不居的定位的可能性及其后果，尤其是"陌生人"的到来。在《大都市与城市》里，齐美尔就空间与城市的关系提出了更为具体的观点：首先，由于大都市中有丰富而多样的刺激，人们不得不养成一种冷淡而迟钝的态度。因为如果不养成这种态度，人们将无法应对人口的高密度所导致的这类体验。其次，城市还确保个体具有一种独特的个体自由。与小规模的共同体相比，现代城市为个体、为个体内在发展和外在发展的独特表现都留出了余地。第三，城市建立在货币经济的基础上，货币经济是城市的理性和唯智主义的源泉与表现。货币为城市中人

---

① 〔德〕马克思、〔德〕恩格斯：《共产党宣言》，见《马克思恩格斯选集》（第1卷），人民出版社1972年版，第254—255页。

的情感与态度提供了一种平衡尺度。第四，货币经济促使人们关注精确和准时，因为它使人们更多地去计算他们的活动和关系。①

齐美尔对于城市空间与人类生活的描述更像是后现代主义的鼻祖，因为他过多地注意到了分裂、运动、碎片和多样化。可惜的是，他的分析在当时并没有引起人们太多的关注。城市社会学作为一门学科，是二战期间在芝加哥大学（The University of Chicago）才建立起来的。作为城市社会学的代表人物，路易斯·沃斯（Louis Wirth）分析了城市地区和乡村地区在社会生活模式上的差异，认为"都市"——一种新型的人类生存空间——为人们带来了与传统的乡村生活完全不同的体验，因而是一种新的生活方式。②围绕着沃斯的观点，学者们或者继续深入研究、验证城市生活模式与乡村生活模式之间的差异，或者努力发现生活在城市特定空间中的人类群体也有类似于乡村生活的方面，或者在沃斯提出的规模、密度、异质性三个概念之外挖掘新的影响城市生活的基本因素。城市与乡村作为一种具有理论意义的分析框架，被广泛使用到对不同类型空间性质的分析之中。

受马克思主义阶级分析法的影响，二十世纪七十年代兴起的新城市社会学对芝加哥学派的观点进行了理论的批判与再审视。新城市社会学不同于旧城市社会学——也就是芝加哥学派——的地方，是他们"把城市看作社会的产物，而不是自然竞争的结果。"③法国社会学家曼纽尔·卡斯泰尔（Manuel Castells）提出了借助于"集体消费"来理解城市的观点。所谓"集体消费"，是指城市中由国家提供给劳动者的一些必要的服务，比如公屋、公共交通、免费或者低费的技能培训、基本的健康检查等等；提供这些服务的目的在于确保劳动者能量和技能（或者说为了生产而需要被剥削阶级保持的最基本的体力和技能）的"再生产"。卡斯泰尔强烈地反

---

① 参看J.厄里：《关于时间与空间的社会学》，见［英］布赖恩·特纳：《Blackwell社会理论指南》，李康译，上海人民出版社2003年版，第511页。

② Louis Wirth: *Urbanism as a Way of Life*, The American Journal of Sociology, Vol 44, No.1,（Jul., 1938）.PP.1—24.

③ 张品：《社会空间：城市社会学研究的一种新视角》，《理论与现代化》2018年第5期，第117页。

对芝加哥学派从"文化/生活方式"的角度或者某种空间决定论的角度来理解城市。由于城市中存在着不同种类的社会空间，所以"集体消费"呈现出不均等的状态，而这是引发政治活动的根源。所以，卡斯泰尔认为城市已经成为新型政治活动的中心。[①]将城市空间视为一种政治-经济空间的思想，甚至延伸到了性别研究领域。女权主义学者多琳·马西（Dorren Massey）把空间性看作资本主义生产过程中不可或缺的积极特征，认为变动中的生产关系会造成城市空间的明显差异，"任何一个有关'不平等发展'的概念都必须涉及其中一个重要元素——各种社会经济关系的空间结构。生产关系空间结构的不平等决定了各个地区处于主导或者从属地位……阶级之间的不平等不可能只是集中在某一个小点上，而最终是表现在空间分布上的。因此，空间组织被认为是任何追溯有关'不平等发展'起源的重要因素之一。"[②]对于马西而言，社会分工和生产要素在不同空间中的迁移导致了城市空间结构的重塑，其结果不仅形成了社会不平等，还导致了城市空间具有显著的性别特征：从19世纪中叶开始，城市的公共空间开始成为男性的空间，女性作为"他者"被限制在郊区或家庭的"私人"空间。"空间和身份联合起来对女性实行控制的典型表现之一是公共空间和私人空间二者之间的文化差异。将女性约束在家庭范围内既是一种特定的空间控制，同时通过这一点，也是对身份的社会控制。"[③]此外，"新型国际分工"也成为空间分析的一个理论框架。一些理论家注意到随着一些发展中国家农村人口向城市迁移、生产环节和生产要素的国际化分工进一步扩展、信息技术进步带来的全球范围内即时沟通能力的实现等，一种复杂得多的"空间分工"正在形成。最后，安东尼·吉登斯（Anthony Giddens）以"在场"理论为基础，提出"时空伸延"的问题。所谓时空伸延，指各个社会在长短不一的时空跨度上"延伸"开去的过程。在过去

---

① Manuel Castells: *The urban question: a Marxist approach*, Massachusetts: MIT Press, 1977.

② 多琳·马西:《不平等发展：社会变迁和劳动力空间分工》，见［加］特雷弗·J.巴恩斯等:《经济地理学读本》，童昕等译，商务印书馆2007年版，第97—98页。

③ Doreen Massey: *Space*, *Place and Gender*, Cambridge: Polity Press, 1994, p179.

的几百年里，因为人类技术和社会组织方式的进步，社会活动越来越依赖于与时空中不在场的那些人之间的互动，而这些在以前所有的社会中是做不到的。吉登斯以全球化为例，指出全球化实际上是"世界范围内的社会关系的强化，这种关系以这样一种方式将彼此相距遥远的地域连接起来，即此地所发生的事件可能是由许多英里以外的异地事件而引起，反之亦然"。①

二十世纪八十和九十年代，关于时空的社会学分析发展到了一个新的阶段。大卫·哈维（David Harvey）主张空间和时间都不是"自然的"存在，而是以阶级斗争为主要内容的社会实践的产物，"空间和时间实践在社会事务中从来都不是中立的，它们始终都表现了某种阶级的或者其他的社会内容，并且往往成为剧烈的社会斗争的焦点"。②他注意到"马克思主义作为一个基本理论体系在空间方面非常薄弱"。所以需要将"空间生产"作为一个积极的要素整合到历史唯物主义之中，使历史唯物主义发展为"历史-地理唯物主义"。哈维将资本积累、阶级斗争和空间变迁联系起来，分析了资本主义的发展所导致的空间"不平衡发展"问题，"在资本主义条件下，城市建构环境的生产和创建过程直接服从于资本积累的现实要求，资本对利益的追逐直接塑造了资本主义城市的空间面貌，因此，对资本主义城市化的研究必须关注资本主义积累过程以及生产的空间组织和空间关系的变革"。③资本主义在不同的历史阶段，为了有利于生产的增长和利润的最大化，而具有不同的"空间定位"，亦即对于时空的重新组织。正是借助于对于时空的不断重组，资本主义才度过了一次次的危机。加斯东·巴什拉（Gaston Bachelard）是当代中国学者尤其是美学和文学研究者经常提起的一位空间研究者。他反对将空间视为抽象的、空洞的、静态的思想，主张空间与人类体验之间的关系。在巴什拉看来，空间是具体的、承载着某人的切身经验、记

① 杜艳华、贺永泰：《马克思恩格斯现代性思想体系及其影响研究》，上海人民出版社2017年版，第283—284页。

② ［美］大卫·哈维：《后现代的状况》，阎嘉译，商务印书馆2003年版，第299页。

③ 李春敏：《马克思的社会空间理论研究》，上海人民出版社2012年版，第217页。

忆的场所，而不是空荡荡的物理空间。以他对"居所"的分析为例：巴什拉指出"居所"不是一种单纯的物理对象，它是这样一个场所，人们可以在这里想象、做白日梦，可以自由自在。居所就在我们中间，我们就居住在居所里。空间不是一种器具性的存在，而是我们栖居于其中、承载着我们的记忆的场所。赫塞林顿描述了这种巴什拉式的立场："餐桌上台布的气息，地下室台阶的坡度，孩童百无聊赖时从窗台边缘抠去的漆斑，这些都成了构成我们记忆的物质实体……栖居……就是通过白日梦和记忆，从过去中重新拾回长久遗忘的东西，生活在它那被忆起的私密性的回荡之中。"[1]赫塞林顿的话，使我们不由自主地想起了海德格尔在《艺术作品的本源》中对于梵高笔下的农鞋的存在主义解读。

对于本书的写作有重大影响的是亨利·列斐伏尔（Henri Lefebvre）关于"空间生产"的思想。列斐伏尔关于空间的思想深受马克思的影响。在马克思的著作中，"生产"是一个重要的概念。马克思本人提出的生产概念，除了物质生产、精神生产之外，还有诸如类的生产、种的再生产等等。马克思所理解的历史，归根结底就是生产的历史，因为正是生产在根本上制约着人类的社会生活。在研读马克思的基础上，列斐伏尔试图发展出自己的"空间辩证法"，这一努力就体现在他的《空间的生产》中。[2]列斐伏尔认为，空间不是一种自然的、被动的几何现象；空间是一种特殊的社会产品，它被不断地生产和再生产出来，因此是一个充满了斗争的场所。

空间是社会性的；它牵涉到再生产的社会关系，亦即性别、年龄与特定家庭组织之间的生物—生理关系，也牵涉到生产关系，亦即劳动及其组织的分化。

过去留下了痕迹作为一种铭记，但是空间总是现在的空间（present space），一个目前的整体（current totality），而且与行动相互扣连衔接。事实上，生产及其产物乃是同一过程里不可分割的两面。

---

① 参看 J. 厄里：《关于时间与空间的社会学》，见〔英〕布赖恩·特纳：《Blackwell社会理论指南》，李康译，上海人民出版社2003年版，第526页。

② 〔法〕亨利·列斐伏尔：《空间的生产》，刘怀玉等译，商务印书馆2021年版。

社会空间不能以自然（气候与地理形势）历史与"文化"来解释。更甚者，生产力也不构成一个空间或一段时间。中介与中介者在其自身之间插入调停；以其引自知识、引自意识形态、引自意义系统的理性来调停。

空间是一种社会关系吗？当然是，不过它内含于财产关系（特别是土地的拥有）之中，也关联于形塑这块土地的生产力。空间里弥漫着社会关系；它不仅被社会关系支持，也生产社会关系和被社会关系所生产。

空间在目前的生产模式与社会中有属于自己的现实，与商品、货币和资本一样有相同的宣称，而且处于相同的全球性过程之中。

自然空间（natural space）已经无可挽回地消逝了。虽然它当然仍是社会过程的起源，自然现在已经被降贬为社会的生产力在其上操弄的物质了。

每个社会都处于既定的生产模式架构里，内含于这个架构的特殊性质则形塑了空间。空间性的实践界定了空间，它在辩证性的互动里指定了空间，又以空间为其前提条件。

因此，社会空间总是社会的产物，但这个事实却未获认知。社会以为它们接受与转变的乃是自然空间。[①]

以欧洲历史为例：希腊人的实践和其宇宙观紧密相联，相反罗马人则把权力实践放在首位；空间也因此而变，作为希腊城市中心的agora（集市）一定是空的，一律按照中道的黄金分割律安排比例，这样希腊自由公民可以汇集在那里，在"宇宙的统一性"当中进行交流；而罗马城市中心的城镇广场则布满了纪念堂、祭坛、寺庙甚至监狱，集中地投射着国家和人民之间的权力关系。所以，空间的表达在本质上是社会意识形态投射的结果，是被按照一定的模式生产出来的。列斐伏尔指出空间结构包括了三个方面：首先是各种"空间实践"。这意味着空间不是自然的、从来就如此的，而是人类社会实践活动的产物。其次是各种"空间表现"。在空间被建构的过程中，关于空间的抽象模型也得到了表现。这些抽象的空间模型是意识形态的表达，绝大多数空间都体现了统治阶级的空间观对于民众空间观的控制，但是也有

---

① ［法］亨利·列斐伏尔：《空间：社会产物与使用价值》，见包亚明主编：《现代性与空间的生产》，上海教育出版社2003年版，第48页。

一些空间表现出民众的"反抗"。最后是"表现的空间"。列斐伏尔指的是实践者与环境之间的活生生的关系。具体而言，当空间被生产出来以后，空间就具有了中介的意义，身体借助于这一空间中介与其他身体交流互动，全体社会成员（包括统治者）都在这个中介当中展开行动并使自己的行动物质化。

列斐伏尔对资本主义的空间商品化提出了严厉的批评。他指出，资本家对于剩余价值的追逐正以史无前例的方式将一切有用的对象变为可以出售的商品，"空间"也在其中。"空间作为一个整体，进入了现代资本主义的生产模式：它被利用来生产剩余价值。土地、地底、空中，甚至光线，都纳入生产力与产物之中。都市结构挟其沟通与交换的多重网络，成为生产工具的一部分。城市及其各种设施（港口、火车站等）乃是资本的一部分。"[①]在当代社会，空间的商品化已经构成资本家榨取剩余价值和获取财富的主要方式，"历史在世界性的层次上开展，并因之在这个层次上制造了一个空间……世界空间乃是我们这个时代在其中创造出来的场域"。[②]以商品化为底层逻辑的资本主义及其国家的空间生产，由此无可避免地引发了"空间的粉碎化"（pulverization of space）。同时，资本家不停地开发新空间，但是这种为了交换价值而进行的开发行为在客观上造成了空间的"均质化"（homogeneity），破坏了空间原有的社会和文化价值，"这个形式的与量化的抽象空间，否定了所有的差异，否定那些源于自然和历史，以及源自身体、年龄、性别和族群的差异"。[③]"均质化"导致人的生活空间在资本主义条件下不仅没有发生真正意义上的进步，反而发生了退化。

列斐伏尔的思想对于城市空间的设计产生了很大的影响。简·雅各布斯对于功能主义城市规划的批判和对城市生活多样性的呼求，就与列斐伏尔对

---

① ［法］亨利·列斐伏尔：《空间：社会产物与使用价值》，见包亚明主编：《现代性与空间的生产》，上海教育出版社2003年版，第49页。

② ［法］亨利·列斐伏尔：《空间：社会产物与使用价值》，见包亚明主编：《现代性与空间的生产》，上海教育出版社2003年版，第51页。

③ ［法］亨利·列斐伏尔：《空间：社会产物与使用价值》，见包亚明主编：《现代性与空间的生产》，上海教育出版社2003年版，第51—52页。

资本主义空间生产的批评有异曲同工之处。

（二）公共空间

在形形色色的空间类型中，公共空间似乎具有引人瞩目的特殊性。这一概念不仅与人们的私人生活具有密切联系，也和人们的公共生活——包括政治生活在内——具有密切关系。

从词语的构成上说，"公共空间"这个概念由"公共"（public）和"空间"（sphere，space）两个词组成。"空间"一词划定了它的表达方式，即以某种类型的空间作为表达的具体机制：在实际的使用中，space更侧重于空间的物质性；而sphere的外延更大一些，类似于汉语里的"领域"。"公共"则是这一概念的灵魂，是它的基本精神之所在。因为对于"公共空间"的解读，就是对于"公共性"及其表达机制的理解。

汉娜·阿伦特（Hannah Arendt）是最早触及"公共空间"问题的学者之一。①在《人的境况》中，她指出了公共领域（公共空间）所赖以立足的"公共性"具有两个内在紧密联系但却不一致的现象："首先，它意味着，任何在公共场合出现的东西能被所有人看到和听到，有最大程度的公开性"。她从本体论的角度阐释了"公开性"的意义："对我们来说，显现——不仅被他人而且被我们自己看到和听到——构成着实在。与这种来于被看到和被听到的实在相比，即使亲密生活的最大力量——心灵的激情、精神的思想、感性的愉悦——造成的也是不确定的、阴影般的存在，除非它们被转化成一种适合于公共显现的方式，也就是去私人化和去个人化"。②汉娜·阿伦特从古希腊关于"人"的定义出发，将"社会性"理解为人的规定性，而"社会性"只有通过参与"公共生活"才能表现出来；"公共生活"的本质就是"公开性"，它和

---

① 根据学者纳道伊（L.Nadai，2000）对公共空间的概念进行的历史研究，"公共空间"（public space）作为一个特定名词最早出现于1950年代，在英国社会学家查尔斯·马奇（Charles Madge）在1950年发表的文章《私人和公共空间》，以及政治哲学家汉娜·阿伦特的著作《人的条件》（又译《人的境况》）中。

② ［德］汉娜·阿伦特：《人的境况》，王寅丽译，上海人民出版社2009年版，第32页。

在私人领域内体现出来的"私人性"是对立的。公开性亦即他人的在场性才向我们保证了世界和我们自己的实在性,"公共领域的实在性依赖于无数视角和方面的同时在场,……被他人看到或听到的意义来自于这个事实:每个人都是从不同角度来看和听的。这就是公共生活的意义"。①其次,"公共"一词还构成了世界的"世界性"。"世界的世界性"本来是海德格尔在《存在与时间》中从存在主义层面提出的一个概念,意指世界通过某种方式互相勾连并呈示出来。汉娜·阿伦特继承和发展了这一思想,她指出"世界"不等于地球或自然,后者作为有限空间,为人类生活或者有机生命的存在提供了一般性的条件,但自然不是"世界","与世界相关的是人造物品,人手的产物,以及在这个人为世界中一起居住的人们之间发生的事情"。②因此,"世界"体现出人与物、人与人之间的某种关系性;"世界"只有作为人的对象、体现出"人的尺度"的时候才是世界,离开人的世界只是纯粹的自然界而不是世界。对汉娜·阿伦特来说,"世界"既使人们互相联系又使人们彼此分开,这就像一张桌子置于围桌而坐的人们中间,人们借助于桌子这个共同拥有物产生了联系,但是却又因此而互相隔离,后者使得人们避免了互相融合和消失。公共领域就是这种在为人们提供共同联系的同时又把彼此隔开的桌子,"作为共同世界的公共领域既把我们聚拢在一起,又防止我们倾倒在彼此身上"。③

汉娜·阿伦特的思想在当时并没有引起太多的关注。真正使"公共空间"变成社会和历史分析的流行范式的人是尤尔根·哈贝马斯(Jürgen Habermas)。在汉娜·阿伦特的基础上,哈贝马斯在他的教授资格论文《公共领域的结构转型》中,对资产阶级公共领域的演变和结构进行了详细的描述和深刻的分析。因为哈贝马斯的影响,"公共领域"这个概念既作为历史分析的结果又作为分析历史的理论工具而被广为接受,对于20世纪后半叶西

---

① [德] 汉娜·阿伦特:《人的境况》,王寅丽译,上海人民出版社2009年版,第38页。

② [德] 汉娜·阿伦特:《人的境况》,王寅丽译,上海人民出版社2009年版,第34页。

③ [德] 汉娜·阿伦特:《人的境况》,王寅丽译,上海人民出版社2009年版,第34页。

方知识和政治领域中发生的"空间转向"起到了最关键的推动作用。

哈贝马斯提到的公共领域的类型，除了自由主义模式的资产阶级公共领域，还有缺乏文学的"平民公共领域"（表现在法国大革命的雅各宾党阶段和宪章运动中）、后文学的"工业社会中靠赢得公民投票维持的高度专制的公共领域"，以及通过将民众变为衬托自己之背景的"代表型公共领域"。①但哈贝马斯所关注的不是这些公共领域，因为它们要么只是资产阶级公共领域的变种（平民公共领域），要么已经基本上退出了历史舞台（代表型公共领域）。他要分析的，是作为资本主义社会文化与政治基础的"资产阶级的公共领域"，是这一公共领域的结构、功能、发生和发展。

哈贝马斯指出，"资产阶级公共领域首先可以理解为一个由私人集合而成的公众的领域"，②这里的"私人"其实就是已经拥有私有财产权的资产阶级个人。"私人"是一个民法学意义上的称呼。这些私人为了自身的利益（这些利益集中表现在商品交换和社会劳动领域）而组织成为"公众"，并借助于公开批判的方式同公共权力机关展开斗争。由私人组成的资产阶级公众并不追求形式上的统治权，他们的目标是破坏现存的统治原则，以便建立起一种遵从"理性"标准和"法律"形式的新的统治方式。不用说，这些"理性"标准和"法律"形式本身是为资产阶级服务的，但是它们需要被打扮为仿佛是为全体民众服务的。

公开批判是资产阶级公众的武器，但是这一武器是如何来的呢？哈贝马斯指出这正是文学公共领域的功能所在：在具有政治功能的公共领域形成之前，一种非政治形式的公共领域——文学公共领域已经形成了。文学公共领域是"公开批判的练习场所"。③这种公开批判一开始还集中在自己内部，其功能是"私人对私人性的天生经验的自我启蒙"；借助于这种自我启蒙，资产阶

---

① ［德］尤尔根·哈贝马斯：《公共领域的结构转型》，曹卫东等译，学林出版社1999年版，"初版序言"第2页及"1990年版序言"第5—6页。

② ［德］尤尔根·哈贝马斯：《公共领域的结构转型》，曹卫东等译，学林出版社1999年版，第32页。

③ ［德］尤尔根·哈贝马斯：《公共领域的结构转型》，曹卫东等译，学林出版社1999年版，第34页。

级获得了某种主体性，这使他们最终可以把文学批判转化为政治批判。哈贝马斯指出，十八世纪文学公共领域的主要机制存在于一些公共文化空间之中，这些公共文化空间主要由咖啡馆、沙龙、宴会、展览馆等组成。在这些场所里，"公共性"体现在三个方面：首先是身份上的平等性。参加交往的人并不考虑彼此的社会地位问题，在他们的自我理解中，他们只是作为"单纯的人"来平等地参与讨论。其次是讨论的问题紧紧围绕着"一般问题"，其实质是向统治者争夺关于"意义"的解释权。资产阶级公众可以这样做的前提，是文学作品、哲学作品乃至整个艺术作品都市场化了，这使得这些作品作为商品具有了公开性，也就是人们可以公开地谈论它。再次是它的开放性，"使文化具有商品形式，进而使之彻底成为一种可供讨论的文化，这样一个相似的过程导致公众根本不会处于封闭状态"。[①]资产阶级私人就是在这些公共文化空间中，通过关于文学和艺术的公开讨论与批评逐渐获得了自我理解。

哈贝马斯指出，资产阶级公共领域虽然介于私人领域（即市民社会和家庭）和公共权力领域（国家）之间，但其在性质上属于私人领域，其互相关系如下图所示：[②]

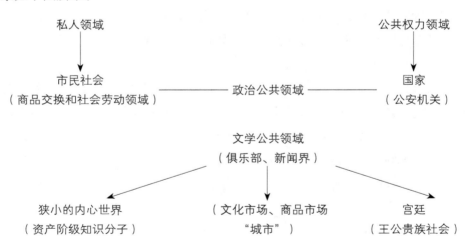

① ［德］尤尔根·哈贝马斯：《公共领域的结构转型》，曹卫东等译，学林出版社1999年版，第41—42页。

② ［德］尤尔根·哈贝马斯：《公共领域的结构转型》，曹卫东等译，学林出版社1999年版，第35页。

哈贝马斯关于公共领域的阐述，展现了十八世纪资产阶级成长时期的一段黄金时光，但是，他也注意到随着资本主义社会的发展，资产阶级公共领域正在面临着瓦解的危机。危机来自两个方面：第一个方面是随着越来越多的公民日渐被吸纳进公共领域之中，文化批判的公众转变成了文化消费的公众，导致公共领域在形式上退化了，亦即变得不再具有公共领域所要求的批判性。其原因在于以广告、公关和类似制度为代表的大众传媒对沟通的操纵，使得出现在公共领域中的话语受到了扭曲而不再具有公共性。第二个方面是二战之后随着原先的资产阶级自由主义法治国家向社会福利国家转型，政府加强了对经济的干预，同时巨型公司具备了政治功能，而公民们也被组织进各种利益群体，这导致市民社会与国家之间的界限渐趋模糊，建立在市民社会与国家分离基础之上的公共领域因此至少部分地失去了其曾有的市民社会基础。

总之，公共空间（公共领域）的价值集中体现在公共性的实现上。"公共领域概念的价值规范集中体现在它对公共性的高扬与彰显，而公共性不仅以批判与开放为其特征，更重要的是，它以自由、民主、正义为基石。"[①]可以说，公共空间与公共性是一对互为表里的范畴。公共性是公共空间之为公共空间的理由，而公共空间提供了实现公共性的基本机制。

（三）城市公共空间

汉娜·阿伦特和哈贝马斯都没有具体地谈论到城市公共空间，在他们那里，更多的是从政治哲学的角度揭示公共空间所具有的规定性及其意义。但是，从公共性这一核心要素出发，城市公共空间不但应当被纳入，而且应当被作为公共空间的重点考察对象。纳道伊（L. Nadai）指出，尽管阿伦特的公共领域概念并没有明确强调它的实体空间形式或地点，但从她对公共空间特征的论述中可以明显看出，这一抽象的公共领域应是能促进不同人以一定密度聚集和交往的、对所有人开放的公共平台。无论是希腊城邦中的市政广场、集市，还是伦敦海德公园中的政治角，能产生阿伦特所指的公众"言

---

① 袁祖社：《"公共性"的价值信念及其文化理想》，《中国人民大学学报》2007年第1期，第81页。

论"和公开"行动"的公共空间必须依靠能持续和客观存在的物质空间场所。哈贝马斯的公共领域也是一个松散的、弥漫的抽象概念，它是在公民开放交往中自发形成的，没有非常明确的组织方式和实体形式。但另一方面，哈贝马斯将资产阶级公共领域的产生归溯于18世纪的欧洲资产阶级公众聚集在图书馆、咖啡馆、剧院、音乐会、博物馆、俱乐部的公共空间中进行的对话，认为这些公共场所中的"理性和批判性的辩论"即形成了公共领域。①汉娜·阿伦特注意到的古希腊人举行政治集会的广场，以及哈贝马斯提到公共领域的主要机制咖啡馆、展览馆、音乐厅等等，都属于城市公共空间的组成部分。

阿伦特和哈贝马斯实际上将城市公共空间定义为公民政治参与的平台，与这一界定既有联系又有区别的另一个认识城市公共空间的向度，是将其视为城市公民进行社会或者生活交往的场所。简·雅各布斯和阿兰·B. 雅各布斯是后一种理论的主要代表人物。

简·雅各布斯在其《美国大城市的死与生》中，对1950年代美国城市建立在功能主义之上的城市重建政策及郊区化扩张的住区开发方式进行了激烈的抨击。当时，美国多数城市推崇现代主义建筑师所提倡的"公园中的塔楼"的现代主义城市建设模型。这种建设模型的特点，是用大型的开放绿地将设施齐备、各自独立的高层建筑群隔开，成为一片一片相对独立的住宅区。建筑师们认为这种办法降低了居住密度，同时有足够的绿地和开阔的空间，能够解决由城市居住密度增加所带来的拥挤和卫生条件差等城市病。简·雅各布斯激烈地批评这种做法。她认为现代主义的这种规划方式使原来密切关联的城市街区转变为孤立的建筑个体，从而破坏了传统城市中具有活力的城市街道和城市肌理。她还进一步指出，因为功能划分而形成的相互隔离的城市空间，是导致许多美国城市出现衰落的重要原因。

阿兰·B. 雅各布斯认为适应普通人在生活需要的城市公共空间是城市活力的主要来源。在其代表作《伟大的街道》中，他以深情的笔墨写道：

---

① 陈竹、叶珉：《什么是真正的公共空间？——西方城市公共空间理论与空间公共性的判定》，《国际城市规划》2009年第3期，第47页。

在枝繁叶茂的季节里，夏日午后，走在哥本哈根步行街，或巴塞罗那的兰布拉大街、里士满的纪念碑大街，或者是其他那些美好的街道中的任何一处，当然如果是在家的附近就更好了，人们往往会惊叹道："噢，这是一个美好的下午！这是一条伟大的街道！"正是在这种意义上，最好的街道会被人们称为"伟大"。在字典中关于伟大的定义是"尺寸上特别地大，巨大"，或"数量上庞大"，或"尊贵的，重大的"，在本书中，这些概念都不合用，更合适的说法则是"优秀的、历史悠久的、卓越的，在程度、效果等方面都是非凡的，手法非常娴熟的"，或者"通常用作一些赞美的词汇"。另外，对伟大街道的最恰当的表述是指那些"在特征与品质方面都非常优秀"的街道。[①]

对于阿兰·B. 雅各布斯来说，伟大的街道不一定是漂亮的、现代化的、干净得一尘不染的街道，也不是所谓的高档社区。作为伟大的街道：

"首先且最为重要的是，……必须有助于邻里关系的形成：它应该能够促进人们的交谊与互动，共同实现那些他们不能独自实现的目标。因此，那些面向所有人开放、容易找寻并且易于达到的街道，将会比不具备这些特征的街道要更优秀些。在最优秀的街道中，你可以看到其他的人，可以与他人会晤；这些人涵盖了所有的类型，不仅仅是同一个社会阶级、一种肤色或一个年龄阶段的人会出现在这条街道上。……一条伟大的街道应该是人们最想去的地方，人们愿意在其中打发时间、生活、娱乐、工作，与此同时伟大的街道对于城市形象的塑造应该有显著作用。街道是一个场所，它将人们聚集在一起，并为人们的活动提供了环境和背景。"[②]

他还提到了"一条伟大的街道在物理环境上应该是舒适与安全的""最好的街道会鼓励大众参与""最好的街道能够深深印在人们的脑海""伟大的街道是有代表性的"等标准。可以看出，阿兰·B. 雅各布斯实际上是用一种人文主义的角度来评判城市空间，即伟大的城市空间必须是那些可以形

---

① ［美］阿兰·B. 雅各布斯：《伟大的街道》，王又佳、金秋野译，中国建筑工业出版社2009年版，第2页。

② ［美］阿兰·B. 雅各布斯：《伟大的街道》，王又佳、金秋野译，中国建筑工业出版社2009年版，第7页。

成友好、亲密的邻里关系的空间。这种关系是完全开放的和平等的，种族背景和社会地位、经济地位等都需在此退让。为了达到这个目的，他实际上引入"公共空间"作为判断一条街道是否伟大的标准——他关于伟大街道的描述，正是"公共空间"所具有的特征和功能。

在简·雅各布斯和阿兰·B.雅各布斯的影响下，1960年代的许多建筑和城市学科领域的学者开始从不同角度讨论现代主义建筑规划对于城市空间肌理及建立于其上的社会生活的伤害，如大规模城市重建和空间扩张对原有城市社会文化肌理造成的毁灭性破坏（Lewis Mumford，1961；W.H.Whyte，1972）、郊区化居住方式和"城市蔓延"对土地和空间造成的浪费等。传统城市中缜密的城市肌理及其所维系的个人和群体社会关系的价值被重新重视，并在1970年代被主流规划意识所接受，成为后现代城市规划理念的重要内容。学者们普遍认识到，挽救被现代主义城市规划所破坏了的城市生活，重建城市中人和人之间的密切、亲密关系，必须重新重视公共空间的价值。譬如，纳道伊认为，公共空间所提供的人们之间的公共交往行为对于维系不同层次的社会关系具有关键作用——人们由于公共交往而形成公共领域，而公共领域是平衡过于强大的私人领域的不可或缺的社会机制（Nadai，2000）。甘斯等人关注公共空间所能实现的社会价值，认为超出个体私人或家庭领域的、建立在共同性和邻里交往之上的社区公共空间对于维系社区的社会关系和形成个体的归属感具有重要意义（Gans，1962；W.F.Whyte，1955）。社会学家希奈特（R. Sennett，1990）指出，"城市的文化"特质就在于它能将不同差异性的人，无论其种族、年龄、阶层和爱好，集聚在一起。通过在城市中的公共交往，突破了原来建立在亲近的共同性上的个体身份，为人们在复杂的城市生活中形成更广泛层次的社会关系及重塑个人身份提供了无尽的可能。这一观点对在社会学领域中研究人与现代社会的关系产生了深远的影响，城市的多元和复杂性从需要逃避和抑制的对象转变为具有一定积极意义的无法逃避的现代社会的产物。社会学者扬（I. M. Young，1986）在研究现代社会关系中特别将城市公共空间与她提出的"差异性的政治"（politics of difference）联系起来，指出城市公共空间所支撑的、建立在陌生人交往上的容纳差异性的社会生活，与建立在共同性基础上的社区关系相比具有更积极的社会意义。这一观点无疑符合并支持了简·雅各布斯所提倡的具有混合功能的、异质的城市公共空间理论，因为真正意义的公共空间应是消除了排他性的空间。从社会学角度所揭示的社会公共交往在现代城市中的意义，也成为城市规划和城市设计学科领域中创造能容纳异质的社会人群以及促进多元化活动的城市公共空间的理论依据。因为如简·雅各布斯所言，"我们需要各种各样的多样性，各种互为联系、互相支持、错综复杂的多样性。我们需要这样的多样性，城市生活由此可以进入良性和建设性运转，城市中的人也因此可以保持（并进而推进）社会和文明的进程。"[1]而公园、博物馆、图书馆等等公共空间，由于其在面对所有公民时所具有的包容性、开放性、平等性，应该在促进多样性中起到支撑作用。

那么，究竟哪些空间属于城市公共空间呢？最简单的界定，当然是把它视为城市公众可以共同拥有、使用的空间。如杰斯芬提出可以根据空间在"生理上的和心理上的可进入性"判定其是否属于公共空间。[2]按照这个概念，凡是不需要凭借某种特殊身份、个人可自由进入的任何空间都可被认定为公共空间。在此概念下，除了街道、公园这类传统的公共空间以外，各种各样的流动空间，如交通设施（火车站、地铁站、机场、高速公路、停车场等）或大众消费的空间（多数商业中心）都可以被认为属于公共空间。李德华等编著的《城市规划原理》提出："城市公共空间狭义的概念是指那些供城市居民日常生活和社会生活公共使用的室外空间。它包括街道、广场、居住区户外场地、公园、体育场地等。……公共空间又分开放空间和专用空间。开放空间有街道、广场、停车场、居住区绿地、街道绿地及公园等，专用公共空间有运动场等。城市公共空间的广义概念可以扩大到公共设施用地的空间，例如城市中心区、商业区、城市绿地等。"[3]这样一种宽泛的定义，所着眼的仅仅是空间作为物质实体的开放性、共享性，而忽视了空间作

① ［加］简·雅各布斯：《美国大城市的死与生》，金衡山译，译林出版社2020年版，第241页。
② ［法］斯特凡纳·托内拉：《城市公共空间社会学》，黄春晓、陈烨译，《国际城市规划》2009年第4期，第41页。
③ 李德华：《城市规划原理》（第3版），中国建筑工业出版社2001年版，第491页。

为社会生活实践承载者的社会性。如果从前述简·雅各布斯等人的观点来看，因为抽离了社会生活和社会交往的元素，所以一些只具有交通功能的场所如停车场和只具有景观功能的场所如大型绿地、公园等，并不能被作为公共空间看待。而如果引入哈贝马斯或者阿伦特的定义，仅仅将那些与政治生活发生关系的领域作为公共空间，则像商业区、体育场等功能性很强的空间就不能称之为公共空间。这里的重点不是空间的物质结构，而是空间被使用的方式。譬如城市中的广场，如果只是作为交通节点或者城市统治者权威的象征，当然不是公共空间；但是如果这广场是开放的且被用作集会、交往的场所，那么就是公共空间。同样，单纯作为观赏或者休闲的公园并不符合社会学意义上的公共空间概念，但是如果它被用作跳广场舞的地方、小商贩买卖的地方、周边居民举行聚会的地方，则它又具有了公共空间的功能。所以，在城市里，某处空间是否可以称得上是公共空间，关键看其是否具有以下三个特征：

第一，空间是否具有开放性，也就是是否允许那些非经特许的人自由进入。私人领域，例如家庭，就不具有公共性，因为只有被屋主人允许的人才可以进入其中；伊斯兰教的礼拜堂很大，但是异教者却被拒之门外，同样不能算作公共空间。公共空间是向所有人开放的、可以自由出入的空间，如社会学家洛夫兰（L. Lofland）在《陌生人的世界》中说的那样，这是一个"所有人能合法进入的城市的区域"，是"陌生人碰面的地方"。[①]

第二，空间是否具有异质性，也就是允许各种社会活动的发生。公共空间是能容纳各种自发的社会活动的城市空间，不同的人在理论上都可以自由地使用这些空间，这就是公共空间异质性的来源。城市研究学者卡尔（Stephen Carr）认为，城市公共空间除了满足空间使用者或者抽象的人的需求外，还应被视为一项空间权力，即人们对公共空间不仅应具有"进入的自由"（freedom of access），还应具有"行动的自由"（freedom of action）。[②]

---

① Nadai L: *Discourses of Urban Public Space*, USA 1960—1995 *a historical critique*, Columbia University, 2000.

② 陈竹、叶岷：《什么是真正的公共空间？——西方城市公共空间理论与空间公共性的判定》，《国际城市规划》2009年第3期，第48页。

卡尔的概念直接关系到公共空间的象征意义，即空间究竟是包容性的还是排他性的；对使用空间的人群或行为的控制是否超过了基本的安全需求而有其他目的等。

第三，空间是否具有公共性，也就是进入这个空间中的人是否可以通过自由的交往而获得、达至某种共识。公共性是公共空间的核心要素，无论是从哪一个层次、哪一个角度界定的公共空间，都不能回避公共性这一公共空间的本质规定性。对公共性可以有不同的理解，空间的开放性、异质性，也是公共性的表现。但是，公共性这一概念所侧重的，主要是公共空间和政治生活之间的关系。这是从阿伦特和哈贝马斯的理论出发的规定，这一规定把公共空间看作一种特殊的制度安排，这项制度的核心是将公共空间视作这样一个场所：在这个场所中，不同身份的人可以通过公开的交往达成某种共识。以阿伦特为例，她所理解的真正的公共领域是排除了政治意识形态的压制，脱离了与权力和经济利益相关的机构组织控制，自发、中立和完全自由的领域。阿伦特有关公共领域的概念，被如刘易斯·W. 迪杰斯特拉（Lewis W. Dijkstra）等学者作为判定城市公共空间公共性的标准。需要指出的是，经由公开而自由之交往所达至的共识，不仅仅包括那些可以用文字或者语言表述的共识，这类共识只是其中很小的一部分，我们可以称之为"正式的共识"；所形成的多数共识是"非正式的共识"，亦即那种难以用语言准确表述、心理意义上的或者感觉中的共识。其突出表现之一，是参与者在其中强化了与他人的社会互动，并经由此互动而获得与特定群体之间的某种心理以及情感方面的认同感。

第二节 城市公共文化空间概论

中国的城市公共文化空间研究主要是在哈贝马斯的影响下，在20世纪90年代以后才逐渐有所发展。纳入研究者视野的城市公共文化空间主要有四类：第一类是以茶馆为代表的广义的公共文化空间。如王笛《20世纪初的茶馆与中国城市社会生活——以成都为例》、刘凤云《清代的茶馆及其社会化的空间》、朱小田《近代江南茶馆与乡村社会运作》等。第二类是近代新兴的公园、博物馆、电影院等狭义的公共文化空间。如熊月之《晚清上海私园开放与公共空间的拓展》、李德英《公园里的社会冲突——以近代成都城市公园为例》、戴海斌《中央公园与民初北京社会》、杨志刚《博物馆与中国近代以来公共意识的拓展》、李微《近代上海电影院与城市公共空间（1908—1937）》等。第三类是报纸杂志等近现代媒体所构成的文学公共空间。如徐国源《"现代性"议程与文化"公共空间"的衍变轨辙》、季家珍《印刷与政治：〈时报〉与清末改革文化》、南帆《文学与公共空间》等。第四类是基于新兴信息技术的虚拟公共空间。如欧阳友权《网络公共空间的文学反思》、许英《论信息时代与公共领域的重构》、刘文富《网络政治——网络社会和国家治理》等。据不完全统计，从20世纪80年代中期到90年代末，中国大陆出版的有关城市和城市公共空间的研究著作和资料集有500多部，相关文章上千篇。此外还有一大批以公共空间为主题的博士和硕士论文。

（一）城市公共文化空间的类型

城市公共文化空间是公共空间与文化空间的融合。作为公共空间，它需要满足其以"公共性"为核心的要求；作为文化空间，①它需要表达出"文化"的功能和属性。公共文化空间的类型划分，实际上是将不同文化功能的

---

① 文化空间在联合国教科文组织《人类口头和非物质文化遗产代表作宣言》（2001年）中被明确界定为a place where popular and traditional cultural activities take place in a concentrated manner（sites for story—telling, rituals, marketplaces, festivals etc.）or the time for a regularly occurring event（daily rituals, annual processions, regular performances）。在2004年中国加入《保护非物质文化遗产公约》的相关文件中，"文化空间"被翻译为："一个可集中举行流行和传统文化活动的场所，也可以定义为一段通常定期举行特定活动的时间。"因为联合国教科文组织的定义更多地针对文化遗产，并没有考虑到与文化遗产关系不紧密的其他文化空间，例如图书馆、博物馆等传统公认的公共文化空间，所以该定义在实际上极大地缩小了文化空间的范围。

公共空间给予归类。这里涉及的一个隐含的理论问题是，究竟什么才可以被视为文化？这个问题的提出并不是多余的。因为"文化"这个似乎最简单的概念也许是人类到目前还无法清晰界定的最复杂的概念之一。这首先是因为文化总是变动的，有一些人类的活动样式始终被认为属于文化的范畴，比如文学性的表演活动；但是另一些则可能经历了从不属于文化到属于文化的变化，比如仪式性的活动在十九世纪就因为人类学的兴起而被纳入文化的范围；最近的例子则是日常生活的"文化化"，如购物活动在过去一直被视为一种商业活动，但是在文化研究学派兴起之后，类似于购物这样的"日常活动"已经成为文化研究的主要组成部分。在关于文化的界定上，英国文化研究学者雷蒙·威廉斯的定义正在产生越来越大的影响。在《漫长的革命》一书中，威廉斯将文化划分为三个层面：第一层面是文化的理想定义，"就某些绝对或普遍价值而言，文化是人类完善的一种状态或过程。如果这个定义能被接受，文化分析在本质上就是对生活或作品中被认为构成一种永恒秩序、或与普遍的人类状况有永久关联的价值的发现和描写"。第二层面是文化的文献式定义，"文化是知性和想象作品的整体，这些作品以不同的方式详细地记录了人类的思想和经验。从这个定义出发，文化分析是批评活动，借助这种批评活动，思想和体验的性质、语言的细节，以及它们活动的形式和惯例，都得以描写和评价"。第三层面是文化的社会定义，"文化是对一种特殊生活方式的描述，这种描述不仅表现艺术和学问中的某些价值和意义，而且也表现制度和日常行为中的某些意义和价值。从这样一种定义出发，文化分析就是阐明一种特殊生活方式、一种特殊文化隐含或外显的意义和价值"。①如果从威廉斯所提出的文化层次划分来看，与第一类文化对象对应的空间应该是那些与神圣性祭祀、表演有关的空间，如中国古代的明堂、宗祠、寺庙和西方的教堂，因为这类空间在本质上与人类对永恒秩序或普遍价值的追求有关；与第二类文化对象对应的空间是那些想象性、知识性文本或者产品的储存空间，如图书馆、博物馆、展览馆等，这类空间构成了

---

① ［英］雷蒙·威廉斯：《文化分析》，见罗钢、刘象愚主编：《文化研究读本》，中国社会科学出版社2000年版，第125—126页。

当代城市中公共文化空间的主体；与第三类文化对象对应的空间范围更大，实际上将人类的诸多日常生活空间也纳入了文化空间之中，如此则像购物中心、时装舞台、体育场、城市广场等等，凡是具有"表现制度和日常行为中的某些意义和价值"的生活空间，都属于文化空间的范畴。在当代的城市生活中，第一类空间已经大为萎缩，仅存的一些神圣性的公共空间也大部分转化为旅游观光的对象，在这些空间所举行的仿古表演早已失去了其原有的神圣性；第二类空间是城市主政者大力发展的空间，其空间建设至少在内部设施的"现代化"方面有了巨大的进步，但是对于公众的吸引力则参差不齐；第三类空间正处于蓬勃发展的时期，在发展文化产业、建设城市形象、改善城市环境等等不一而足的旗帜下，政府热衷于在城市中打造此类空间，市民则将其作为"现代生活方式"的象征而积极参与其中。

那么，究竟如何对城市中多种多样的公共文化空间进行分类呢？一些学者提出可以从文化设施的角度进行："城市公共文化空间是一个社会空间和精神空间，为聚集在特定地域的人们开展社会的、精神的活动提供一个有形或无形的物理空间作为活动的平台和载体，通常以各种场馆、场所等文化设施的形式存在。文化是人实践基础上的'人化'与'化人'的辩证统一，正是在以文化设施为主体的城市公共文化空间基础上，在以城市文化设施为载体的人类实践基础上的'人化'与'化人'的辩证统一，才催生了城市文化。"[1]在这一视角下，作者举出的可以作为文化公共空间的早期文化设施全部属于宗教性建筑，实际上符合前述威廉斯关于文化的第一层面的界定。近现代的文化设施则包括了图书馆、博物馆、电影院、艺术馆、剧院等。王少峰提出"文化空间是指一个社会群体的文化现象、文化需求和历史记忆在一定区域的空间表现以及社会成员之间在这个空间文化交往的表达方式"。[2]因此，文化空间应当具有物理空间、人、文化活动、交往互动等基本要素，它是"体现意义、价值的场所、场景、景观，由场所与意义符号、

---

① 吴忠、王为理等：《城市文化论》，海天出版社2014年版，第255页。

② 王少峰：《公共政策与文化空间》，见金宏图等主编：《传统节日与文化空间："东岳论坛"国际学术研讨会专辑》，学苑出版社2007年版，第116—117页。

价值载体共同构成，其关键意旨是形成具有核心象征的文化空间"。①在这一视角下，王玲以上海市为例举出了七大类型的公共文化空间。这七大类型分别是：（1）包括科技馆、纪念馆、展览馆、艺术馆等具有集中展示功能的场馆在内的城市博物馆，以及相配套的节庆与展览活动。例如上海博物馆、上海科技馆、上海银行博物馆。（2）具有深厚历史文化积淀的社会生活场所，包括近代历史风貌保护街区、高等院校等，以及长久传承下来的人们的生活方式和生活景观。例如复旦大学、交通大学徐汇校区、衡山路、愚园路、山阴路、石库门风情和里弄生活。（3）代表现代城市生活方式的大型商业中心，以及独具特色的商业街，例如南京路、淮海路、福建路中华老字号商业街、徐家汇商圈、长乐路特色商业小街。（4）能够反映城市的发展变迁历史，或是代表城市的现代化风貌，或是具有特殊的历史文化价值的城市公园、公共绿地、中心广场、景观河道、景观桥梁、湖滨/河滨等休闲中心。例如世纪公园、陆家嘴中心绿地、人民广场、苏州河沿河景观、外白渡桥、外滩等。（5）城市建筑或建筑群，既包括历史建筑，也包括反映现代都市风貌的城市地标、高层建筑（群）和代表现代建筑艺术成就的作品。例如外滩万国建筑群、陆家嘴金融区高层建筑群等。（6）依托历史旧有建筑或空间开发而成的新型文化创意园区，是现代时尚生活的一种重要表现形式。例如八号桥、田子坊、同乐坊、海上海等。（7）具有规模和主题的旅游节庆活动、特殊日纪念活动。例如，上海旅游节、南汇桃花节、龙华庙会等。②可以看出，王玲所列举的文化空间，更加符合威廉斯所说的第二、三两个层次的文化定义。其中尤其是第三个层次的定义，即将"整体的生活方式"纳入文化的考察范围。此外，邢军从西方政治哲学理论关于公共空间理解的角度出发，特别看重公共文化空间的平等性、开放性、批判性，提出"公共文化空间是向大众开放的空间载体，具有意义阐释和价值生产的功

---

① 关昕：《文化空间：节日与社会生活的公共性国际学术研讨会综述》，《民俗研究》2007年第2期，第265页。

② 王玲：《公共文化空间与城市博物馆旅游发展：以上海为例》，浙江大学出版社2014年版，第53—54页。

能，包括空间、人、文化活动和交往互动等基本要素。"①他指出中国的城市公共文化空间表现经历了三个阶段的变化：古代中国"传统城市的公共文化空间既包括宗教神邸、会馆等礼制化空间，也包括酒楼、茶肆、瓦肆勾栏等生活化空间，两者呈现出交相融合的样态"；近代中国城市则逐渐形成"以文社、茶馆、报刊等平台向社会大众传播文学和政治批评的'公共领域'"，以及"电影院、剧场、公园、博物馆、图书馆等其他性质的公共文化领域"；当代中国的城市公共文化空间机制更为广泛，并经历了从报刊、图书、文学性社团到大众文化兴起后的文化馆、艺术村、画廊及商业化的各类媒体，再到新世纪以后各类民间文化机构、公益性文化机构、文化节日、网络平台等共同构成公共文化空间的三阶段发展史。②另外，秦红岭提出可以从广义和狭义两个方面来划定公共文化空间的范围："从广义上说，公共文化空间作为建成环境意义上城市公共空间的一种形式，其基本含义是指具有文化意义或文化特征的公共空间，即凡是能够为市民所平等享用、具有开放性的文化场所，都属于公共文化空间的范畴。具体来讲，它既包括城市公共文化服务体系中的文化设施和文化艺术场所，如图书馆、博物馆、美术馆、公共艺术区、文化馆、音乐厅、影剧院、科技馆等，也包括一般公共空间的文化建构，如公共艺术对城市公共空间的介入、节日活动中的文化仪式性空间，以及城市居民共同参与创造的有文化特色的公共空间。从狭义上说，公共文化空间主要指城市公共文化服务体系中的文化设施和文化艺术场所。"③

综合以上的观点，我们可以说，公共文化空间是城市公共空间中的一个类型，是公共空间中具有文化功能的那一部分。这里的文化应该是一个宽泛的定义，它包括了传统的一些具有仪式功能的神圣空间，如神庙、神殿、宗

---

① 邢军：《中国城市公共文化领域的历史形态及其演变》，《江海学刊》2015年第5期，第220页。

② 邢军：《中国城市公共文化领域的历史形态及其演变》，《江海学刊》2015年第5期，第222—226页。

③ 秦红岭：《城魅：北京提升城市文化软实力的人文途径》，华中科技大学出版社2014年版，第129—130页。

祠、祭坛等场所；也包括了以书籍阅读、艺术观赏、人际交往、娱乐休闲为主的一些空间，如图书馆、博物馆、影剧院、城市广场等；还可以包括那些与时代流行的特殊生活方式有关，可以折射出时代精神特质的某些空间，如歌舞厅、卡拉OK厅、已经具有文化符号意义的各种类型商业空间等。总之，只要这些空间是开放的，其空间表达以文化、政治、社会交往、精神生活为主，我们都可以把它纳入公共文化空间的范围之中；相反，那些纯粹的功能型的公共空间则需要被排除在外。当然，除了像图书馆、影剧院、神庙这样的空间之外，许多公共文化空间是多功能的，文化功能只是其中的一项。

笔者认为城市公共文化空间还可以根据人们在各公共空间中活动的性质差别，作出另外的分类处理。不同的空间对人们的行为方式提出了不同的要求，这一要求有些是传统形成的，作为不成文的社会法则而被人们共同遵守；有些则有明确的规定或者提示，要求人们服从空间的管理规定。譬如在图书馆中，人们主要以阅读和小范围的讨论为主，而在影剧院中则以表演和观赏为主；在广场上人们可以随意走动，带有休闲功能的大型广场和有一定历史的旧建筑街区往往还被作为旅游景观，其中少不了带有商业功能。从人在其中的活动方式来划分，便于为分类寻找到具有本体意义的依据。

依据人在不同的公共文化空间中的活动方式，当代中国城市中的公共文化空间大多数可以被纳入以下四类中。

首先是阅读类的公共文化空间。在这类空间中，"看"发挥着主要的功能，人们主要依赖于视觉完成其文化行为。根据"看"（读）的性质，这类空间又可以分为两类：第一类是传统的阅读空间，其主要代表是公共图书馆。近数十年还兴起了一些新的阅读空间，如比较讲究装饰和情调的书吧、音乐书屋以及大型书店等。第二类是展览类的公共空间，如免费的博物馆、各类展览馆等。在这些空间中，"看"的对象由书籍转换为具象的物。

其次是表演类的公共文化空间。在这类空间中，"看"和"听"，也就是视觉和听觉同时起着作用，两者不可偏废。具有传统色彩的戏园、电影院、剧院是这类文化空间的代表。最近数年来，一些更为专业的表演空间逐渐出现，譬如专门的相声表演厅、小品剧场等等。在农村，流动舞台和流动电影等"文化下乡"活动也创造了临时性、带有集会性质的公共文化空间。

第三是景观类的公共文化空间。在这类空间中，人们除了看、听之外，还具有相当程度的身体自由，也就是可以自由地移动自己的身体。从社会学的意义上说，自由移动身体意味着个体受到了更少的外在约束和获得了更多的自由；从哲学的意义上说，意味着获得了更多的主体性，可以与更多的对象建立起自由的关系。这类空间的组成非常复杂，从目前的情况来看，大约有以下几个子类：一是具有消闲、观赏功能的公共文化空间。越来越注重审美品质的城市广场、被作为某种类别的文化代表的街区、以寺庙道观以及其他文化遗址开发为代表的观光场所，都属于具有观赏功能的公共文化空间。传统的具有神圣性质的文化空间，如祠堂、祭坛、祖庙等等，在功能转化的情况下，也可以纳入这类空间。二是近年来大量出现的各类大型商圈、商城、购物中心以及步行街、商业街等。在传统的观念中，这类空间属于商业空间而不是文化空间，但是如果按照威廉斯的定义，将"整体生活方式"都作为文化看待，则这种代表着特殊的生活方式的空间不但是文化空间，而且是具有深远意义的文化空间，因为它代表了消费社会的降临和消费文化的崛起。①

第四是依托于信息技术进步而出现的网络虚拟空间。和前三类空间不同，在这类空间中，人们不是在同一个现实的物理对象打交道，而是同一个虚拟的世界打交道。当人们进入虚拟世界时，他们的身体在多数情况下是不动的、静止的，但是与其打交道的对象却突破了身体及感觉的生理界限——哪怕是距离遥远、从未谋面的人或物，也以非现实的、虚拟的存在方式被带到了自己的面前，人类的生活边界和交往范围因此而得到了前所未有的拓

---

① 在引用了让·鲍德里亚（Jean Baudrillard）《消费社会》的开篇语之后，罗钢写道："消费社会就是这样一个被物所包围，并以物（商品）的大规模消费为特征的社会，这种大规模的物（商品）的消费，不仅改变了人们的日常生活，改变了人们的衣食住行，而且改变了人们的社会关系和生活方式，改变了人们看待这个世界和自身的基本态度。换言之，生活在消费社会中的人们和他们的前辈的根本差异，并不在于物质需要以及满足这种需要的方式有了改变，而在于今天人们的生活目的、愿望、抱负和梦想发生了改变，他们的世界观和价值观发生了改变，最终是作为人的本体的存在方式发生了改变。"就此而言，这些作为消费文化之图腾、代表了"商品拜物教"的最新发展阶段的大型商业空间，毫无疑问应该属于公共文化空间。罗钢：《探索消费的斯芬克斯之谜》，见罗钢、王中忱主编：《消费文化读本》，中国社会科学出版社2003年，第1页。

展。马克思在十九世纪就提到了随着资本主义商业的全球化而来的世界化问题，但是真正意义上的商业全球化是在第二次世界大战以后才随着大型跨国公司的出现而形成，真正意义上的世界化则是随着互联网的普及才形成。今天，导致人类发展差别的原因已经悄悄地由原来的资源鸿沟转换为"数字鸿沟"。如果我们把哈贝马斯所强调的可以自由而平等地表达意见视为公共空间的一个主要的特征，那么在网络上已经出现的各种主题的"圈"和"群"，代表着公共空间至少在空间范围和讨论人数方面已经大大超过了哈贝马斯所理想的时代，也就是其"公共性""开放性""平等性"的程度更高。除此而外，虚拟公共空间还在另外两个方面取得了进步：一个方面是在信息传播领域改变了原先单向度的信息传播方式。哈贝马斯在讨论到福利资本主义时，继承法兰克福学派的观点，将资产阶级公共领域的衰落归结为原先"批判的大众"已经转化为"消费的大众"，而导致这种转化的原因则被归结为电视、广告等媒体的兴起。法兰克福学派认为在这些强势的代表着资本与权力结盟的媒体面前，公众只能作为"受众"被动地接受单向度传递的信息，并因此而丧失批判的潜能。在哈贝马斯撰写《公共领域的结构转型》的年代和之前，这一观察有着充足的经验支持。但是在互联网兴起之后，这一现象已经大为改观。公众——无论是作为商品的购买者还是各种信息的接受者——都已经可以在不同程度上参与到事件之中，成为"建构"事件的一支力量。我们注意到，在像淘宝、亚马逊这样的购物网站上，消费者的信息反馈（留言和评价）对于由商家与消费者共同构成的商业交往关系具有重要的影响，在这种关系中，消费者已经部分地改变了其客体地位。除了网络商业领域，其他领域也是如此。甚至在管理最为严格的新闻和时政领域，也都有专门的评论区允许读者进行公开的评论。读者、消费者可以参与到评价和讨论之中，甚至因此而改变了事件的进程，意味着"消费的大众"已经不再是法兰克福学派所批评的完全被动的受众，而是具有了一定程度的主体性。另一方面是为形成理性而成熟的批评意见提供了更好的基础。哈贝马斯认为在十八世纪以沙龙、咖啡馆、文学或艺术批评专栏等为代表的文学公共领域中，参与讨论的公众能够发表基于深思熟虑的批评意见，这样就在讨论中培养了具有批判精神的成熟的公众，为资产阶级文学公共领域转化为政治公共领域提供了最重要的准备。但是，随着资本与权力的互相渗透，具有批判精神的资产阶级公众逐渐消失了，资产阶级公共领域的结构因之发生了转型。从马克思主义的角度看，这一转型的发生具有必然性，因为无论是十八世纪资产阶级利用公开批判向统治者争取权利，还是在资本主义进入垄断阶段后资本与权力的合流，都是由资产阶级的利益需求推动的。在这个过程中，占人口绝大多数的平民实际上被排除在外。事实上，哈贝马斯本人也注意到了"平民公共领域"被边缘化的问题。在网络空间兴起后，当然同时也得益于人口受教育水平的普遍提高以及经济的发展，平民公共领域正呈现出急速崛起的局面。其主要表现，就是在网络上各种各样不可计数的"圈""群"等同人交流空间的出现。这些"圈""群"在理论上可以容纳无限多和无限远的人，他们都可以在此空间内独立地发表意见。最重要的是，讨论者可以经常就某些问题展开公开的辩论，而这是培养理性的具有批判精神的公众的最好方式。在辩论中，最有说服力的成熟的意见总是能得到大多数人的拥护，甚至成为公众舆论的代表性意见而产生广泛的社会影响。在虚拟空间出现以前，这样的意见发表和讨论空间往往被精英分子所垄断；现在，人们只需要以公民的身份就可以进入讨论并参与其中，而且他们的言论也会产生真实的社会效果，成为建构历史的一支"真实的"力量。就此而言，平民公共领域实际上正在取代传统的由知识精英把持的公共领域——依靠虚拟空间，公共领域的确转型了，但是这种转型并没有导致哈贝马斯所担心的民主和自由的衰落，反而促进了更大范围内的民主和更为广泛的自由的实现。

本书分别以图书馆、剧场和广场为代表，讨论阅读类、表演类和景观类公共文化空间的历史沿革，及中华人民共和国成立以后其在城市中的发展变迁。至于网络虚拟的公共文化空间，因为笔者已经在十多年前出版的另一部书《社会转型与文化重构：当代中国市民文化研究》中做出过较为详细的讨论，①虽然十余年时间过去了，但是今天看来有关论述的基本情况并没有发生根本上的变化，所以这里就省略了。

---

① 请参考仲红卫《社会转型与文化重构：当代中国市民文化研究》（兰州大学出版社2009年版）第六章"网络民主与文学公共领域的新发展"。

（二）城市公共文化空间的功能

城市公共文化空间在城市发展乃至全部社会发展中扮演着重要的角色。前述有关公共空间的理论，实际上已经从多个维度论证了公共文化空间的重要性。从笔者所接触的文献来看，有关公共文化空间的功能讨论大致可以分为两大类别：第一类是从社会学和政治哲学的角度进行讨论，强调公共文化空间在落实公民平等权利、增强社会有机团结、建设民主政治等方面的重要意义。这里的研究范式多数来自汉娜·阿伦特、哈贝马斯等社会学家和政治理论家关于公共领域的论述，研究者则以人文学科的学者为主。对于城市规划和城市社会学的研究者来说，除了阿伦特和哈贝马斯外，一些主要的城市研究者如简·雅各布斯的"城市肌理"理论、凯文·林奇的"城市意象"理论也受到重视。后一种理论将关注的重点从公共空间的政治功能转到了社会功能上，更加强调"人"而不是"物"在城市规划中的重要性。第二类讨论城市公共文化空间功能的文献，则局限于城市设计和规划的纯技术层面。在这些文献中，公共文化空间除了被作为城市人生活空间的必要组成部分，也常被视为城市标志、城市节点或者改善城市景观布局的方法。

综合各种文献和笔者的思考，本书认为城市公共文化空间主要具有以下四个方面的功能：

首先是文化传承与传播的功能。[①]文化是人在社会实践过程中创造出来的，并随着社会实践的发展变化而发展变化。英国文学家T. S. 艾略特（Thomas Stearns Eliot）说，"'传统'一词本身有运动的含义，它是一种非静止的东西，是不断地被传递和被吸收的东西"。[②]如果说文化总是处于

---

① 文化的传承与传播是两个有交集但却互不相同的概念。传承常用于民族文化的继承上，指某一个人类共同体（如民族）中的社会成员以纵向交接的方式将前人创造的文明成果一代代继承下去。文化传承一般具有稳定性、完整性、延续性等特征。文化传承是文化形成民族特性的基本动力机制，也是民族共同体得以维系的内在原因。相对而言，文化传播是一种类似于涟漪的横向传播，传播的内容不仅仅包括了民族文化，也包括了异域文化。文化传播在稳定性、完整性、延续性上要逊于文化传承。

② ［英］艾略特：《T. S. 艾略特诗选》，查良铮等译，四川文艺出版社1992年版，第3页"授奖辞"。

发展变化之中，也就等于说文化总是处于某种传承与传播活动之中，因为发展变化就出现在传承与传播这种特殊的社会实践过程中——变化是传承与传播的必然结果。

文化传承与传播的主体是人而不是别的任何事物。人的活动总是在一定的时空结构中进行的，时空结构为文化的传承与传播提供了基本的制约。虽然在私人空间中也可以进行文化的传承与传播，但是较大规模的传承与传播则必须依赖于公共文化空间才能实现。图书馆和学校是进行较大规模的知识传承与传播的空间；博物馆是向社会公众传播民族传统文化的主要场所，展览馆则常常将最新的文明发展成果带到公众的面前；在广场上，具有象征意义的建筑会给进入者留下深刻的影响；进入到现代化的购物中心，面对各种广告和商品的包围，人们会直观地对现代工业文明有所感受。离开了特定的场域和载体，文化就会抽象化。

如果我们将人视为文化的动物，那么文化传承与传播对于人类而言就具有本体论的意义。在城市中，无论是古代、近代还是现代，公共文化空间都是承载文化传承与传播的最重要的社会机制。知识性的文化传承与传播主要存在于图书馆、博物馆、展览馆这些公共空间中。人们在这里获得前人或者他人留下的以文字或者静态的物展示出来的种种文明成果。但是，从理论上说，发生在另一种公共文化空间中的传承具有更重要的意义，这就是以活动为载体的仪式性文化事件，如祭祀、节日、庙会等。因为当人们进入这些具有仪式感的特殊的文化场域中时，所激起的是全部身心的反应而不仅仅是思维层面的反应。这就是说，对于置身于这些特殊空间中的人来说，"参与事件"这件事对于他们的影响将不仅仅局限在认知的层面，还会进一步内化到心理-情感的层面，甚至积淀为一种身体经验。在民族文化的传承上，正是由于这些仪式性的公共文化空间的存在，个人将从书本上或其他地方得来的间接的概念性知识转化为切身的身体感受，从而使文化和人的存在联系在一起。马凌诺夫斯基（Bronisław Kasper Malinowski，现在通常译为马林诺夫斯基）在考察了印第安人的仪式活动后说，正是通过这些"表现原始社会里面传统的无上势力与价值"的仪式活动，"深深地将此等势力与价值印在每代人的心目中，并且极其有效地传延部落的风俗信仰，以使传统不失，团体团结"。①连建功以河南省的庙会为例，指出"传统庙会是我国民俗文化的重要组成部分，并蕴含着丰富的宗教、商业、文学、音乐、美术、工艺、体育等文化类别，在人民群众生活中发挥重要作用，文化传承的意义和价值重大"。传统文化的传承需要"传承场"，庙会就是这种传承场，"传承场是传者与受者进行文化传承所建立的关系网络，它可表现为特定的自然空间，也可以表现为复杂的社会文化空间，实际上，文化传承场多是自然空间与社会文化空间的结合体……传统庙会源于特定的自然空间，地方自然环境的不同对当地民众的精神信仰具有重要影响，其在特定时间、地点举办丰富多彩的宗教、民俗、文化、娱乐、体育活动，人们在参与活动过程中又彼此建立起一种人际网络，形成典型的社会文化空间"。②公园的绿地建设在传统的观念中仅仅具有美化环境的意义，似乎和文化传承没有任何关系，但是如果这块绿地被作为公共空间使用，那么它就可以转化为文化传承的载体。赵磊和吴文智提出"本土文化是城市公园绿地规划提升的关键因素，城市公园绿地是本土文化传承的有益载体"，③他们从城市公园绿地传承本土文化中的民俗风情、城市公园绿地传承本土文化中的基因图、城市公园绿地传承本土文化中的心理诉求三个方面具体论述了城市公园绿地作为本土文化的有益载体的表现。

在实现中华民族的伟大复兴成为中国社会的整体目标时，认识和重视公共文化空间在文化传承与传播方面的重要性极具现实意义。党的十七届六中全会明确提出，推动社会主义文化大发展大繁荣的重要任务之一，就是"培养高度的文化自觉和文化自信"。党的十八大进一步指出，"我们一定要坚持社会主义先进文化前进方向，树立高度的文化自觉和文化自信，向着建设社会主义文化强国宏伟目标阔步前进"，同时强调要"建设优秀传统文化

---

① ［英］马凌诺夫斯基：《巫术、科学、宗教与神话》，李安宅译，商务印书馆1936年版，第23页。

② 连建功：《传统庙会文化传承机制研究》，《信阳师范学院学报（哲学社会科学版）》2016年第5期，第78—79页。

③ 赵磊、吴文智：《本土文化传承与城市公园绿地规划》，《城市发展研究》2013年第9期，第26页。

传承体系，弘扬中华优秀传统文化"。2017年1月25日，中共中央办公厅、国务院办公厅联合发布了《关于实施中华优秀传统文化传承发展工程的意见》，明确提出要"加强历史文化名城名镇名村、历史文化街区、名人故居保护和城市特色风貌管理，实施中国传统村落保护工程，做好传统民居、历史建筑、革命文化纪念地、农业遗产、工业遗产保护工作。规划建设一批国家文化公园，成为中华文化重要标识"，"深入挖掘城市历史文化价值，提炼精选一批凸显文化特色的经典性元素和标志性符号，纳入城镇化建设、城市规划设计，合理应用于城市雕塑、广场园林等公共空间"，"充分发挥图书馆、文化馆、博物馆、群艺馆、美术馆等公共文化机构在传承发展中华优秀传统文化中的作用"。[①]可以看出，在中央的具体规划中，公共文化空间在传承传播传统文化方面受到了高度的重视。

其次是文化民主与文化服务的功能。所谓文化民主，就是指文化上的人民共有和共享。其内涵包括以下两点："一是在平等和参与的维度上，文化民主的意义体现在每个人平等参与文化创造，平等地使用、享有、欣赏文化资源的价值追求。二是在公共利益的维度上，文化是民族的血脉，是人民的精神家园……人民应当享有、使用一切文化资源"。[②]文化民主是对文化垄断和文化专制的反抗，也是建设社会主义民主政治的一个重要的组成部分，是社会主义国家人民当家做主的一个重要的表现。毛泽东曾批评封建时代的文化专制主义说："汉武帝罢黜百家，独尊儒术。结果汉代只有僵化的经学，思想界死气沉沉。武帝以后，汉代有几个大军事家、大政治家、大思想家？到东汉末年，儒家独尊的统治局面被打破了，建安、三国，出了多少军事家、政治家啊！"[③]新民主主义革命时期，国民党政府依然实行文化专制主义，毛泽东激烈地说："资产阶级顽固派，在文化问题上，和他们在政权问题上一样，是完全错误的。……他们的出发点是资产阶级专制主义，在

① 2017年第6号国务院公报，http：//www.gov.cn/gongbao/content/2017/content_5171322.htm。

② 汪闻涛、杨永志：《文化民主视阈下当代中国社会主义文化发展路径探析》，《广西社会科学》2017年第4期，第183—184页。

③ 芦获：《毛泽东谈魏晋南北朝》，《党的文献》2006年第4期，第22页。

文化上就是资产阶级的文化专制主义。……他们不愿工农在政治上抬头，也不愿工农在文化上抬头。"①毛泽东认为"民主必须是各方面的，是政治上的、军事上的、经济上的、文化上的、党务上的以及国际关系上的，一切这些，都需要民主"。他正式提出了文化民主的概念，"文化民主，例如教育、学术思想、报纸与艺术等，也只有民主才能促进其发展"。②有学者将社会主义文化民主的内涵归结为三点：文化民主的本质要求是文化服务于人民、文化民主的内在精神是思想自由、文化民主的核心要素是尊重文化的多样性。③

文化专制主义是将文化产品的创造和对文化成果的享受限定在一个狭小的范围内，成为少数人独享的特殊对象，甚至变成专制权力的象征。而公共文化空间因其所具有的开放性、公共性，天然地成为反抗文化专制和实现文化民主化的最好的机制。以祭祀为例：在阶级社会出现之前，祭祀鬼神是部落中人人享有的权利，但是人类进入阶级社会后，就发生了"绝地天通"的现象，祭祀成为贵族的特权。这里的祭祀不仅包括了对于天地神灵的祭祀，还包括了对于祖先的祭祀。西周以后，天子才可以祭祀天地和五岳，可以祭祀七代以上的祖先；诸侯只能祭祀自己封国内的小的山川和五代祖先；大夫可以祭祀三代祖先；而平民则不允许在家里设祭。布衣平民取得祭祀祖先的权利，要迟到宋代以后才逐渐具有。可见祭祀的空间在封建社会并不是一个开放的公共空间，而是一个按照阶级等级划分的封闭空间。封建社会被推翻后，祭祀重新变成人人享有的权利，人们不但可以自由地祭祀自己的任何一代祖先，而且也可以自由地祭祀各种神灵，包括了祭祀天地这样过去只有皇帝才能独享的权力。现在，大型的公共祭祀活动已经成为一种仪式化的文化景观活动，其宗教意义大为弱化而文化象征意义和观赏功能大大突出了。再比如园林，封建社会只有私园而没有公园，贵族们的园子再大再漂亮，也只是供贵族个人享有；公园的出现打破了园林的私有化，将园林空间交到了大

---

① 《毛泽东选集》（第2卷），人民出版社1991年版，第704页。

② 《毛泽东文集》（第3卷），人民出版社1996年版，第169—170页。

③ 姜志强：《论社会主义文化民主》，《东岳论丛》2015年第5期，第112—113页。

众的手上，公共化了的园林——公园——的出现就是对私园的否定。当然，封建社会也有公共文化空间，譬如庙会、街道等等，但是追溯这些公共文化空间的历史就会发现，其中的大部分空间在一开始并不是作为公共文化空间而出现的，是群众在使用中逐渐赋予了它们文化空间的性质；其次，这些空间都是在专制制度松动的地方才发展起来，譬如庙会是因为佛教所享有的特权，街道则是坊市制松动破坏的结果。此外，还需注意到这些空间在逻辑上是先成为公共空间，然后才成为文化空间，而空间获得公共性本身就是对空间专制的一种瓦解。

公共文化空间不仅是文化民主化的基本机制，而且还是文化权益和文化服务均等化的支撑。文化的民主化只是从政治理论上解决了公民可不可以享有文化的问题，文化权益和文化服务的均等化才能在社会的层面切实地解决所有公民在实际上平等地享有文化权益和实现文化权利的问题。文化服务的均等化落实不到位，文化权益的全民共享和文化的民主就仅仅是停留在纸面上的概念。从历史角度看，文化与社会服务的公共关系经历了三个阶段：功能本体阶段、文化本体阶段和社会本体阶段。功能本体阶段的公共文化在总体上是服务于社会需要的，以社会功能作为本体（静止物理状态）；文化本体的公共服务则开始摆脱各种社会功能束缚使之成为独立的表达个性的精神形式，强调文化与社会的区别、强调文化与生活的区别、强调文化的想象力和创造力，这种倾向在现代公共文化阶段达到顶点（图像符号过渡）；社会本体阶段则是在后现代文化背景下出现的，公共文化开始重新调整和服务社会公众的关系。与传统的关系、文化和非文化、文化和生活、不同文化门类之间的界限逐渐模糊（动态虚拟环境），公共服务问题开始成为公共文化的主要因素之一。而公共文化空间的出现和对公共文化服务性的强调是文化进入社会本体阶段的产物。[①]

我国的公共文化服务能力和体系建设，正处于由第二阶段向第三阶段全面转型的时期，其表现有二：

---

① 陈杏：《公共文化服务与公共文化空间的关系探析》，《图书馆杂志》2008年第2期，第9页。

一是政府投入巨额资金用于建设覆盖城乡的公共文化设施基础网络，从而形成大量新的公共文化空间。早在2015年1月，中共中央办公厅、国务院办公厅就联合印发了《关于加快构建现代公共文化服务体系的意见》和《国家基本公共文化服务指导标准（2015—2020年）》，对构建现代公共文化服务体系作出全面部署。2016年12月25日，第十二届全国人民代表大会常务委员会第二十五次会议通过《中华人民共和国公共文化服务保障法》，该法明确了政府在提供公共文化服务方面的责任，为保障公民的基本文化权益提供了法律依据。在顶层设计的引领下，我国公共文化投入不断加大，覆盖城乡的公共文化服务体系逐渐形成。据《中国财经报》专题文章《谱写文化惠民新乐章——党的十八大以来我国公共文化服务体系建设成就纵览》：从2016至2020年，中央财政共安排公共文化服务体系建设相关资金1081.25亿元，截至2020年底全国的公共图书馆达到3212个，全国登记备案的博物馆达到5788家（其中5214家博物馆免费开放，占全国登记备案博物馆的90%以上；定级博物馆达到1224家、非国有博物馆增至1860家、行业博物馆达到825家），全国共有群众文化机构43687个（其中乡镇综合文化站32825个）。[①]需要特别指出的是，城乡差别是我国长期以来存在的问题，而公共文化服务体系建设方面的城乡不平衡现象在过去尤其突出。中国共产党第十八次全国代表大会召开以后，公共文化资源配置开始明显向市、县、乡倾斜。除中央财政持续支持地市级公共图书馆、博物馆和文化馆新建和改扩建外，2016年12月文化部、财政部等五部委联合印发了《关于推进县级文化馆、图书馆总分馆制建设的指导意见》，推动优质服务向基层延伸。此外，中央财政还专门安排资金，对基层文化设施维修和设备购置进行补助，不少地区已建成功能配套、地域特色鲜明的基层综合性文化服务中心。总之，经过长期不懈的奋斗，尤其是近十年来的努力，我国以扩大公共文化服务广覆盖为主要目标的文化设施网络建设已经达到了一个新的历史阶段，基本公共文化服务短缺问

[①] 《谱写文化惠民新乐章——党的十八大以来我国公共文化服务体系建设成就纵览》，http：//www.mof.gov.cn/zhengwuxinxi/caijingshidian/zgcjb/202108/t20210811_3744535.htm。

题大大缓解。其中"三馆一站",即公共图书馆、文化馆、博物馆和文化站的大规模兴建和免费开放,在推进公共文化服务能力建设上发挥了关键的作用。接下来的目标,将是在提供更优质的文传产品方面做出努力。

二是通过体制改革促进原有公共文化机构落实其"公共性"属性。公共文化机构是由国家出资、具有法定义务的公共文化服务供给者。但是在"改革开放"后很长的一段时间内,由于国家财政对博物馆、图书馆、文化馆等公共文化机构的拨款极为有限,几乎所有原属国家事业单位的公共文化机构都需要在不同程度上开展商业活动以弥补经费的不足,从而导致了其"公共性"在事实上难以得到全面落实,譬如公共图书馆可能因为收费服务而将部分读者拒之门外,博物馆和公园因为收取门票费以及其他费用而使许多人无法经常访问。进入新世纪以后,公共文化服务免费成为改革的方向,由于财政补贴增加,各城市的图书馆、博物馆、展览馆、公园等公共文化机构逐渐取消了门票制,公共文化服务的空间范围因之在实际上大大扩张。在新一轮机构改革中,公共文化机构被纳入全额财政供养单位,进一步解决了机构实行免费服务的后顾之忧;与此同时,国家在公共文化服务设施建设上的投入越来越大,除改善原有设施外,一系列开放性的国家文化公园、社区广场、社区文化馆等纷纷建立,"公共性"在基层民众中的实现具备了现实的物质基础。

第三是培养成熟公民的功能。现代社会需要有现代化的公民。所谓现代化的公民,不是指公民在物质拥有上的现代化,而是指公民具有与社会发展要求相适应的价值观念、文化水平和审美能力,是一种体现在主观精神、内在人格和综合性文化判断能力上的内在现代化。一般而言,培养人的途经不外乎三条:一条是学校,一条是家庭,一条是社会。社会对人的培养,又以公共文化服务为主要渠道。公共文化空间是具有意义阐释与价值生产功能的空间,是政府向公民提供的最主要的文化服务。当然,因为公共文化空间(机构)的性质不同,在培养人的方面也有差异。公共图书馆不仅仅是人们获取知识信息的场所,它还是社会文化运作的一部分。不同职业、不同背景、不同身份的社会公众相聚到图书馆这一公共文化空间,接受文化熏陶,讨论公共话题,分享交流思想,一同休闲娱乐,从而使人们加深理解互信,增强社会的凝聚力，促进社会和谐发展，这本身就是一种潜移默化的成人教育。在博物馆里，人们可以直观地看到、感受到民族历史的辉煌，从而激发对于国家和民族的热爱；同时还可以看到其他国家和民族的文明成果，开阔了眼界。在剧院里，一出戏剧、一首歌曲、一场或激情澎湃或宁静迷人的音乐演出，都可以陶冶人的情操。即使是在广场这样的综合性公共空间，公民们也会因为广场的造型、周边的建筑、广场上的附着建筑而受到影响。在天安门广场瞻仰人民英雄纪念碑，可以使人顿生对于革命先辈的敬仰；观礼升国旗仪式，可以让人油然而生对于伟大祖国的自豪感。就是在大型的商场里闲逛，看到琳琅满目的商品和熙熙攘攘的人群，也会使人由于深感物质生活的富足而对国家建设的巨大进步产生无比的自豪，进而激发爱国情怀。杜甫的《春夜喜雨》诗说"随风潜入夜，润物细无声"，公共文化空间就是这样润物无声的细雨，在不知不觉间养育着公众的精神和人格。

第四是部分的经济功能。公共文化空间就其属性而言应该是公共的，公共性是其存在的根本理据。但是，公共文化空间建设虽然不以经济效益为直接的追求目标，却仍然能够为所属地区带来经济效益，只是这种效益一般是通过间接的渠道实现的，是公共文化空间效应发挥的自然结果。在城市里，一些大型的公共文化空间常常成为城市的标志，也因此而成为旅游目的地，该公共空间周边的服务业因之而发达。譬如天安门广场、国家大剧院、国家博物馆、军事博物馆等等大型公共文化设施已经成为北京的名片，在全国乃至全世界都具有极高的认知度。这就吸引了无数的人到北京旅游观光，从而带动了北京的发展。上海的人民广场和上海大剧院毗邻而居，两者代表了上海在解放后文化建设的新成就，都是上海文化的象征，也是游客到了上海必须要去的地方。上海大剧院是公益性的，不以赚钱为目的，但是却并不亏损，因为太多的人愿意去那里享受艺术的洗礼。南京路和外滩代表了上海曾经的辉煌历史，也是上海的文化名片。这两个地方过去商业发达，今天仍然商业发达，因为人们早已经在潜意识里将其和繁荣、财富等联系在一起。有的公共文化空间，譬如大型的开放性广场，周边都没有商业点，也不收门票，是不是没有经济功能呢？不是的。虽然广场本身不能带来直接的利润，但是它的存在改善了城市的形象，使得城市更吸引人，更有知名度，这样就会带来间接的经济效益。大连的广场建设起步早、规模大、设计精美，为大连赢得了"广场城市"的美名，靠着这个美名，大连的旅游业蒸蒸日上。如果只看到了公共文化空间的审美功能、文化功能、政治功能，而看不到或者低估它的经济功能，无疑是一种不够全面的认识。

公共文化空间的功能是综合的、多方面的，除了上述的功能，还有其他的功能，如作为城市标志的功能、作为城市节点的功能、改善城市布局的功能等等，这些功能人们已经谈了很多，这里就不详说了。总之，空间是具有生产性的，空间的功能取决于人们如何看待它和使用它。公共文化空间和人们之间的关系有多少种，它的功能就有多少类。

小　结

空间问题是当代城市社会学研究的热点之一。从20世纪以来，至少是从所谓芝加哥学派形成以来，城市社会学的关注重点事实上就已经转移到了"空间"上。研究者们形成的一个基本共识，是不再将空间看作静态、空洞、抽象，类似于容器一般的存在，而是充分注意到空间的历史性、社会性。具体地说，就是将空间的形成及变迁与人的存在，例如阶级、种族、性别等等联系起来，赋予空间作为社会关系生产与再生产者的性质："空间结构如今不仅仅被视为社会生活于其中展开的竞技场，而且还被视为社会关系生产和再生产的媒介。"[1]

在各种类型的城市空间中，公共文化空间似乎具有特别的意义：从资本主义工业革命以后，城市化已经被既有历史证明为人类生存和发展的基本方向。中国的城市化发展虽然滞后于西方，但是按常住人口计算，2020年中

---

[1]　［英］德雷克·格利高里、［英］约翰·厄里：《社会关系与空间结构》，谢礼圣、吕增奎等译，北京师范大学出版社2011年版，第3页。

国城市化率也已经超过了60%。①这意味着全国的多数人口生活在城市中，因而他们的需求——物质的和文化的——也需要通过城市建设来满足。如果我们把文化视为人的一种有别于其他存在物的特殊的规定性，那么对于生活在城市中的人来说，文化空间无疑是满足他们文化需求、文化发展、文化交往等等一切精神需要的物质基础。空间，从最粗略的意义上说，有私人空间和公共空间之分。相应地，文化空间当然也有私人的和公共的两类。城市公共文化空间的重要性在于，它在原则上是对所有人开放的，它体现了人们对文化设施、文化产品的平等享有权——这是民主社会的必然要求。同时，也许是更重要的，它发挥了生产人和生产社会的功能：前者体现在作为独立个体的公民可以通过他或者她公开的文化消费、文化交往而培育自己的内在人格；后者体现在经由公民之间的这种公开而平等的文化交往、文化实践，作为共同体之基础的观念的或者心理-情感的共识被不断地再生产出来。

城市公共文化空间有多种类型。我们尝试从人与空间的关系出发，按照人在不同空间中活动的特点，将其大致分为以"看"为特征的阅读类空间、"视听"结合的表演类空间、身体可自由移动的景观类空间和与人之身体形成虚拟关系的网络空间四类。这一分类标准基于关于身体与世界关系的哲学思考，目前还没有出现在其他学者的论述中。

---

① 尤济红：《发展阶段、政府职能与中国城市化进程——为何中国城市化长期滞后？》，《产业经济研究》2022年第2期，第14页。

第二章
图书馆公共文化空间的变迁

当我们试图寻找空间的社会意义时，不仅应该关注可见的几何空间，更应该关注那些视觉可见以及视觉不可见的空间是如何被创造、被使用的，因为社会关系的密码就隐藏在其中。

什么是图书馆的公共文化空间？图书馆建筑的空间布局是最为直观但是也最为表层的。可以被直接观察到的空间设计直观地体现了建设者的主观目的。和这些可见的几何空间相比较，那些不具有物理空间的外观或者外观特征不那么鲜明的空间，即使不是更为重要，也是同样重要的。毕竟，就像列斐伏尔在《空间的生产》中所说的，空间不是一种自然的、被动的几何现象，空间被生产和再生产，是体现着斗争的场所。空间在本质上是社会的而非物理的，只有生产和使用才能揭示出空间的意义。

第一节　图书馆作为公共空间的起源及发展

（一）作为公共空间的图书馆在西方世界的起源与发展

1. 作为权力象征的古代世界图书馆

在人类文明的发展史上，图书馆占有极为重要的地位。在古代知识被贵族垄断的情况下，图书馆不仅承担了知识的保存与传承功能，而且是统治阶级占有和展示知识权力的主要场所。用米歇尔·福柯（Michel Foucault）的概念说，就是"权力谱系"中的一个组成部分。

在图书馆发展史上，一般认为世界上最早出现的图书馆是由古代亚述国王亚述巴尼拔（Aššur-bāni-apli）所建的尼尼微图书馆。[1]1849年，英国的业余考古学者莱尔德在发掘尼尼微的亚述王宫遗址时，在亚述国王辛那赫里布的宫殿里，发现了这座保存得非常"完好"的图书馆——在两个房间之

---

① 也有学者认为"古代西方的第一所图书馆出现于埃及还是出现于巴比伦已经很难得知了。但是可以确信的是，这两个地区在公元前4000年—公元前3000年时的文明发展，已经达到了用文字写成'书'的阶段，而且数量之多足以形成图书馆。在美索不达米亚平原，先后有苏美尔人、巴比伦人和亚述人定居，图书馆在这个时期得到了长足的发展。"［美］M.H.哈里斯（Michael H.Harris）：《西方图书馆史》，吴晞、靳萍译，书目文献出版社1989年版，第14页。

内，保存着近3万块刻着楔形文字的泥板书！①这些泥板大约24厘米×16厘米大小，它们都存放在陶罐中，而陶罐则依次排放在架子上，每块泥板上都有类似于书签和内容简介的文字，此外每个藏书室的墙上还写有所藏的书目。泥板书中的一部分，是亚述巴尼拔给一些官员的训令，这些训令要求官员们到各省区收集泥板图书；另外一部分则是哲学、数学、语言学、医学、文学以及占星术等各类著作，几乎囊括了当时所有的知识门类。在文学类的泥板中，人们发现了许多早期的神话和歌谣，其中最重要的是世界上第一部英雄史诗《吉尔伽美什》；在其他泥板中，人们发现了有关王朝世系的记载和宫廷敕命等等，这对于学者还原当时亚述的情况至关重要。

　　但是，收集了大量藏书的尼尼微图书馆却并不是一个现代意义上的公共空间。亚述国王建立图书馆的目的，是将散落在各处的知识收集在一起以便于"控制和展示"——这里的藏书绝大多数都刻有国王的名字，盖着国王的印签，这表明它们属于国王的私有财产。其中一块泥板上还刻着这样的文字："亚述巴尼拔王，万方之王，亚述之国君，获纳布神与奥弥特女神之佑，洞察何者为治国之本。诸神向我之先辈国王显示楔形文字的书写。我已将智力之神纳布的启示书写于泥板之上，并置于王宫内以教育臣民。"②这段文字表明亚述巴尼拔花费巨大的精力建设图书馆的目的，是通过垄断知识以加强自己的统治。因此，即便真的"亚述巴尼拔的图书馆对所有的学者、官员及平民们开放"，③但是依然改变不了该图书馆作为统治之技术手段的性质。

　　稍微了解古代社会的人们一定知道，在从原始公有社会转向阶级社会的历史过程中，那些在原来的氏族中垄断了祭祀权力和知识权力的巫觋一类通神者，依靠着自己的特殊身份，逐渐化身为"王"。虽然具有了新的身份和功能，准确地说，此时统治开始成为王的主要任务，但是王获得世俗统治权

---

① M.H. 哈里斯说"收藏了8万多块泥板"。见［美］M.H. 哈里斯：《西方图书馆史》，吴晞、靳萍译，书目文献出版社1989年版，第17页。

② 杨子竞：《外国图书馆史简编》，南开大学出版社1990年版，第5页。

③ ［美］M.H. 哈里斯：《西方图书馆史》，吴晞、靳萍译，书目文献出版社1989年版，第17页。

的来源并没有发生实质变化，王的权力依然来源于神的认可与青睐。证明神的垂青的主要方法之一，就是继续垄断祭祀和知识，因为这两样东西都和神具有最密切的关系：前者是聆听神的旨意和征询神的意见，后者本来就是神的赐予。作为"宇宙之王"或者"周边世界之王"，亚述的国王需要向所有被统治者展示自己如何得到了神的认可，这就是他不惜人力和物力到处收集书籍并建立私人图书馆的动机。

大约400年后，在尼罗河三角洲的地中海沿岸出现了著名的亚历山大图书馆。这是一座始建于托勒密一世时期，完成于托勒密二世和三世时期的图书馆。其所收藏的书籍，主要是公元前400至前300年之间希腊和地中海沿岸各国的重要文献手稿，藏书数目最盛时有50万或者70万卷之多！①和亚述的国王亚述巴尼拔一样，建设这样一座规模宏大的图书馆的初衷，就是要"收集全世界的书"，将全世界的知识集中在君王的手中。为了实现对于知识的独占，据说亚历山大的历代国王采取了粗暴的手段，要求搜查每一艘进入亚历山大港口的船只，只要发现图书，不分国籍，立刻归入亚历山大图书馆所有。古希腊最重要的一些经典，如文学方面的《荷马史诗》原稿，三大悲剧家欧里庇得斯、埃斯库罗斯、索福克勒斯的著作；数学方面欧几里得的《几何原本》；天文学方面阿里斯塔克的日心说理论著作；医学方面希波克拉底的手稿；神学方面的《旧约》希腊文译稿等等诸多促成西方文艺复兴的经典都曾保存于此。

不只是单纯的"储藏"知识，亚历山大图书馆还在某种程度上"生产"知识，而这种"生产"是借助于向部分具有特殊身份的学者开放而实现的。担任图书馆馆长和馆员职务的是一些著名的学者，如首任馆长芝诺多塔斯（Zenodotus of Ephesus）、被后人誉为"目录学之父"的卡利马科斯（Callimacnus of Cyrene）、诗人阿波洛尼厄斯（Apollomius of Rhodes）、数学家和诗人埃拉托色尼（Eratosthenes of Cyrene）、文献学家和语法学家阿里斯塔克（Aristarchus of Samothrace）等。许多学者慕名而来，他们在此学习、讲学、集中讨论，犹如柏拉图（Plato）的学园，这也使图书馆获得了"世界

---

① 杨子竞：《外国图书馆史简编》，南开大学出版社1990年版，第10页。

上最好的学校"的美名。尽管和统治的内在逻辑密切相关，但是这并不妨碍在建成后的数百年内，亚历山大图书馆一直是西方世界的文化灯塔，直到它被毁于战火。

2. 罗马和中世纪图书馆中有限的公共性

罗马文化是希腊文化的学生。为了恢复曾经的文化荣光，罗马人从公元前2世纪开始注意搜集图书。罗马军队将征服地区的书籍大量带回本国并陈列于私人府邸，许多私人府邸都建起了规模不等的小型图书馆。这些私人图书馆的书籍概不外借，只对极少数人开放，且给予读者的阅读时间很短。[①]主人建立它们的目的不是学习，甚至不是出于保存的需要，而是出于"炫耀"。这是有身份的贵族维持尊严和荣誉的一种常见的方式。一个反面的例子可以说明这一点：哲学家塞涅卡（Lucius Annaeus Seneca）对那些"用名贵树木和象牙装点书籍，却存放不入流作家的作品；在数千本书中打哈欠，却在书房外找乐趣的人"嗤之以鼻，他问道："一个人拥有那么多的书，却一辈子连标题也读不完，这有什么用呢？"他的主张是"需要多少，获取多少，用来炫耀的书一本也不要。"[②]为了炫耀而建设的私人图书馆，是谈不到公共性的。

在私人图书馆蓬勃兴起的同时，罗马的公共图书馆也有了长足的发展。公共图书馆的书籍来源仍然主要依靠掠夺，另有少部分来自购买。鉴于书籍的稀少和珍贵，在对马其顿的战争中以及在吞并希腊以后，当地图书馆的书籍都作为战利品被运到了罗马。建设一座公共图书馆的主意起始于独裁者凯撒，但这项计划却因为凯撒的猝死而中断了。罗马的公共图书馆出现于奥古斯都时期。诗人维吉尔（Publius Vergilius Maro）与贺拉斯（Quintus Horatius Flaccus）的挚友、凯撒（Gaius Julius Caesar）的部下G.A.波利奥（Gaius Asinius Pollio）在罗马城的阿波罗神庙建立了罗马第一座公共图书馆。为了彰显自己的伟大，罗马皇帝屋大维（Gaius Octavius Augustus）决心塑造城

---

① 杨子竞：《外国图书馆史简编》，南开大学出版社1990年版，第16页。

② ［美］弗雷德·勒纳：《图书馆的故事》，沈英、马幸译，北京时代华文书局2014年版，第31—32页。

市，他在位于战神广场的波多哥·奥克塔维亚神庙和位于帕拉蒂尼山上的阿波罗神庙中兴建了两座公共图书馆。每一座图书馆都有两个书房，分别存放希腊文和拉丁文著作。①此后，罗马统治者陆续在各处兴建图书馆，其中以图拉真在公元114年建设的图拉真广场图书馆规模最大，其藏书有大约3万卷。到公元5世纪，罗马已经有了28所公共图书馆，所藏图书不下10万卷。②

罗马的公共图书馆虽然面向公众，但这里的公众仅仅指那些具有政治权利的少数公民，而这样的公民在总人口中占比很低。此外，对于入藏图书也有严格的筛选标准，不符合统治者利益的书籍都被排斥在外，屋大维就曾命令将凯撒及诗人奥维德（Publius Ovidius Naso）的作品从图书馆剔除。因此，罗马公共图书馆的"公共性"是一种极有限的公共性。

希腊和罗马辉煌一时的图书馆事业在中世纪陷入了衰落。在这一漫长时期，人们毁坏了与基督教不相一致的图书馆，在各地建起了众多的依附于修道院或者教堂的基督教图书馆。这些图书馆虽然跟随着修道院的建设而遍及各处，但绝大多数规模很小，且所藏之书主要是基督教经文，只有个别稍大型的教堂图书馆收藏少量的世俗作品以及医学和科学的著作。公元529年，圣·本尼狄克特（Benedict of Nursia）在罗马西北的卡西诺山建立了修道院。虽然本尼狄克特对于修士的阅读行为进行了极为严格的规定，但是，在他死后，卡西诺修道院的图书馆还是开始发展。到了8世纪时，因为收集到了许多珍贵的文献，卡西诺图书馆已经成为一个学术中心。与本尼狄克特同时，政治家兼作家卡西奥多勒斯（Cassiodorus）在意大利南部建立了维瓦留姆修道院，他的修道院图书馆正视世俗文献的价值，这是一个伟大的创举。他还在图书馆设立了抄书室，这对于扩大知识的传播起到了重要的作用。

对现代世界具有重要作用的，是从12世纪起陆续出现的大学图书馆。大学的创立是西方历史上具有重大意义的创造。一开始，大学只是依附于教会的学术机构，但是它在发展中逐渐获得了相对的独立性，并成为知识

---

① ［美］弗雷德·勒纳：《图书馆的故事》，沈英、马幸译，北京时代华文书局2014年版，第32页。

② 杨子竞：《外国图书馆史简编》，南开大学出版社1990年版，第15页。

创造的中心，最终在颠覆旧秩序和建立新秩序方面发挥了无可替代的作用。初期的大学图书馆，如意大利的博洛尼亚大学图书馆、法国的巴黎大学图书馆、英国的牛津大学图书馆，其规模都非常之小，如剑桥大学彼得学院图书馆1418年仅有藏书380卷，在该校各学院中已经名列前茅。[①]藏书的来源主要依靠赠送或者手抄。索邦神学院成立于1257年，由于世俗神学家及其支持者们数十年来的捐赠，到了13世纪末，索邦神学院就有了欧洲最好的图书馆：1290年时，神学院图书馆已经有了超过1000册的手抄本。[②]然而，正像孩子一旦出生就注定会脱离母亲而发展一样，大学图书馆也逐渐具有了自我发展逻辑。随着对古典文献的不断搜集、积累和研究，一些人如意大利的彼特拉克（Francesco Petrarca）、薄伽丘（Giovanni Boccaccio）等，开始从古代作家的手稿中受到启迪。人文主义者的前身就这样慢慢地形成了。这些人文主义者对于经院哲学产生了怀疑，启蒙的曙光从这些细小的怀疑中逐渐生长起来。到了15世纪，图书馆的发展已经和新形成的文艺复兴运动互相配合、互相促进了。经济上居于领先地位的意大利，在开拓新的精神世界上也处于先导地位。旧的修道院图书馆纷纷衰落，而新的私人图书馆大量涌现。虽然图书的生产还依靠抄写，并且图书馆的规模并不大，甚至连管理方式也还在因循守旧，但是藏书的结构却出现了实质性变化，古代典籍和世俗作品增加了，宗教书籍退居次要地位，这意味着人们的精神结构也在悄悄地变化当中。

从公共性的角度看，权力者们建立的带有私人性质的图书馆都不属于公共空间，欧洲图书馆向公共空间的转型应该从教会图书馆开始，但是，教会图书馆的公共性非常有限。这里的一个原因是教会图书馆一般都比较小；另一个原因是藏书在性质上过于单一，或者说缺乏公共性必备的"异质性"。图书馆普遍转型为面向大众的公共空间，是随着文艺复兴以后欧洲各国相继开始的"现代化"历程而出现的。在欧洲迈向所谓"现代社会"的进程中，

---

① 杨子竞：《外国图书馆史简编》，南开大学出版社1990年版，第28页。

② ［美］弗雷德·勒纳：《图书馆的故事》，沈英、马幸译，北京时代华文书局2014年版，第99页。

图书馆尤其是大学图书馆作为文化现代化的一个主要的参与者和推动者，发挥了积极且重要的作用。

3. 近代图书馆所触发的公共性

大概在12世纪前后，中国的印刷术开始经由阿拉伯世界传到了西方，从此改写了西方文化事业的发展历史。1450年，德国人J.古登堡（Johannes Gensfleisch zur Laden zum Gutenberg）在中国活字印刷技术的启示下，用铅、锡、锑的合金制作活字，并用油墨印刷，为近代的金属活字印刷奠定了基础。随着印刷技术的革命性变革，图书馆的发展也逐渐进入了一个新的历史发展阶段。首先，因为图书摆脱了手抄的制约而可以大量生产，以及与之同步发生的基于教育发展而导致的阅读者数量的提升，相对大型的图书市场开始形成，生产和经营图书开始成为专门的行业。诺贝特·埃利亚斯（Norbert Elias）在《文明的进程》中提到，1530年出版了一本由鹿特丹的伊拉斯谟撰写的小册子《男孩的礼貌教育》。因为正合时宜，所以这本小册子很快成为流行书，并一而再、再而三地重版。到六年后伊拉斯谟去世为止，这本小册子已经再版了30多次。埃利亚斯说，这本书总共再版了130多次，其中18世纪再版13次。在不断再版之外，这本小册子还存在着大量的译本、仿本和改编本。小册子出版两年后就有了第一本英文译本，四年后被改编为问答手册，并开始在学校里用作男孩的教科书使用。紧接着出现了德文和捷克文的译本；1537年、1559年、1569年和1613年不断有新的法文译本问世。①这本小册子不断再版的历史说明，16世纪时西方的印刷业已经有了相当程度的商业化，有人写书，有人印刷，还有一个不断扩大的市场——书籍的印刷和出版正在影响着社会的文明进程，以收藏图书为第一要务的图书馆当然也不能例外。当然，图书的增长和阅读者数量的提升是一个比较漫长的过程，其程度与我们今天相比有着巨大的差别。伊恩·P. 瓦特（Ian Watt）引用柯林斯《书信业》中的数据，说在当时英国至少六百万的总人口中，读者大众的规模有八万人。1704年，英国每周可以售出43800份报纸；到了1753年，每天

---

① ［德］诺贝特·埃利亚斯：《文明的进程》，王佩莉、袁志英译，上海译文出版社2013年版，第51页。

可以售出23673份，虽然在总人口中占比不高，但是半个世纪3倍多的销量增长还是可观的。这些数字从侧面说明了阅读者数量的增加，也从侧面说明了图书馆无论在藏书方面还是在接纳读者方面正处于急剧的扩张期。瓦特另外举了一个更具有说服力的数据：1724年，伦敦的印刷机数量增加到了70台，1757年则至少有150到200台印刷机"在不停地被使用"。此外，从1666年到1756年的90年间，平均每年出书不到100种，而1792到1802年十年间，每年达到了372种。①

在图书出版日益成为一个迅速发展行业的背景下，图书馆却不再负责书籍的生产了，它变成了更为纯粹的知识保存机构和阅读场地，并且逐渐向所有公众开放，正是这一点促进了图书馆"公共性"的形成。触发变革的第一个因素是规模的变化。伴随着图书出版的扩张，各个图书馆的馆藏图书都开始以空前的速度增长，这不但促使图书馆在规模上变得越来越大，还直接触发了第二个变化，即管理方式的变革。图书的收藏和管理成为一门科学，随之出现了专业的图书管理人员。此外，建筑结构也变化了，中世纪时代铁链加锁的图书和读经台式的书籍放置办法消失了，取而代之的是墙壁式大厅的建筑格局。1567年，西班牙的埃斯库略尔图书馆首先采用了新的建筑样式，图书馆的内部不再是一个一个的狭小房间，而是又宽又大又高的大厅，书架沿着大厅的墙排列，中央是空阔的场地，用来供读者坐下来阅读以及摆放一些诸如地球仪等知识的象征物。馆藏的图书中，除了拉丁文、希腊文的书籍之外，占主要比例的是本国语言出版的通俗读物。在不远的将来，这些通俗读物不但成为民众启蒙的主要工具，还进一步促进了民族语言的发展以及随着而来的民族意识的觉醒，为近代欧洲民族国家的形成奠定了最初的基础。

在一些社会改革家的眼中，这时的图书馆不仅是储备图书的地方，它还是实施教育的好地方。对于科学家来说，图书馆则是人类的百科全书，科学研究的进展在很大程度上取决于图书馆能够提供多少资料。在德意志，马丁·路德（Martin Luther）在1524年发出的《致德意志所有城市参议员的

---

① ［美］伊恩·P. 瓦特：《小说的兴起：笛福、理查逊、菲尔丁研究》，高原、董红钧译，生活·读书·新知三联书店1992年版，第34—35页。

信：建立并维护基督教学校》中号召培育信奉新教的社会精英，而这些人都需要图书馆，他因此呼吁："应当不遗余力、不惜成本地建设优秀的图书馆和书籍存储室，尤其那些能够负担得起这一任务的大城市。"[①]为了建成能代表法国荣光的图书馆，法国政府不惜耗费巨资派人到各国搜集图书，一些珍贵的图书甚至来自遥远的东方，其中包括1697年中国康熙皇帝赠给路易十四的45套312册中文书。在英国，T.博德利（Thomas Bodley）为其母校牛津大学建设了一所当时差不多是欧洲最大的图书馆，这座图书馆在18世纪初的馆藏图书达到了3万册。

4. 现代图书馆中公共性的增长

作为"现代文化体制"的一个组成部分，18世纪以后图书馆的发展受到了多种因素的综合影响。经济的、技术的、政治的和观念的力量都在形塑着图书馆的存在样态和它的功能。首先，代表着国家权威和意志的超大型图书馆开始出现，这就是国家图书馆。每个国家无论大小都建立了自己的国家图书馆，国家越大越有力量，国家图书馆就越是大型和复杂。美国的国家图书馆一开始只为议员提供法律参考服务，因而规模并不大，只有80万册藏书，但是在赫伯特·普特南（Herbert Putnam）的任期内（1899—1939年），藏书增加到了600万册。德国普鲁士皇家图书馆在1919年改称为普鲁士国家图书馆，1939年仅印刷图书的收藏量就达到了300万册以上。奥地利王室图书馆也在1920年改名为奥地利国家图书馆，其藏品以纸草文献、摇篮本和地图知名。意大利则有中央图书馆和国立中央图书馆两个国家图书馆，前者位于佛罗伦萨，后者位于罗马，前者收藏意大利书籍而后者收藏外国书籍。其次，图书馆的服务性质发生了分化，面向特殊读者群体的专业、专门图书馆纷纷出现。20世纪初，伦敦图书馆中的一半已经转变成了面向特定需求的专门图书馆。1909年，美国建立了世界上第一家专门图书馆协会。最初的专门图书馆只关注到专业的分化，很快就关注到了人群的特殊性。譬如，出现了面向中小学的专门图书馆和面向少年儿童的图书馆，甚至出现了以工人阶级为阅

---

① ［美］弗雷德·勒纳：《图书馆的故事》，沈英、马幸译，北京时代华文书局2014年版，第127页。

读对象的工人图书馆，这些工人图书馆提供和售卖以提高工人阶级的文化修养和阶级意识为主要内容的图书，不久就成为工人阶级的聚集地，在推动工人阶级的阶级意识觉醒和阶级斗争中发挥了重要作用。此外，一种建立在私人捐赠基础上的图书馆逐渐增多，这些私人捐赠图书馆大多以科学研究为主；传统的大学图书馆开始日益向巨型化和多功能的方向发展，图书馆成为大学的中心和主要标志，一些大学的图书馆还建设有若干所分馆，好像树枝一样四处蔓延。再次，公共图书馆得到了迅猛的发展。这些图书馆由政府举办，只要有一定的人口基础就必须建设，其规模可大可小，面向所有民众开放，因而被誉为"民众的大学"。为了保证公共图书馆的运转，几乎所有的西方国家都颁布了图书馆法，规定国家以行政经费和税收来保证公共图书馆的经费来源。

因为教育的普及，以及对于学习在促进社会发展方面的深刻领悟，除了公共图书馆外，其他类型的图书馆也逐渐向公众开放。图书馆变成了城市中典型的开放性公共空间，差不多所有的图书馆都实行开架制，人们只要有合法的证件就可以免费进入阅读。此外，诸如沙龙、辩论等等活动也主要在图书馆中开展起来。哈贝马斯曾经指出，构成十八世纪欧洲"公众"的核心是新生成的"市民"阶层，"作为社会的中坚力量"，这种"市民"阶层"从一开始就是一个阅读群体"。[1]生产新市民的社会机制，哈贝马斯将之定义为"文学公共领域"，而类似于沙龙、咖啡馆之类的文学意见或思想交流场所则被视为文学公共领域的主要构成要素。资产阶级公众正是在文学公共领域中完成了自我启蒙这一历史任务：文学公共领域"是公开批判的练习场所，……这是一个私人对新的私人性的天生经验的自我启蒙过程。"[2]在此意义上，完全可以说文学公共领域乃是十八世纪以来形塑现代欧洲社会的核心社会机制，而向全体公众开放、鼓励精神探索和讨论交流的现代图书馆，在文学公共领域的实践史上发挥着独特的作用。

---

[1]　［德］尤尔根·哈贝马斯：《公共领域的结构转型》，曹卫东等译，学林出版社1999年版，第22页。

[2]　［德］尤尔根·哈贝马斯：《公共领域的结构转型》，曹卫东等译，学林出版社1999年版，第34页。

（二）公共空间与中国图书馆的起源与发展

中国有着世界上时间最长的连续的文明历史，在十九世纪中期以前五千多年乃至更长的时间段内，中国的历史都在沿着自己的轨道向前进步，其间虽然也有外来文化的冲击，但均被本土文化吸收改造，最终成为中国文化的组成部分。比如佛教在传入之后，就逐渐中国化而演化为汉传佛教，并进而作为中华文化符号向东亚诸国传播。但是，十九世纪后半叶西方文化的传入给中华文化带来了深刻的危机，因为西方文化是裹挟着发展程度明显更高的技术或者器物文明而以粗暴的方式侵入中国的。这种更高程度的器物文明集中表现在西洋侵略军的"坚船利炮"上，差一点造成了中国"亡国灭种"的巨大危机。为了挽救危机，中国人展开了向西洋人全面学习的历程，从学习技术到模仿社会制度改革，再到在文化上不同程度的"西化"，作为他者的"西方"以无可比拟的介入深度影响了近现代中国的发展。

中国图书馆的发展历史，如果不单单从一般教科书习见的技术发展史观察，而是将技术变迁和社会变迁结合起来作为观察的出发点，则实际上只有两个发展阶段，即机械印刷兴起前的古代图书馆和机械印刷兴起后的近现代图书馆。

1. 古代中国图书馆与公共性的缺位

至迟在三千五百年以前，中国已经有了成熟的文字系统，这就是迄今仍被视为中国文字发展的第一个成熟阶段的甲骨文。有了成熟的文字系统，意味着就会有正式的文献材料。在文明尚不发达的初始阶段，文字常被视为具有通灵功能的神秘存在，其主要作用是记录神灵的启示。现在保存下来的甲骨文献，绝大多数都是记载商王的占卜和祭祀活动，就是这种情况的证明。由于这个原因，文字、文献在上古时代都带有神圣的一面，人们以虔敬的态度记载那些在他们看来神圣而重要的活动，并希望将之保存下来，这直接催生了文献保存制度的生成。

在商周时代，执行文献保存功能的是史官。今天的学者普遍相信，史官与巫祝之类宗教性的人物实出同源，只是在后来的发展中，史官逐渐摆脱了宗教者的身份而转变为重要档案材料的专职记录和保存人员。《尚书》的

《洛诰》中说"王命作册，逸祝册"，①《多士》中说"惟殷先人，有册有典"，②说明当时作册作典已经是国家制度的一部分。这些作册作典的人就是史官，他们参与国家重要的活动，并且将这些活动情况记载下来保存好。《左传·僖公五年》说虢仲和虢叔是王季之穆，"为文王卿士，勋在王室，藏与盟府"。③这是说关于虢季、虢叔勋劳的记载都仍然保存在盟府之中。《左传·定公四年》中说："祝宗卜史，备物典策"，又说："其载书云，王若曰：'晋重、鲁申、卫武、蔡甲午、郑捷、齐潘、宋王臣、莒期，藏在周府，可覆视也。'"④这是说晋公子重耳等人的事迹材料都保存在周府，可以翻检来看。这样看来，"府"就是周朝的档案材料保存机构了。

　　与早期欧洲出现的藏书机构类似，周朝的藏书机构也是权力系统的一个组成部分。王室和部分诸侯通过对文献材料的垄断，占据了关于历史的记录和解释权，构成古代"学在王官"制度的主要内容。为了强化其神圣性，这些藏书机构甚至拒绝向等级稍低的卿大夫阶层人士开放，更不用说地位更低级的士阶层了。据《左传·昭公二年》记载，是年春，晋侯派遣韩宣子出使鲁国，韩宣子"观书于大史氏，见《易象》与《鲁春秋》，曰：'周礼尽在鲁矣。吾乃今知周公之德，与周之所以王也。'"⑤韩宣子对周之王天下的合法性的感悟，正说明对于知识的垄断所具有的统治意义。韩宣子是晋国的大夫，以晋侯特使的身份出使于鲁，才享受到可以"观书"亦即参观藏书的待遇。这个事例一方面说明当时少数的藏书机构具有崇高的神圣地位，另一方面也说明其仅仅只向极少数经过特许的贵族开放。《史记》说老聃曾经担任"周守藏室之史"，也就是藏书机构的管理者，孔子曾经"适周，问礼于老子"，⑥但是没有说"问礼"的结果究竟如何。《庄子·天道》也记载说孔子欲"西藏书于周室"，在听了子路的建议后，孔子打算往见"免而归

---

① ［明］张居正：《〈尚书〉直解》，九州出版社2010年版，第241页。
② ［明］张居正：《〈尚书〉直解》，九州出版社2010年版，第246页。
③ ［晋］杜预等注：《春秋三传》，上海古籍出版社1987年版，第160页。
④ ［晋］杜预等注：《春秋三传》，上海古籍出版社1987年版，第492、493页。
⑤ ［晋］杜预等注：《春秋三传》，上海古籍出版社1987年版，第416页。
⑥ ［汉］司马迁：《史记·老子韩非列传》，中华书局1959年版，第2139—2140页。

居"的"周之征藏史"老聃,但是"老聃不许"。①如果按照《庄子》的记载,那么孔子这次"问礼"的计划是落空了。孔子所欲的,还不是像韩宣子一样的"观书",而是更外围的向曾经的图书管理者"问礼",但就是这样的愿望也难以实现——"学在王官"的制度本身是排斥开放性和公共性的。

虽然在规模上不断扩大,管理机构的名称也变动不居,但是先秦官营图书机构的封闭性在后世得到了长期的保存。皇朝政治下官营图书管理制度的特点是:首先,它是国家统治体制的一部分,在发挥知识保存功能的同时,还发挥着更为重要的意识形态管控功能,而后者往往压倒了前者。秦的"焚书"只是意识形态管控的一个极端的手段,但是思想需要管控这个观点却被历代统治者继承并实施。汉代与"独尊儒术"并行的是"罢黜百家";唐宋以后,对于不合统治需要的异端思想的清理乃是官营图书机构的职责之一,明清两代编辑象征统治辉煌成就的大典,都对所征集的材料采取了"彰显"与"隐匿"并举的选择政策,这是"专制权力"在知识领域内的运用。在这种情况下,知识的整体谱系中实际上存在着两类虽然有着各种复杂联系但是又明显有别的部分,其中一部分退居为福柯所讲的"被奴役的知识"或者"屈服的知识"。②从公共性的角度讲,知识的内部空间是不平等的,这样的知识空间在整体性质上无法构成哈贝马斯所讲的"公共空间"。其次,官营图书机构并不向大众开放,而只是向特定的人群开放。官营图书机构在官僚层级中的地位越高,对于读者的政治地位要求也就越高。"秦汉以后的国家图书馆只供皇室及政府高级官员使用,平民没有机会借阅。"③对知识的垄断造成了空间的高度封闭性质,这一特点是和等级制度下权力的分层一致的。但是,因为拒绝了开放性,同时也就拒绝了公共性。

在官营图书机构之外,中国的私人藏书事业也有久远的历史。谢灼华先生以《墨子》《庄子》等典籍中的记载为例,将中国私家藏书的发展历史

---

① [周]庄周:《庄子》,燕山出版社1995年版,第141页。

② [法]米歇尔·福柯:《必须保卫社会》,钱翰译,上海人民出版社1999年版,第6—7页。

③ 任继愈:《〈北京图书馆与俄美等国家图书馆〉序》,见邵文杰等编著:《北京图书馆与俄美等国家图书馆》,书目文献出版社1994年版,第1页。

上溯到了战国时期。①私人藏书的出现，是春秋以降"礼崩乐坏"之后"天子失官，学在四夷"②这一历史趋势的必然结果。士阶层的形成，对于中国社会而言具有根本性的意义，因为按照钱穆先生的意见，"在中国历史上，自秦以下之传统政府，既不能称之曰贵族政府，亦不能称之曰军人政府或商人政府，若必为特立一名称，则应称之曰'士人政府'。"③士在中国传统社会里，发挥着独特的作用，他们既是文化精英也是政治精英。士的社会职责，从高远的层面说是弘道；从切近的层面说则是治理国家。无论从儒教"内圣外王"的道统出发，还是从国家"选贤与能"④的制度安排出发，都要求士人首先是一个以文学为主的知识分子，所谓"子以四教，文、行、忠、信"⑤。孔子开启的中国古代士人阶层对于知识价值的理解与重视，是历代士人重视藏书的深层动机。

私人藏书的基本情况，据吴晗《江浙藏书家史略》和杨立诚、金步瀛《中国藏书家考略》统计，自晋至清末，浙江有藏书家约四百四十余人，藏书楼200余处；又据范凤书在《中国私家藏书概述》中的统计，中国历代共有藏书家4715人，其中浙江1062人，江苏其次967人。⑥私人藏书机构的不断发展，在政府藏书机构之外形成了另一个知识的传承和播散中心，实际上是对政府垄断知识传承与知识生产权力的一种非暴力反抗。虽然，从理论上讲，私人藏书机构具有完全的私人财产性质，但是由于书的特殊性，这一私人属性常常被削弱——向他人借书和允许他人前来读书实际上已经使私人藏书楼具有了某种极其微弱的公共性色彩。据《晋书》记载，钱塘大族范蔚"家世好学，有书七千余卷，远近来读者恒有百余人"。⑦东汉末年蔡邕

① 谢灼华：《中国图书和图书馆史》，武汉大学出版社2011年版，第55页。
② ［晋］杜预等注：《春秋三传》，上海古籍出版社1987年版，第453页。
③ 钱穆：《国史新论》，生活·读书·新知三联书店2001年版，第122页。
④ 《礼记》，崔高维校点，辽宁教育出版社1997年版，第63页。
⑤ 《大学·中庸·论语》，［宋］朱熹注，上海古籍出版社1987年版，第30页。
⑥ 毛昭晰：《浙江藏书家之精神》。转引自黄建国、高跃新主编：《中国古代藏书楼研究》，中华书局1999年版，第1页。
⑦ ［唐］房玄龄等撰：《晋书》，中华书局1959年版，第八册，第2347页，卷九十一，《晋书·列传·儒林》。

私藏近万卷，但他器重王粲的才华，决定将藏书赠予王粲，"吾家书籍文章，尽当与之"。①宋代的晁公武写出了我国第一部私家目录著作《郡斋读书志》，其资料来源大大得益于四川转运使井度所赠的五十箧书。但是，我们决不能高估这种现象在公共空间发展上的意义，因为这种举动本身只具有"赠予"或"出借"的意义，它还缺乏公共空间形成所需要的最基本条件，即基于平等、共享以及共同参与的理念向所有公众开放。在这一点上，私人藏书机构和官营藏书机构并没有实质性的差别，它们在本质上都是封闭的排他性空间而不是沟通交往的空间。

2. 近现代图书馆与公共空间的初步构建

中国近现代图书馆的建设，是在清末的维新运动期间，中国文化与政治精英因应民族危机，主动融入西方主导的"现代化"进程的一个主动选择。汪康年在梁启超主编的《时务报》上大声疾呼："今日振兴之策，首在育人才；育人才则必新学术，新学术则必改科举。设学堂、立学会、建藏书楼。……斯三者，皆兴国之盛举也。"②梁启超所主导的"强学会"，致力于五件文化事业的推动，其中之一即开办大图书馆。光绪末年，湖南巡抚庞鸿书向朝廷奏请设立我国第一座官办图书馆时说："查东西各国都会，莫不设有图书馆，所以庋藏群籍，输进文明，于劝学育才，有大裨益。"③庞鸿书实际上指出了现代图书馆的三个功能——储藏文献、输入文明、劝学育才。此后，两江总督端方在考察西洋各国后上奏朝廷，将"建筑图书馆"列为"善法之首"，因为"强国利民，莫先于教育，而图书实为教育之母也"。他还注意到西洋图书馆"闳博辉丽，观书者日百千人"的盛况，④对比之下而感喟丛生。宣统元年（1909年）初，学部向清朝廷上《奏报分

---

① ［晋］陈寿：《三国志·魏书》，［刘宋］裴松之注，中华书局1959年版，第597页。

② 汪康年：《论中国求富强宜筹易行之法》，《时务报》第十三期。

③ 刘锦藻：《清朝续文献通考·学校考八·图书》，台北新兴书局影印本，卷一百一。

④ 《政治官报》册十，清光绪三十四年7月15日第284号，台北文海出版社影印版，第251页。

年筹备事宜折》，预备在1909年"颁布图书馆章程"，并在"京师开办图书馆"；宣统二年（1910年）"行各省一律开办图书馆"。①在此前后，已经有十余各省大员上折请求建立图书馆。在上下官员的努力下，"在晚清历史上出现了一个创办新式图书馆的热潮，并由此形成了一场公共图书馆运动"。②

和官办公共图书馆并行，在清末一些率先接触西方思潮的地方——以上海为代表，出现了另外两种类型的图书馆，即教会图书馆和学会图书馆。上海的教会图书馆以徐家汇天主堂藏书楼为代表，此外还有亚洲文会北中国支会图书馆、圣约翰大学罗氏图书馆、格致书院藏书楼等。徐家汇天主堂藏书楼、亚洲文会北中国支会图书馆、罗氏图书馆等，一般只向西洋人开放，而格致书院则同时向中国人开放。学会是清末知识分子自发组建的民间同人组织，对清末社会思潮和社会形态的演变起到了十分重要的作用。据谢灼华的不完全统计，在1896—1898年的几年内，全国共成立学会87所，学堂131所，报馆91家。③这几十所学会，大多数都建立了大小不等的图书馆以供学会同人阅览，如苏学会、圣学会等等规模稍大者亦都订立了内部管理章程。在林林总总的民间图书馆中，上海图书馆具有比较特别的意义。上海图书馆的前身是1849年寓居上海租界的西方侨民成立的一个书会组织，1851年改名为上海图书馆。与其他同人图书馆不同，上海图书馆一开始面向社会筹措资金，并从会员中选出董事会作为管理机关，此后又在经费压力下从私人图书馆转型为面向公众开放的公共图书馆。在不断的演变中，上海图书馆"比较全面地引进和实施了西方的公共图书馆观念，这在晚清时创办的所有新式藏书楼或图书馆中都是绝无仅有的"。④

民国图书馆以公共图书馆、大学图书馆和形形色色的同人图书馆三大类为主。此外，一些机关还办有自己的小型图书馆，大型的文化类商业公司如

---

① 陈学恂：《中国近代教育史教学参考资料》（上册），人民教育出版社1986年版，第742—744页。

② 谢灼华：《中国图书和图书馆史》，武汉大学出版社2011年版，第269页。

③ 谢灼华：《维新派与近代中国图书馆》，《图书馆杂志》1982年第3期，第72页。

④ 谢灼华：《中国图书和图书馆史》，武汉大学出版社2011年版，第249页。

商务印书馆等也办有自己的私人图书馆，上海等相对发达的城市还有不少专门图书馆。革命浪潮的高涨催生了面向特定阶级（工人或农民）或者政治群体的图书馆，但这些带有明显政治色彩的图书馆实际上仍然可纳入同人图书馆的范畴。总之，民国图书馆继承了清末以来图书馆迅速发展的趋势，图书馆的类型进一步丰富，在数量上更是有了长足的增长。

从公共空间的角度看，清末以来图书馆发展的主要意义，首先在于公共图书馆概念的引入和实践。公共图书馆的基本理念，是免费服务于全体公民。为了达到这个目标，公共图书馆无论在建筑样式、内部空间设置、管理方式等方面，都需要考虑到普通公众的需要。这样，公共图书馆要完成的第一个功能转变，就是必须摆脱隶属于某一特殊集团或者个人的图书馆所具有的那种封闭性，将自己建设成为一个开放的空间。"开放性是公共性的基本标志。"[1]对于公共图书馆而言，"公共"一词的内涵具有平等、公开乃至服务等基本的社会意蕴——公共图书馆既是"公家的"，也是民众"共有的"，公共图书馆不应、不能因为社会身份和经济状况的差别而拒绝任何人。其次，此一阶段的图书馆类型极为多样，这在事实上形成了一种多元化的存在状态。图书馆类型的这种多元化，实际上是当时社会力量多元化的折射。多元化的意义，是造成了一种自由和竞争的状态。它导致了两个结果：一个是加剧了图书馆之间对于读者的争夺程度，另一个则是为开放的思想或者不同意见之间的交往提供了更多的机会。一个确凿的现象，是当时报刊的出版和公开的思想争论——这些报刊要么是图书馆主办或者支持的，要么同图书馆具有千丝万缕的联系——已经促使"以文学性作品的生产和消费为核心的社会文化生活""发生了与以往完全不同的变化"，这个变化就是一个"文学公共领域的雏形"正在开始形成。[2]最后，还必须提及的一点是，在自由和竞争的发展氛围中，图书馆作为社会组织的自律性也逐渐加强了。不同类型的图书馆对于自身的性质、定位和服务目标有了更为清晰的理解，同

---

[1] 郭湛、王维国：《公共性论纲》，《兰州大学学报》2004年第6期，第2页。

[2] 仲红卫、张进：《论清末民初文学公共领域的形成及特征》，《兰州大学学报》2004年第6期，第52页。

时制定了适合自己情况的内部管理章程。自我理解的提升和自我管理能力的增强，使图书馆作为一个社会组织单位具有了基本的自律性，而自律性是一个社会学意义上的个体——法律意义上的法人以及独立的自然人个体——能够参与公共空间构建的前提之一。

第二节　1949—1978 年中国图书馆的公共文化空间建设

"公共空间"这个概念，哈贝马斯所用的德文词是Öeffentlichkeit，汉语中的"公共空间"一词，是对英语public sphere的翻译。在牛津英语辞典（汉英）中，sphere的第三个义项是person's interest，activities，surroundings，第四个义项是range， extent。[①] Range中包含有Space的意义，但是并不完全等同。而Sphere的第三个义项，明显更为强调主观意愿和活动。这就是说，如果从概念的字面意义解释，"公共空间"虽然可以指可见的物理空间，但并不局限于此，这个概念实际上更为强调非物理空间的一面，也就是对于人们的活动所具有的社会属性的关注。从词义来说，Sphere的第三个义项和德文原词的含义更为吻合。在日语中，Öeffentlichkeit即被翻译为"公共性"，而public sphere的日语翻译是"公共圈"。综合来看，英语中的public space更具有经验论的倾向，在词义上更侧重于可以被个人的感官所感知、把握的物理空间；public sphere中经验论的倾向则弱一些，更侧重于词义的社会内涵。相比较而言，德语Öeffentlichkeit的观念论倾向就更为突出。所以，在以"公共空间"为参照考察中国文化空间的性质时，固然要照顾到物理空间的一面，但更重要的是对空间做社会学意义上的理解。

---

① *Oxford Advanced Learner's Dictionary of current English With Chinese Translation*, Revised Third Edition, Hong Kong Oxford University Press 1984, P1129.

之所以提出"公共空间"这个概念在词源学上的意义，是因为中国图书馆的公共空间问题，如果从馆舍建筑的物理空间方面着手，不但会限制观察的范围，而且会迷失观察的重点。有鉴于此，本节对图书馆公共空间的考察，将分析的重点放在了那些虽然缺乏物理外观但却更具有社会分析意义的空间上。

（一）1949—1978年图书馆公共文化空间的建构

虽然从1949至1978年的三十年里，中国在政治上经历了许多大事，但是总的来说，这是中国共产党领导下的新中国确定并巩固其基本政治制度、经济制度、文化制度、社会制度和国家意识形态的时期，是中国在各个层面上进入一个新的历史时代的开始。在创建新国家和新社会的历史大潮中，作为与新意识形态建设关系重大的因素之一，图书馆公共文化空间的建设也与历史的脉搏一起跳动。

让我们从两个具体的事例入手，看看这三十年里图书馆公共空间的变化及其基本特征。

1．1957年的一场辩论

中华人民共和国成立后，人民政府除继续巩固、发展老解放区图书馆外，还对接管的国民党政府遗留下来的各级图书馆进行了彻底改造。到1954年前，改造和重建图书馆系统的工作基本完成，图书馆成为新中国文化制度的重要组成部分之一。但是，如何看待新图书馆建设的成就，在当时却有不同的看法。1957年5月25日，光明日报社召集了一个北京图书馆学专家座谈会，听取大家对新中国成立以来图书馆建设的意见。会后，该社以"担任科学进军第一线的任务，而人少、事多、房缺、书乱，图书馆事业存在着危机"为题，报道了这个座谈会的消息。

1957年是中国进入全面建设社会主义的开始之年，也是意识形态领域斗争逐渐激烈化的一年。这年的4月27日，中共中央发出《关于整风运动的指示》，鼓励广大干部群众包括党外人士对党和政府的工作提出批评和建议。然而，因为极少数人乘机向党和新生的社会主义制度进行攻击，运动的方向发生了变化。5月15日，毛泽东撰写了《事情正在起变化》一文，要求认清阶级斗争形势，注意右派的进攻。紧接着，6月8日中共中央发出《关于组织力量准备反击右派分子进攻的指示》，同日《人民日报》也发表了《这是为什么？》的社论，从此开始了全国范围内大规模的反击右派斗争。

北京图书馆（即今国家图书馆前身）作为全国最大、最重要、层级最高的图书馆，在这个特殊的时刻，需要对座谈会上"图书馆事业存在着危机"的结论拿出自己的态度。1957年6月，《图书馆学通讯》（北京图书馆主办）在当年Z1期上发表了三篇辩论文章，对那些认为新中国图书馆建设"今不如昔"的观点进行了批驳。这三篇文章分别是《谁说"今不如昔"？——我国图书馆事业概述》（以下简称《谁说》）、《"危机"从何说起？——驳光明日报"图书馆事业存在着危机"谬论》（以下简称《危机》）、《决不容许右派分子诬蔑我们的古书保护工作》（以下简称《决不》）。

将三篇批驳文章的论点和论据加以综合，有以下几条：

一是以馆舍建设、藏书数量、工作人员方面的数据增长证明图书馆事业在新中国成立后得到了巨大的发展。

馆舍数目方面：《谁说》一文指出"到1956年底止，文化部系统的图书馆有375个，文化馆图书室有2332个；工会系统图书馆（室）有17486个；农村图书室共有182960个；教育部系统的师范学校和中、小学校的图书馆约1万个；高等教育部系统的高等院校图书馆225个；中国科学院系统的图书馆67个；此外，尚有大量的机关、团体所属的专业图书馆（室）和部队的图书馆（室）。"[①]《危机》一文重复了上述数据（其中工会系统图书馆的数据变为15238，其余皆一致），并特别与新中国成立前的数据进行了对比，"解放后八年的发展已然大大地超过了解放前40余年的发展"；对于座谈会上"房缺"的意见，指出正是由于发展大大超越了，所以"也就发生了一些馆舍不足的现象"，"虽然是不断地解决，因而扩大和增建了很多馆舍，但是仍然不断地发生困难"，"总起来说，解放后全国馆舍面积的增加，估计

[①] 韩承铎、王宏钧：《谁说"今不如昔"？——我国图书馆事业概述》，《图书馆学通讯》1957年Z1期，第9页。

要比解放前多出许多倍"。①

藏书数量方面：《谁说》的数据是"仅是公共图书馆、中国科学院系统图书馆、高等教育部系统图书馆、文化馆图书室、工会系统图书馆（室）的藏书就有106625462册"，全国375个公共图书馆"现有藏书31090000册"。②《危机》在列举了同样统计口径的藏书数字后总结说，"只这个数字就比解放前图书馆事业最繁荣时期全国藏书量增加了三四倍。"③《决不》首先指出新中国成立前中国的古籍保护工作遭到了严重的破坏，接着列举了新中国成立后党和政府在古籍保护方面的主要工作，然后说："如果，从解放以来，各图书馆所搜集、入藏的古书来看，那就更显著了，许多省市图书馆所入藏的，已不是几千、几万册，而是几十万册，甚至过百万册。"就善本书而言，"解放后八年来的入藏已相当解放前的三十八年！"④

工作人员方面：《危机》对比了新中国成立前后图书馆工作人员的数量，"1931年全国2954所图书馆共有工作人员3528人，那么5196所最多也不过六七千人。我们目前还缺乏全面调查，但仅375个公共图书馆就有了3714个工作人员，那么全国图书馆工作人员之多，概可想见。"⑤

二是从服务效果的角度指出图书馆的服务范围更大和服务质量更高。

《谁说》指出，"1955年的一年中，公共图书馆借出图书1669万册，各公共图书馆建立了22055个流动图书站和集体外借组，其中80%的流动图书站和集体外借组是建立在工、农、兵群众中，全部流动站与集体外借组共借

---

① 郝瑶甫、李钟履：《"危机"从何说起？——驳光明日报"图书馆事业存在着危机"谬论》，《图书馆学通讯》1957年Z1期，第13页。

② 韩承铎、王宏钧：《谁说"今不如昔"？——我国图书馆事业概述》，《图书馆学通讯》1957年Z1期，第9页。

③ 郝瑶甫、李钟履：《"危机"从何说起？——驳光明日报"图书馆事业存在着危机"谬论》，《图书馆学通讯》1957年Z1期，第13页。

④ 王鸿：《决不容许右派分子诬蔑我们的古书保护工作》，《图书馆学通讯》1957年Z1期，第15页。

⑤ 郝瑶甫、李钟履：《"危机"从何说起？——驳光明日报"图书馆事业存在着危机"谬论》，《图书馆学通讯》1957年Z1期，第13页。

出图书523万册。"①

《谁说》和《危机》两篇文章都讲到了重点服务的对象和服务方式。《谁说》总结说："八年来，大力贯彻了为工农兵和知识分子服务的方针，学习了苏联图书馆的先进经验，使图书广泛地、迅速地在劳动人民中间流通。"除了流动图书站和集体外借组，"还通过阅览室、借书处初步满足了广大人民群众的需要。"许多公共图书馆还"通过图书展览、图书宣传画、报告会、座谈会、朗读会、图书评介、读书计划等方式"向读者推荐书目。②《危机》则说："许多图书馆学习了苏联的先进经验，并结合我国的具体情况，采取了多种多样的方式方法，改进并加强了为广大劳动人民和科学研究工作者服务的工作。其中如流动图书站、外借小组、馆际互借、邮包借书、图书展览、图书宣传画、报告会、座谈会、朗读会、图书评介、读书计划以及编制各种书目、索引等，都是经常使用的方式方法。"③

三是从政治路线方面说明图书馆事业走在一条正确的道路上。

《谁说》具体叙述了全国图书馆贯彻落实1956年7月中华人民共和国文化部召开的省以上公共图书馆工作会议和同年12月高等教育部召开的高等学校图书馆工作会议精神的情况，"在这两次全国性的图书馆工作会议之后，各地图书馆都在注意改善为科学研究服务的工作。"④《危机》说："首先我们检查一下中国图书馆事业的发展方向问题。众所周知，中国现代图书馆事业的历史仅有50余年，而在解放前的40余年中，除本着中国的一些传统办法外，受美帝国主义的影响最深。所以那时的图书馆，特别是大型图书馆，无处不表现着亦步亦趋地在效法着美国——显然的，是沿着资本主义的道

---

① 韩承铎、王宏钧：《谁说"今不如昔"？——我国图书馆事业概述》，《图书馆学通讯》1957年Z1期，第9页。

② 韩承铎、王宏钧：《谁说"今不如昔"？——我国图书馆事业概述》，《图书馆学通讯》1957年Z1期，第9页。

③ 郝瑶甫、李钟履：《"危机"从何说起？——驳光明日报"图书馆事业存在着危机"谬论》，《图书馆学通讯》1957年Z1期，第12页。

④ 韩承铎、王宏钧：《谁说"今不如昔"？——我国图书馆事业概述》，《图书馆学通讯》1957年Z1期，第10页。

路前进的。那时图书馆的特点就是只为少数人服务，而不向广大劳动群众开门。解放后，党和政府马上扭转了这种方向：中国的图书馆必须走社会主义的道路，要为广大劳动人民，特别是工、农、兵服务，要学习苏联……因此，八年来……各种类型图书馆的读者成分迅速改变，图书馆的经营和管理方法也逐渐摆脱了资本主义腐朽唯心的一套。"[①]

我之所以要如此详细地引用这三篇文章的数据和议论，是因为这三篇文章，透露了新中国成立后意识形态重建工程投射在图书馆建设上时的基本特征。这些特征我们会在下文详细地讨论。这里只需要指出一点，那就是在过于强调阶级属性的情况下，无论从对事件的定性还是作为成绩被列举出的图书馆公共文化空间建设方式及结果上看，一种过度政治化的倾向已经初露端倪。在往后的二十年中，历经"大跃进"及"文化大革命"，这种倾向不但没有改变，反而愈演愈烈。

2. 上海街道里弄图书馆

1965年，《学术月刊》杂志在当年第6期上刊出了一篇文章，文章的题目是《文化战线上的一支新军——上海街道里弄图书馆的成长和发展》。文章说上海工人阶级和劳动人民集中，在市、区两级公共图书馆暂时不能充分满足需要的情况下，为了尽快成为文化的主人，1958年"大跃进"时期，群众在实践中找到了解决矛盾的办法——创建街道里弄图书馆。街道里弄图书馆是"群众智慧的结晶，是我们图书馆事业史上一个伟大的创举"。[②]街道里弄图书馆的主要作用有六项：一是积极宣传马克思列宁主义、毛泽东思想，大力组织群众学习毛主席著作；二是向读者特别是青少年进行以阶级和阶级斗争为中心的社会主义教育；三是在党组织的领导下，紧密配合地区中心工作开展宣传活动；四是积极开展图书流通，为所在地区小厂、小店职工服务；五是对少年儿童进行共产主义品德教育；六是作为政府的助手，对出

---

① 郝瑶甫、李钟履：《"危机"从何说起？——驳光明日报"图书馆事业存在着危机"谬论》，《图书馆学通讯》1957年Z1期，第12页。

② 黎文、石铭、佩华：《文化战线上的一支新军——上海街道里弄图书馆的成长和发展》，《学术月刊》1965年第6期，第29页。以下介绍街道里弄图书馆工作内容和方法的文字，不再一一标明页码。

租散布资产阶级思想的坏书书摊展开强有力的斗争。

可以看出，街道里弄图书馆不是那种以文化建设作为首要功能的基层图书馆，其在实质上是一个小型的政治教育和政治斗争堡垒。为了达到教育的目的，街道里弄图书馆采取了许多方法：

其一：（街道里弄图书馆）举办学习毛主席著作辅导讲座，在图书馆专架推荐《毛泽东选集》和毛主席著作的各种单行本；利用"读者园地"，宣传学习毛主席著作的读书心得、图书图片参考资料和剪报资料等。有的街道里弄图书馆还深入周围的小厂、小店、里弄，调查研究群众的需要，主动将毛主席著作送上门去。不少图书馆配合里委会，积极组织学习毛主席著作小组。

其二：推荐红色书籍，大讲革命故事，向群众进行社会主义和共产主义思想教育，已成为各个街道里弄图书馆普遍采用的宣传形式。在不少街道里弄图书馆的阵地上，以醒目的图书宣传画和半开架的橱窗，向读者推荐《王若飞在狱中》等优秀读物。有些图书馆组织读者开展读革命书籍的活动，推荐一批优秀的革命书籍，让读者选择阅读，推动读者撰写读书心得。不少图书馆注意掌握读者阅读倾向，进行细致的阅读指导工作，……取得了很好的效果。

其三：故事会活动，是图书馆经常开展的活动方式之一。……故事会的听众有里弄干部、退休老工人、家庭妇女、社会青年、少年儿童。

其四：在地区开展社会主义教育运动时，不少图书馆……举办里弄史展览和有关图书、图片、资料展览，"新旧社会对比展览"大受群众欢迎。

其五：地区有些小厂、小店，没有条件建立图书馆，街道里弄图书馆便主动和他们挂钩，建立固定的借书关系，满足了职工的阅读需要。长宁区春光坊里弄图书馆在这一点上做得非常突出，经常为所在地区的二十多家工厂服务，主动送书下厂，每周固定到较远的工厂设置流动借书站。

其六：许多图书馆还根据少年儿童的特点，为他们放映各种好的幻灯片，讲革命故事等活动，对他们进行革命传统教育、社会主义和共产主义思想教育。……黄浦区龙门路街道图书馆曾主动向附近小学挂钩，在小读者中开展"读革命书籍征文比赛"，在两个月内，有311个小读者参加，流通30

种优秀革命图书862册次，收到读书心得220多篇。

街道里弄图书馆采取的扩大宣传范围和增加宣传效果的方式，从空间理论的角度看，实际上是对图书馆公共文化空间的多层次拓展。这种拓展的方式，被高度概括为"开门办馆"。实际上，"开门办馆"在新中国成立前的各解放区已经有了初步的实践，五十年代后又在全国范围内不停地宣传推广。"大跃进"和"文化大革命"中，"开门办馆"被作为社会主义的办馆方向，而过去的图书馆管理模式则被视为封建主义和资本主义的办馆方向。在此压力下，各个系统的图书馆都在以种种方式落实着"开门办馆"这一总的指导精神。街道里弄图书馆采取的种种方式，只是因地制宜，将"开门办馆"这一原则适用到上海市弄堂普遍这一实际情况中而已。这里值得注意的，是在"开门办馆"活动中逐渐普遍的"以演代读"方法。"以演代读"也有多种方式，其中的举办报告会、展览会、故事会等，因为需要的条件比较简单，因而更具有普遍性。在"大跃进"以前没有而在"大跃进"中出现的是真正具有演出性质的一些活动，在城市中最常见的是放映幻灯片，在乡村则常常采取唱民歌、扭秧歌等方式。在底层群众识字率普遍不高和图书数量极为有限的情况下，"以演代读"进一步扩大了图书馆的辐射能力，结果是图书馆的公共文化空间在一个特殊的历史时期拓展到了社会的每一处角落。

在城市中的街道里弄图书馆和乡村的公社图书馆遍地开花以前，虽然传统的较大型图书馆也"开门办馆"，但是彼时这些行动的主体仍然是图书馆的专业工作者，其在构筑以借阅行为为基础的文化空间时，还遵循着旧的行为模式。但是，在街道里弄图书馆（和公社图书馆）运动中，基层市民（农民）成了建构图书馆的主体，而由他们建构的文化空间也因此带上了浓郁的民间文艺风格：我们应该注意到，因为"以演代读"的出现，本应该以阅读和讨论为主的空间现在已经在某种程度上变成了艺术才能展演的空间。

这些图书馆的效果如何呢？带有强烈倾向性的宣传文章并不可信，因为这些图书馆条件极其简陋；图书量很少，有的只有几百甚至几十册书籍，基本上算是一个书摊而已。最为关键的是，它们为了配合政治运动而生，开展着自上而下的观念改造活动，其在群众中的根基并不牢固。事实上，在教育程度没有普遍提高和图书生产的各种生产力条件尚未根本改善之时，遍地开花的小型简陋图书馆除了展现自己的政治功能以外，其对文化建设有可能带来破坏性。诚如有些学者所言：

1958年以"高指标、浮夸风"为特征的"大跃进"打乱了稳健发展的图书馆事业前进的步伐，不切实际的高指标使图书馆脱离现实拔高某些数量指标，工作质量保障规则被贴上了"保守右倾"的标签，管理政令朝出夕改，借阅流通手续随意造成了文献大量毁损丢失，在"国家公共财产"名义下对文献资料不合理地平调，给图书馆正常工作造成了很大困难。[1]

从公共空间理论出发，应该如何理解这些今天看起来显得荒诞的实践呢？米歇尔·福柯指出，"空间是一切公共生活形式的基础，是一切权力动作的基础"。[2]在这些四处开花、被快速建构起来的微型文化空间上，可以发现塑造这些空间的力量，是一种急迫地希望改变现状的冲动，这种冲动在条件尚未完全成熟时，就依靠强制性权力将自己的主观意愿展现在对空间的改造之上。这些权力主导下的公共文化空间，以突兀、强硬的姿势蛮横地凸入基层社会秩序之中，成为一个特殊时代的特殊现象。

（二）1949—1978年图书馆公共文化空间的特征

1. 性质定位：确立人民图书馆的概念

在旧中国的图书馆发展史上，清末维新运动以前的图书机构在功能上只能定义为藏书机构。因为不对公众开放，所以这些图书机构与其说是图书馆，不如说是书籍档案室，官办的各种图书机构还是官僚体制的一部分。清末新政开启了中国图书馆建设新的历史时期。此时按照西方模式建立了各种类型的图书馆，其中以公共图书馆为主体的部分图书馆已经具有了初步的公共文化空间的雏形。在办馆方针上，清末新政时期强调图书馆的两个功能：一个是其公共属性，即消除身份的限制而面向全体公众开放。如早期倡导变

① 范兴坤：《中国大陆地区图书馆事业政策研究（1978—2008）》，南京大学博士学位论文，2010年，第38页。
② 转自张梅、李厚羿：《空间、知识与权力：福柯社会批判的空间转向》，《马克思主义与现实》2013年第3期。

法的人物郑观应在其《盛世危言》（卷四）中说："无论寒儒博士，领凭入院，即可遍读群书。"①张之洞以内阁大学士的身份管理学部，其主持起草的《学部奏筹建京师图书馆折》说所兴建的图书馆"为学术之渊薮……规模必求宏远，搜罗必极精详，庶足以供多士之研求，昭同文之盛治。"②其中"庶足以供多士之研求"所侧重的也是图书馆的公共属性。另一个是其开启民智的教育功能。这一点突出表现在新文化运动时期，这也是图书馆建设的高涨时期。"当时有人提出，图书馆是根本的、永远的教育机关。图书馆的性质在于普及国民教育，适应地方人民需要。"③中国共产党的主要创始人之一李大钊担任北京大学图书馆主任，就提出了"图书馆和教育有密切的关系"，"想达到这种完美教育的方针，非依赖图书馆不可"的观点。④

新中国对于图书馆功能的认识既和前此有关系，但又有根本的区别，其焦点是传统的认识并没有把图书馆的政治属性明白地解释出来，而这一点则被新中国放在图书馆性质的第一位加以特别强调。1950年7月，《文物参考资料》发表了《新图书馆的工作与任务》一文。这篇短短的文章由四个部分构成，四个部分的标题分别是：图书馆的阶级性、图书馆的任务是什么、图书馆的工作不是纯技术性的工作、新旧图书馆的不同。在"新旧图书馆的不同"一节中说：

"由于图书馆是有阶级性的，过去旧的图书馆是为统治阶级服务的，它不可能来传播马列主义的思想，只是一个藏书楼，作为统治阶级的点缀品。新的图书馆的任务是传播马列主义和毛泽东思想，它的工作内容是要提倡民族的、科学的、大众的文化，反对帝国主义、封建主义、官僚资本主义的文化。在建设新民主主义社会的文化高潮中，将起一定的作用。"⑤

---

① 转引自张铁弦：《北京图书馆馆史二三事》，《文物》1959年第9期，第42页。
② 《学部奏筹建京师图书馆折》（宣统元年八月初五日），见李希泌、张椒华：《中国古代藏书与近代图书馆史料》，中华书局1982年版，第133—134页。
③ 谢灼华：《中国图书和图书馆史》，武汉大学出版社2011年版，第304页。
④ 李大钊：《在北京高等师范学校图书馆二周年纪念会上的演说词》，见李希泌、张椒华：《中国古代藏书与近代图书馆史料》，中华书局1982年版，第169、171页。
⑤ 佚名：《新图书馆的工作与任务》，《文物参考资料》1950年第7期，第20页。

　　这是一篇短小的文章，从行文的语气和用词来看，似乎是政府主管文化的机构所为。应该说，这篇文章虽然短小，但是讲得极其明白，它指出了新中国图书馆的主要任务，而且以政治标准对于新旧社会的图书馆性质做了截然的区分。我们之所以需要重视这篇文章，是因为从新中国成立到"文革"结束的大约三十年间，直到新时期思想解放运动发生以前，中国的图书馆事业在事实上就是按照这篇1950年发表的短文的方针运行的。

　　刊发在《图书馆学通讯》上的三篇论战式的批驳文章，虽然距离《新图书馆的工作与任务》发表已经八年，此时国内政治矛盾的中心已经转移，但是其在思考问题的逻辑上仍然执行着同一标准。《谁说》的编者按将座谈会的批评意见定性为"资产阶级右派分子向党向社会主义猖狂进攻"，"发表这篇文章"的目的就是"为了驳斥这种荒谬的右派论点"。[①]《决不》在开篇第一句就将座谈会定性为"形形色色的右派分子向党和社会主义猖狂进攻"。[②]《危机》甚至认为光明日报之所以敢以"图书馆事业存在着危机"这样"危言耸听带有挑拨与歪曲性的标题"刊发座谈会发言，"正足以证明光明日报被右派分子篡夺了领导权，改变了政治方向的缘故"。[③]

　　对于政治性的突出强调对图书公共空间的建设发生了什么影响呢？简而言之，这在很大程度上使得新中国图书馆的公共空间建设具有了与欧美国家图书馆公共空间不同的性质。在哈贝马斯关于公共空间的分析中，公共空间被分为文学性的和政治性的两类。以西方主要是英、法、德三国资产阶级市民社会的形成历史为基础，哈贝马斯把文学性的公共空间看作是"公开批判的练习场所"，文学公共空间执行着"私人对新的私人性的天生经验的自我

　　① 韩承铎、王宏钧：《谁说"今不如昔"？——我国图书馆事业概述》，《图书馆学通讯》1957年Z1期，第9页。

　　② 王鸿：《决不容许右派分子诬蔑我们的古书保护工作》，《图书馆学通讯》1957年Z1期，第14页。

　　③ 郝瑶甫、李钟履：《"危机"从何说起？——驳光明日报"图书馆事业存在着危机"谬论》，《图书馆学通讯》1957年Z1期，第13页。

启蒙"这一功能，它是"具有政治功能的公共领域"的"前身。"①新中国图书馆建设显然没有遵循这一西方模式，而是将一种在西方政治–文化语境中属于文学公共空间的事物变成了具有政治叙事功能的公共空间。尤其重要的是，在当时中国政策制定者和具体执行者的理解中，图书馆的政治属性不是类似于西方马克思主义者所讲的那种泛化的、隐蔽的、深层的、仿佛"无意识"一样具有潜在制约作用的思考、表达方式，而是一种直接的、明确的、可以依据具体的政治标准判定的政策实现工具。正是基于这个逻辑，图书馆在新中国建立的文化体制中不仅仅是单纯的文化服务机构，它属于"事业单位"，主要执行政治教育的功能，"是党和国家向劳动人民进行共产主义教育的重要基地"。②图书馆的"公共性"本来意指它作为公共文化机构所具有的全民性，但在政治因素的强力介入后则蜕变为人民性，那些不属于"人民"范畴的人群被排除出图书馆的服务对象，一种本应具有包容性的空间事实上变成了半封闭的、排他性的空间。

2. 体制建设：纳入国家的统一管理之中

《图书馆学通讯》的三篇辩论文章在总结成就时，列出了图书馆数量、藏书数量、工作人员数量的大量增长，但是却没有注意到图书馆的类型减少了。根据这几篇文章的叙述，这时的图书馆已经分属于文化部系统、工会系统、高等教育部系统、教育部系统、中国科学院系统以及机关团体和部队，③而所有这些系统都是国家体制的组成部分，执行着来自国家最高层面的统一意志。这些不同系统之间的区别只在于功能不同而不是性质不同，它们是一棵大树的不同树枝上结的果子，而不是不同树上的果子。

这就是说，解放初期尚存在的独立于政府行政管理之外的图书馆已经不存在了。独立于政府行政管理之外的图书馆之所以消失，是因为"在国民经

---

① ［德］尤尔根·哈贝马斯：《公共领域的结构转型》，曹卫东等译，学林出版社1999年版，第34页。

② 北京大学图书馆学系编：《图书馆学基础讲义初稿》，北京大学图书馆学系编印，1958年版，第1页。

③ 郝瑶甫、李钟履：《"危机"从何说起？——驳光明日报"图书馆事业存在着危机"谬论》，《图书馆学通讯》1957年Z1期，第13页。

济恢复时期，为了适应经济恢复、巩固政权和建设社会主义文化的需要"，在党和国家的统一领导下，中央文化部"对旧图书馆进行整顿和改造"：除了"把国民党反对派控制下的图书馆，变为劳动人民自己所有"之外，"44所私立图书馆也逐渐纳入国家计划的轨道"。[①]

我们在前文中曾经指出，类型的多样化是图书馆在整体上保持其作为开放性公共空间的重要基础，因为多样化和多元化本身就构成了一种明显的空间特征。理想型的开放性公共空间应该不考虑任何意义上的身份因素，所有的人都能以"平等的"身份自由进入其中，并在交往中达成某种共识。哈贝马斯在描述宴会、沙龙、咖啡馆之所以能够扮演文学公共领域的角色时，认为它们尽管在"公众的组成、交往的方式、批判的氛围以及主题的趋向上有着悬殊，但是，……在机制上，它们拥有一系列共同的范畴，首先要求具备一种社会交往方式；这种社会交往的前提不是社会地位平等，或者说，它根本就不考虑社会地位问题。……所谓平等，在当时人们的自我理解中即是指'单纯作为人'的平等，唯有在此基础上，论证权威才能要求和最终做到压倒社会等级制度的权威"。[②]

哈贝马斯考虑的是具体的公共空间的运转机制，如果我们把单一的图书馆视为类似于人的个体，那么多元化的图书馆就如同一个个具有差异性的人。只有当所有那些社会地位、政治身份不同的图书馆，能够凭借且仅仅凭借"图书馆"这一身份就可以参与交往，而根本不用考虑其社会地位和政治身份的差异时，才可以说这些不同的图书馆构成了公共空间。哈贝马斯所理想的公共空间本身具有容纳异质因素的要求——公共空间在某种意义上就是种种异质因素经由某种交往方式而达致共识的场所。

新中国图书馆在性质上的同质化消灭了公共空间内的异质因素，使得由图书馆所构成的公共空间成为同质化的空间。这样的空间，已经不再是交往

----

① 图书馆事业史小组：《我国十年来的图书馆事业》，《北京大学学报（人文科学）》1959年第4期，第94页。

② ［德］尤尔根·哈贝马斯：《公共领域的结构转型》，曹卫东等译，学林出版社1999年版，第40—41页。

和达成共识的场所，而是落实上级指示的"教育群众的政治工具"。[①]

3. 行动理念：主动满足工农兵需求

这个特点仍然是图书馆公共空间政治化的一个逻辑上的结果。也许在事实上，公共图书馆可能会因为某个人的穿着打扮、仪态举止或者其他具体的管理措施而将部分人拒之门外，但是在理念上，公共图书馆应秉持服务所有公众的宗旨，这是公共图书馆获得其合法存在的依据。这里首先考虑的，不是服务对象数量的多寡，而是其是否能不因公民这一身份之外的其他因素而得到区别性对待。对公共空间的这种期待当然带有理想性，因为一种理论上的要求与它在实际中的运行情况中间不可避免地存在着差距，可是虽然如此，却不能因为现实达不到理想的状态而否定了理想本身的价值。

当这种"全民性"的公共空间概念被纳入政治逻辑的支配下之后，或者说，当抽象意义上的"公众"概念被具有政治内涵的"人民"概念取代之后，全民性就不复存在了，因为"人民"并不包括所有的人，而只包括那些被特定的政治范畴所认可的人。在无产阶级的政治理论中，"人民"这个词有非常清晰的内涵界定。毛泽东说："人民这个概念在不同的国家和各个国家的不同的历史时期，有着不同的内容。"他说，在抗日战争时期，一切抗日的阶级、阶层和社会集团都属于人民的范围；在解放战争时期，一切反对美帝国主义和它的走狗即官僚资产阶级、地主阶级以及代表这些阶级的国民党反动派的阶级、阶层和社会集团，都属于人民的范围；在新中国成立后的"建设社会主义的时期，一切赞成、拥护和参加社会主义建设事业的阶级、阶层和社会集团，都属于人民的范围"。[②]中华人民共和国是工人阶级领导的以工农联盟为基础的人民民主专政的国家，因此新中国的人民，其核心是工人和农民，以及武装起来的工人农民也就是人民解放军；知识分子和其他赞成、拥护、参加社会主义建设事业的阶级、阶层也属于人民的范围，但不是人民的核心。新中国在建国初期关于人民

① Sharon Chien Lin: *Libraries and Librarianship in China*, Westport, CT: Greenwood Press, 1998.

② 毛泽东：《关于正确处理人民内部矛盾的问题》，见《毛泽东文集》（第7卷），人民出版社1999年版，第205页。

外延的这一界定实际上沿袭了毛泽东的一贯思想。1942年，他在延安文艺座谈会上对于"人民"的范围有一个非常出名的讲话，他说："什么是人民大众呢？最广大的人民，占全人口百分之九十以上的人民，是工人、农民、兵士和城市小资产阶级。"兵士指的是"武装起来了的工人农民"；城市小资产阶级指的是"城市小资产阶级劳动群众和知识分子"。①对于文艺工作来说，首先要解决文艺是为什么人的问题，"为什么人的问题，是一个根本的问题，原则的问题"。②

图书馆是党领导的文化工作的重要组成部分，同样需要贯彻《在延安文艺座谈会上的讲话》的基本精神，也就是要把服务以工农兵为主的人民作为主要的工作任务。在这个基本原则的指导下，图书馆的公共空间建设发生了两个方面的变化：一个方面是它在服务人口的数量上大大地扩展了，另一个方面则是它所提供的"产品"变得相对单质化了。

在上述的《谁说》一文中，作者有这样一段话：

公共图书馆现有藏书31090000册，八年来，大力贯彻了为工农兵和知识分子服务的方针，学习了苏联图书馆的先进经验，使图书广泛地、迅速地在劳动人民中间流通。1955年的一年中，公共图书馆借出图书1669万册，各公共图书馆建立了22055个流动图书站和集体外借组，其中80%的流动图书站和集体外借组是建立在工、农、兵群众中，全部流动站与集体外借组共借出图书523万册。此外，还通过阅览室、借书处初步满足了广大人民群众的需要。③

图书馆的服务扩大到了哪个地方、哪组人群，其文化公共空间的边界就延伸到了哪里。可以看出，和新中国成立前图书馆的主要服务对象是占总人口数的比例极少的知识分子不同，因为将工农兵作为主要的服务对象，图书馆的服务人数的确迅速增长了。

---

① 毛泽东：《在延安文艺座谈会上的讲话》，见《毛泽东文艺论集》，中央文献出版社2002年版，第58页。

② 毛泽东：《在延安文艺座谈会上的讲话》，见《毛泽东文艺论集》，中央文献出版社2002年版，第60页。

③ 韩承铎、王宏钧：《谁说"今不如昔"？——我国图书馆事业概述》，《图书馆学通讯》1957年Z1期，第9页。

　　但是，问题的另一面是，图书馆服务人口的增长同时具有排他性的一面，就是将不属于"人民"范畴的人口排斥了，哪怕这些人口的数量只有全人口的十分之一或者百分之一。在1951年新旧社会之交的时期，当时著名的图书馆学学者杜定友曾经撰写过一本名叫《新图书馆手册》的书。在这本书中，杜定友提出"图书馆为人民服务，对于读者，不分阶级，一视同仁"。①杜定友在接受"为人民服务"这个观念时，忽略了这个观念本身建立在阶级分析的基础上，因此其在逻辑上就不可能"不分阶级，一视同仁。"杜定友所抱持的"一视同仁"的理念，从定义上说，正是公共图书馆能够获得其"公共性"的基本依据，但是这个观念在当时的政治-文化语境中显然是一股"逆流"。

　　图书馆所提供的公共产品——图书——的单质化倾向，主要表现在提供图书的种类发生了明显的变化。图书馆主要提供两大类书籍：一类是与传播马列主义、毛泽东思想有关的书籍，另一类则是与生产有关的技术类书籍。1953年6月《文物参考资料》登载了两则消息，第一则是《北京图书馆在官厅水库工地建立图书流动站》，第二则是《西南人民图书馆在工厂、工地、农村试办流动站受到群众欢迎》。第一则消息提到北京图书馆"把七千五百多册的通俗读物、连环图画以及水利土木工程、机电原理、政治、文艺等各种图书运到工地……保定专区的民工们在流动图书到达的头三天，就借了七百多册。清苑县民工王永三手里拿着新借到的《工农联盟向前进》等通俗读物，高兴地说："咱可得好好修水库，北京图书馆都给咱送书来了""。第二则消息则说西南人民图书馆为新建的110个图书流动站每个站提供"二百多本群众爱看的连环图画，通俗的工农业生产知识书籍，和介绍苏联先进生产经验的小册子"。②当时全国各地的图书馆面向工农兵大众所提供的书籍，大致上都和上述两例相当。

4. 空间拓展：走向厂矿农村

　　在任何时候，识字率都是制约阅读的关键因素。旧中国公共图书馆之

---

① 杜定友：《新图书馆手册》，中华书局1951年版，第1页。
② 《文物参考资料》1953年Z1期，第35页。

所以读者数量极少，一个极为重要的原因就是人口的识字率太低，文盲和半文盲处处皆见，在农村这种情况尤为严重。新中国成立以后，以办识字班为主要方式的扫盲运动在全国各地展开，一些原先的文盲和半文盲因此识得了很少数量的字。在此情况下，为了贯彻为工农兵服务的方针，图书馆有必要改变过去等待读者上门借阅的传统方式，主动地尽量设法吸引读者，将图书服务的范围主动延伸到车间和地头，图书馆的公共空间边界因此得到了扩张。

在这个过程中，学习苏联的经验，一些新的边界拓展方式在当时颇为流行。这些方式主要有：

在农村或者工矿区组织流动书库下乡或者设立小型的图书站（室）。这是大约1956年以前数年强调图书馆要为工农兵服务的政策背景下，各地图书馆普遍采用的方式。1951年的《文物参考资料》就登载了"广州中山图书馆图书开始下乡下厂"的消息，消息称"年初时由于对政策方针不够明确，工作只是局限于馆内"，因此上半年借阅图书的读者124130人中，工人占8%，农民不到千分之一，士兵占3%，学生占到了65%，结论是"我馆对劳动人民的服务是很少的"。在五月底参加了文化工作会议后，明确了政策方向，"决定以后工作必须面向工农，要为工农群众服务"。为了达到服务的目的，"乃决定把图书下乡下厂"。于是该图书馆选择了5040册书，分送到8个工矿区和7个农村区。[①]这是《文物参考资料》这本当时全国唯一的正式的文化馆与图书馆类杂志第一次刊登此类消息。[②]此前的1950年第Z1期上，杂志曾登载了东北新华书店各地分店背书下乡去建立图书室的经验，但是新华书店的图书是销售的，其与图书馆的免费借阅并不相同。有必要提一下这本杂志的背景：《文物参考资料》由中央人民政府文化部文物局资料室编写，是当时全国最重要的官办文化馆和图书馆信息交流杂志。可以说，这本杂志是了解当时文化馆和图书馆建设走向的一个最为重要的窗口。从杂志所刊文章内容变化来看：在1948年（1949年阙）以

---

① 《文物参考资料》1951年第12期，第32页。

② 同期杂志刊登了多篇具有类似内容的文章，可见这是希望推广到各地的经验。

前，杂志刊登的绝大多数是以图书分类法研究为主的技术类的文章。1950年以后，杂志登载的文章，介绍苏联经验和图书分类技术、新中国有关文物与图书馆建设的政策法令以及政策导向的文章开始占据主要地位。1952年第3期上，杂志提到了"大众图书馆"和"人民民主国家图书馆"的概念。1953年的第2期刊登了《列宁对苏联图书馆工作的指示》和《巩固农村图书室的几点意见》；从后文来看，当时已经在山东省建立了不下2200多处农村图书室。1953年的Z1期上，刊发了"北京图书馆在官厅水库工地建立图书流动站""西南人民图书馆在工厂、工地、农村试办流动站受到群众欢迎"的消息。1954年又刊载了全国各地图书馆在农村和厂矿设立图书站点的经验。

举办展览会和读书报告会。譬如1956年中国科学院图书馆在总结五年来的工作时，提到为了发挥苏联赠送的图书资料的作用，他们曾采取了"举办展览会、编印苏联赠送书刊简目、影印苏联科学期刊目录等来宣传推广，并把复份的刊物按照学科性质分送给本院各研究单位参考"。[1]1956年《读书月报》的一则以"南京读者吴山"的名义发表的消息，介绍了南京图书馆为了配合农业合作化运动的宣传，陆续举办了农业合作化图书剪报陈列、农业科技书陈列，组织了两次关于小说《三里湾》的读书报告会，并特别讲到为了配合江苏省农业高额丰产社代表会议而举办"农业合作化图片展览"，以及编印《农业生产技术书籍推荐书目》给高额丰产社代表会议代表的事。[2]在当时，举办配合时事政治任务的图片和图书展览会，也是图书馆主动拓展自身公共空间的主要方式。

馆际之间分工协作。在1956年7月份文化部召开全国公共图书馆工作会议，确定了图书馆为科学研究服务的方针后，各地图书馆又开始出台措施加强此方面的工作。从公共空间拓展的角度看，最可注意的是多地图书馆试行了馆际合作的办法，具体做法是互相交换图书、分工负责购买不同种类的图书并实现馆际流动等等。馆际协作打破了原先各个图书馆之间的边界限制，

---

① 《科学通报》1956年第2期，第65页。

② 《读书月报》1956年第2期，第25页。

大大延展了图书馆的公共空间。

由于图书馆在公共空间建设上的过度政治化，以上所提及的延展空间边界的方式，在本质上都属于配合政治任务的举措。所以，虽然这些举措确实延展了图书馆的服务边界，但是也存在着两个不得不提及的问题。一个是临时性的举措比较多，其持久性和真实效果是否像宣传文字所说的那样，实际上是值得怀疑的。因为图书馆的人手有限，政治形势又不断变动，所以在事实上，许多图书馆所介绍的"先进经验"带有临时展演的性质。譬如《文物参考资料》曾在1954年登载了旅大图书馆派人到大辛寨子胜利农业生产合作社开展农村图书工作试点的经验：该馆派人带着有关社会主义工业化、农业合作化和苏联农民幸福生活、先进农业生产经验介绍等内容的书籍和杂志画报三百余册，以流动图书库的形式借给农民阅读。①三百余册这个数量的图书只相当于一个小书摊，其效果相当有限。二是从公共空间的角度看，如果以哈贝马斯所描述的在资产阶级市民阶层中自发形成的文学公共空间来对比，可以发现这些新拓展的小型空间几乎不存在意见交往的可能性：所送去的图书是经过再次挑选的（在进入图书馆时已经遴选过了），提供图书的直接目的是进行思想教育以及有限的技术参考，在建构这些小型文化空间时，接受者的"趣味"其实并不在建构者的考虑之列，因此对于借阅者来说，即使是很小范围的"自由选择"也几乎不存在，更不用说基于个人独立思考基础上的"自主判断"了。

总之，这些小型多样的文学公共空间通过在一定程度上完成对占人口绝大多数的底层民众进行"阶级启蒙"的任务，对巩固和维护新生政权发挥了不容小觑的作用。从这个角度来看，它的积极的历史意义应该给予充分的肯定。但是，事情的另一面是，这些公共文化空间在性质上是一个单向度的观念输出机制，它受控于政治，是一些为着思想教化而不是意见交流之目的而存在的空间。

---

① 《文物参考资料》1954年第5期，第57页。

第三节　1978年以后中国图书馆的公共文化空间建设

　　1976年"文革"结束，中国开始走向一个新的历史发展阶段。经过几年的过渡，到了80年代初期，"改革开放"逐渐成为各领域建设的主题词。图书馆事业的发展和公共文化空间的建设，也在新的历史形势下出现了新的面貌和特点。

（一）1978—1991年间的图书馆公共文化空间

1. 国家政策和社会思潮的转变

　　作为国家统一管理的"事业单位"，图书馆的建设程度和建设方向与国家导向密切相关。事实上，虽然国家所面临的主要矛盾由"工人阶级与资产阶级的矛盾"转变为"落后的社会生产力与人民群众日益增长的物质文化需要"之间的矛盾，"以经济建设为中心"取代了持续接近三十年的"政治挂帅"，但是作为国家文化体制一部分的图书馆仍然是执行国家意志的单位，这一点无论"文革"前后都是一致的。因此，考察"文革"后图书馆公共文化空间的建设，首先要从政治和政策的转变入手。

　　1978年12月召开的中国共产党第十一届中央委员会第三次全体会议（简称"十一届三中全会"）是一次具有里程碑意义的大会。在这次大会上，党中央做出了把全党的工作重心转移到社会主义现代化建设上来，实行"改革开放"的重大决定。大会以后，包括文化教育在内的各个部门都开始积极行动。改革，主要是改掉"文化大革命"期间和此前制定的一些不适应新形势发展的政策和制度；开放，则是向外国尤其是经济发达的国家学习技术和经验。

　　经过四年时间的探索，1982年9月1日中国共产党第十二次全国代表大会在北京召开。邓小平在会议的开幕式上作了讲话，正式提出了"建设有中国特色的社会主义"的思想。① "中国特色的社会主义"从那时起直到现在依

---

① 《邓小平文选》（第3卷），人民出版社1993年版，第3页。

然是中国国家建设的总的指导思想。1984年10月，中国共产党第十二届三中全会在北京举行，通过了《中共中央关于经济体制改革的决定》，这是在经济领域内落实"有中国特色的社会主义思想"的重大改革决定。《决定》明确提出要加快以城市为重点的整个经济体制改革的步伐，建立有中国特色的社会主义经济体制。《决定》提出了"有计划的商品经济"的概念，认为计划经济是公有制基础上的有计划的商品经济，商品经济的充分发展是社会经济发展不可逾越的阶段，因此应使企业真正成为相对独立的经济实体。《决定》虽然没有涉及行政和文化体制问题，但是，经济问题在一个社会中具有基础性的作用，经济体制改革了，社会中其他的领域不可能不受影响、不可能不或多或少地跟着动起来。

从十一届三中全会到十二大再到十二届三中全会，以建设"有中国特色的社会主义"为旗帜，以"改革开放"为总的抓手和突破口，新时代的大潮逐渐在中国大地风起云涌。

在这个历史进程中，有关图书馆管理的政策也在不断地调整。

1977年8月，国家文物局在大庆、哈尔滨等地召开座谈会，总结"文革"以来正反两方面的经验，推倒"文革"期间对图书馆战线的污蔑，指出"文革"前17年全国图书馆工作成绩是主要的。

1978年4月24日，国务院批转国家文物事业管理局《关于图书开放问题的请示报告》，大批在"文革"中被禁止的书目重新上架向读者开放；8月，教育部下发了《关于加强高等学校图书资料工作的意见》，要求各高校要在继续深入揭批"四人帮"的基础上，切实加强对图书资料工作的领导和大力加强情报资料的搜集整理工作，同时可根据图书的内容和作者的政治情况，将图书按"一般图书""参考图书"和"内部图书"三类整理出借；11月，国家文物事业管理局颁布了《省、市、自治区图书馆工作条例》（试行草案），提出图书馆建设应"以为科学研究服务为重点"的方针，并对于各省、市、自治区图书馆的建设作出了较详细的规定；12月，中国科学院颁布了《中国科学院图书情报工作暂行条例》（试行草案），进一步明确了各系统图书馆的工作方针和主要任务。

1980年1月，国家文物事业管理局印刷《关于十省市图书馆对外图书交换工作座谈会纪要》；5月，中共中央书记处专门听取了关于图书馆问题的汇报，通过了《图书馆工作汇报提纲》，决定在文化部设图书馆事业管理局，管理全国图书馆事业。

1982年11月，在国家"第六个五年计划"中提出了"基本上实现县县有图书馆"的要求；12月，文化部颁发《省（市、自治区）图书馆工作条例》，将省级图书馆定位为国家举办的综合性公共图书馆，是社会主义科学、教育、文化事业的重要组成部分，是向社会公众提供图书阅读和知识咨询服务的学术性机构，也是全省（市、自治区）的藏书、图书目录、协作和协调及业务研究、交流的中心。省级图书馆要坚持为人民服务、为社会主义服务的方向，贯彻百花齐放、百家争鸣、古为今用、外为中用的方针。主要工作任务有6项，其中心是利用书刊资料为社会主义的物质文明建设和精神文明建设服务。《条例》的第八章"附则"，要求各省馆依据该条例制订各项工作规章制度，并指出该条例亦适用于有100万册以上藏书的其他大型公共图书馆。

1985年7月，中共中央宣传部和文化部在北京联合召开全国图书馆工作会议，回顾了中国图书馆事业的发展历程，讨论了文化部提出的"关于改进和加强图书馆工作的报告"。

1987年8月，国务院和中共中央领导同志同意将"关于改进和加强图书馆工作的报告"由中共中央宣传部、文化部、国家教委、中国科学院印发全国执行。12月，新闻出版署关于执行《关于港澳台报刊进口管理的规定》的实施细则出台。该规定由中宣部、中央对外宣传小组、新闻出版署、文化部、国家科委五部门联合印发。

国家大政方针的连续转向和以上一系列具有改革开放意义的具体管理政策的出台，成为推动图书馆公共文化空间建设的动力源。

与国家的方针和政策相呼应，从十一届三中全会开始，以思想解放为旗帜，一股新的社会思潮逐渐形成，学术界将之与发生在二十世纪初期的思想解放运动相类比，称之为"新启蒙运动"。这一思想首先从文学领域中对于"文革"非人道主义的揭露和控诉开始，然后逐渐蔓延到哲学、历史学等人文社会科学领域，在八十年代产生了极为重要的影响。新启蒙思潮的核心，是以新介绍到中国的现代西方种种人文社会科学思想为参照，对"极左"思想影响下的思维方式和认知模式、价值判断等进行深入批判，其主要方向之一，是主张以"人的主体性"为核心的人道主义而批判以人为客体的各种工具论思想。新启蒙思潮的崛起在知识青年中形成了巨大的影响，与此有关的文学、哲学、历史学书籍，不论是翻译的外国著作还是中国学者自己的著作，都广受知识分子尤其是中青年知识分子的欢迎。这些书籍在书店里是畅销书，在图书馆里是人们纷纷借阅的重点，在几乎任何一个正式或者非正式的论坛上都是讨论的热点。

　　"新启蒙主义思想"影响的主要是阅读能力比较高的知识阶层，对于文化程度相对较低的普通市民阶层而言，影响最大的是此时纷纷复刊和新成立的各种期刊、报纸，以及来自港澳的武侠小说与言情小说等等五花八门的畅销通俗读物。这些面向普通民众的刊物、读物一时之间占有了巨大的市场，其读者之多、对普通人影响之深，远非精英主义的作品可以望其项背。笔者曾在另一部专门讨论新时期社会转型与文化重构的书中说过，在十一届三中全会后的数年中，中国文学/文化生产领域内出现了一股生活化、通俗化、市民化的趋势，这表明一个新的大规模的文化市场正在自发形成，而这个市场孕育着巨大的通俗化力量，它对瓦解旧的意识形态和建构新的意识形态起到了不可替代的巨大作用。①

　　在新的思想浪潮面前，图书馆作为最重要、最大型的书籍流通枢纽，作为知识和思想的象征，也在新的政治–文化语境中尽力重构自己的当下和未来。

2.　"现代化"指导下的图书馆公共空间建设

　　实现中国的现代化是新中国刚刚成立不久就提出的历史使命。1954年召开的第一届全国人民代表大会，第一次明确提出要实现工业、农业、交通运输业和国防四个现代化的任务；1956年在党的八大上，这一表述被正式列入修改后的党章；1957年2月27日，毛泽东在《关于正确处理人民内部矛盾的

---

① 仲红卫：《社会转型与文化重构：当代中国市民文化研究》，兰州大学出版社2009年版，第118—128页。

问题》中说："将我国建设成为一个具有现代工业、现代农业、现代科学文化的社会主义国家"。[1]1957年3月12日，毛泽东在中国共产党全国宣传工作会议上的讲话中说："我们一定会建设一个具有现代工业、现代农业和现代科学文化的社会主义国家。"[2]几年之后，他明确地提出了："建设社会主义，原来要求是工业现代化，农业现代化，科学文化现代化，现在要加上国防现代化。"[3]由此，毛泽东首次较完整提出了"四个现代化"的内容。1964年12月21日，周恩来在第三届全国人民代表大会第一次会议上，代表中共中央正式提出了"在不太长的历史时期内，把我国建设成为一个具有现代农业、现代工业、现代国防和现代科学技术的社会主义强国"。这是"四个现代化"第一次被作为国家发展目标正式提出。

党的十一届三中全会以后，全党工作转入了"以经济建设为中心"的新时期。邓小平作为新时期社会主义现代化建设的总设计师，继续坚持实现"四个现代化"的奋斗目标。1980年新年伊始，邓小平就在中共中央召集的干部会议上分析了目前的形势和任务，指出："要加紧经济建设，就是加紧四个现代化建设。四个现代化，集中起来讲就是经济建设。"[4]"我们从八十年代的第一年开始，就必须一天也不耽误，专心致志地、聚精会神地搞四个现代化建设。"[5]实现四个现代化，是二十世纪八十年代的政治总路线，是当时全国人民团结奋斗的总目标。

"图书馆现代化"的任务，就是在这样的时代背景下提出的。最早提出"图书馆现代化"这一理念的，是三位著名的图书馆学学者黄宗忠、彭斐章、谢灼华。早在1978年11月，十一届三中全会即将召开之前，敏感的三

① 毛泽东：《关于正确处理人民内部矛盾的问题》，见《毛泽东文集》（第7卷），人民出版社1999年版，第207页。

② 毛泽东：《毛泽东文集》（第7卷），人民出版社1999年版，第268页。

③ 毛泽东：《毛泽东文集》（第8卷），人民出版社1999年版，第116页。

④ 邓小平：《目前的形势和任务》，见《邓小平文选》（第2卷），人民出版社1994年第2版，第240页。

⑤ 邓小平：《目前的形势和任务》，见《邓小平文选》（第2卷），人民出版社1994年第2版，第241页。

位学者就在《武汉大学学报（哲学社会科学版）》联合发表了《开展图书馆现代化的研究是新时期图书馆学的重大课题》一文。在他们看来，"现代化图书馆"的建设主要体现在四个方面，即建立全国性的图书馆组织网络、制定和推广图书馆工作标准、实现图书馆技术现代化、建立系统化的图书馆学研究。①1979年以后，"图书馆现代化"已经成为一个被业界经常谈论的问题。尽管在对何谓"现代化图书馆"的具体理解上还存在着不同看法，但是毫无疑问，"现代化"已是当时各图书馆努力的方向。

在当时图书馆的研究和管理工作者眼中，现代化的主要方向之一，是突破馆际之间的界限而建立起馆-馆互通的网络化图书流动机制。依靠这种方式，若干个图书馆之间可以联合起来形成一个更大的阅读空间。《开展图书馆现代化的研究是新时期图书馆学的重大课题》一文的作者说："图书馆组织的网络化是图书馆现代化的组成部分，图书馆组织网络化的程度是衡量一个国家科学文化发展水平的标志之一。"他们认为"图书馆组织的网络化"包括两个方面的含义：

其一是，从纵的方面按领导关系和专业性质组织起来的有上下隶属关系的系统图书馆网，从横的方面按行政区域通过协作将各种类型图书馆组织起来的地区图书馆网，这两种网通俗的说是"条条""块块"。实现图书馆网络化的第一步，就是将各系统、各地区图书馆"条条"与"块块"纵横交错地组成为集中统一领导的全国性的图书馆网络，我们称这为"协作网络"。其二是，在各系统、各地区图书馆网形成的基础上，选择若干个全国、地区和系统的重点图书馆作为中心，采用电子计算机存贮、检索，围绕中心分设若干分中心与终端，形成图书、情报资料存贮检索和机读目录的网络，我们称之为网络检索。这种协作网络和检索网络结合在一起，成为现代化的图书馆网络。②

当时的学者们还意识不到，将全国的图书馆通过某种方式组织起来，

① 黄宗忠、彭斐章、谢灼华：《开展图书馆现代化的研究是新时期图书馆学的重大课题》，《武汉大学学报（哲学社会科学版）》1978年第6期，第71—76页。
② 黄宗忠、彭斐章、谢灼华：《开展图书馆现代化的研究是新时期图书馆学的重大课题》，《武汉大学学报（哲学社会科学版）》1978年第6期，第71—72页。

其作用已经类似于今天的互联网，所以这种思路无疑对于拓展图书馆的公共空间边界具有十分重大的意义。如果回溯历史，可以发现这种思路，即通过在各级图书馆之间建立网状互联关系从而达到资料互通之目标，早在"文革"中乃至更早前的所谓"十七年"时期就已经有了初步的尝试。只是，囿于当时政治环境、交通条件等等因素的制约，当时图书馆拓展其阅读空间边界的主要方式，是"开门办馆"方针指导下的"上山下乡"而不是"互联互通"。进入八十年代之后，在文化"上山下乡"运动中形成的多如牛毛的里弄图书馆、公社图书馆，因被视作"文革"流毒而在很短时间内就被撤销得所剩无几，图书馆向外拓展阅读边界的方式重新回到了"互联互通"。只是这时的社会背景已经迥然不同，加之计算机已经开始作为高技术的代表走入了人们的视野，因而此时重提互联互通和资源共享已经具有了完全不同的意义。

在全国图书馆之间建立互联互通、资源共享、上下协调的网络化图书馆组织，可以被理解为图书馆公共空间面向外部的边界扩展，与此同时，面向内部的空间建构也在进行。实际上，就当时城市不太发达的交通和借阅手续、借阅时间等方面的种种不便而言，加快内部空间的建设步伐所起的作用要大于馆际之间的合作。

在拓展内部空间方面，首先被人关注的是实行开架阅览的问题。一开始，因为担心意识形态方面的问题，人们只是呼吁科技类书库应该开架阅览。1978年1月，《北图通讯》在其新年第1期上刊发了成喻言的文章《搞好科技期刊开架阅览工作》，文章指出北京图书馆从1974年10月建立了外文科技期刊开架阅览室以后，1975年又将中文科技期刊开架阅览，"两个阅览室实行开架以来，受到了读者的极大欢迎"。[1]1979年，张雁翎呼吁"阅览室的科技图书必须开架"。[2]王荣授则在《谈小型图书馆半开架借书》中指出开架借书在国外图书馆已经渐占上风，我国部分图书馆也已有实践，但

---

① 成喻言：《搞好科技期刊开架阅览工作》，《北图通讯》1978年第1期，第17页。

② 张雁翎：《阅览室的科技图书必须开架》，《黑龙江图书馆》1979年第4期，第37页。

是对于条件不足的图书馆来说，"半开架便是目前较为理想的一种借书方式。"①因为开架阅览的呼声越来越高，引起了人们的讨论，《黑龙江图书馆》在1980年的第2期和S1期分两期刊登了四篇关于开架阅览问题的文章。1981、1982年有更多的人卷入到要不要开架、怎样开架的讨论之中。到了1983年以后，争议已经趋于消失，因为对图书馆开架阅览持反对或者保留态度的人几乎看不到了，人们讨论更多的是如何更好地"开架"以及"开架"在历史上曾经起到过的作用。

在当时，主张"开架"的人们只是从服务读者和借阅效率的角度出发来理解"开架"的意义，譬如一篇题目为《开架借阅在世界的普遍发展及其原因》的文章，说开架借阅之所以在世界图书馆的发展历史上越来越多地取代了闭架借阅，原因有三：第一，科学文化的发展，普及教育的需要与文献情报资料的膨胀，要求及时充分地揭示和提供馆藏；第二，读者的广泛性和对图书资料需要的多样化，要求图书馆有效的指导和允许读者亲身接触馆藏；第三，旧的闭架借阅的方式限制了图书的流通数量和借阅效率，限制了培养读者利用图书馆独立工作的能力和扩大知识的范围，读者与图书馆的矛盾日益尖锐。②事实上，"开架"的意义远不止此："开架"改变了图书馆与读者旧有的不平等关系。在这种不平等关系中，图书馆作为"知识的象征"却始终保持着和读者的距离，它高高在上，通过将自己神秘化，同时也通过控制读者了解藏书内容的"知情权"和极大地压缩读者对于知识的自由选择权，将读者置于一个不对等的、缺乏自主性的地位。在某种意义上，闭架借阅所造成的这种不平等地位是把读者变成了一个客体化的存在者，这不是主体与主体之间的关系，而是作为主体的图书馆与作为客体的读者之间的关系。在这种关系的极端情况下，对于读者的信息输出可能是完全单向的、同质化的，读者以为自己处于哪怕是有限的自由选择中，但实际上他们没有任何选择，他们所经验到的选择只是信息的操纵者所营造的一种假象。"开架

① 王荣授：《谈小型图书馆半开架借书》，《图书馆工作与研究》1979年第3期，第5页。
② 王西梅：《开架借阅在世界的普遍发展及其原因》，《图书馆工作与研究》1983年第4期，第46—47页。

借阅"虽然不能完全将读者从客体的境地解救出来，虽然不能从根本上改变读者作为信息接受者的被动地位，因为操纵通过提前给定选择范围的方式仍然在发生着，但是操纵的程度和范围都有了改变：至少在一个既定的小的范围内，读者拥有了建立在通过浏览、翻阅等比较之上的自由选择权，恢复了自己作为知识接受者的主体地位，重构了自己和图书馆之间的关系——开架借阅营建了一个新的公共阅读空间，它的意义完全不同于"闭架借阅"所营造的那种阅读空间。

开架阅览是对读者与图书馆之间关系的一种重构，很显然，这种重构对于图书馆原来的内部空间布局提出了挑战，要求重构其内部空间，以便建构起一个可以容纳较多读者的阅读空间。陈世民提出图书馆的建筑和设计应该遵循"适用而有效率"的原则，他批评过去图书馆的建筑布局以水平联系为主、垂直联系为辅，"难于达到紧凑与方便的目的"，因此要借鉴英国、美国等国家图书馆的建设经验，改为以垂直联系为主而水平联系为辅；在图书馆的内部空间组合上，他批评说：

多年来我们却习惯于一种书库居后，出纳居中，阅览在前的传统的空间组合格局，……设计图书馆往往习惯于遵循"山"字形以及"日"字、"田"字形组合建筑空间。这种藏、借、阅的顺序关系对于廿世纪初期以收藏、保存图书为主的图书馆，强调把读者与图书的交流关系集中在出纳口上可能合适，但是在现代化图书馆已经发展成为群众性的公共建筑，收藏、保存图书为主的功能已演进到供人阅览为主的情况下，传统的空间组合格局显然不能适合今天的需要了。从实际效果来看，这种喉口式的布局有不少的问题：把来馆的大量读者集中在一个地方查目、借阅与等候势必拥挤、嘈杂；后面的多层书库与前面的多层阅览室通过中间喉口联系，图书与读者要上下往返，使用上很不合理；喉口部分是个联接体往往标高参差不齐，结构复杂，楼上楼下面积松紧不一；有的喉口部分位于"日"字和"田"字平面的内院中，采光通风条件差，冬冷夏热。如果管理体制从闭架改为开架的话，这样的空间组合方式就根本不合适了。

他接着指出：

需要改闭架管理为开架、建立开架阅览室，这是使图书馆适用而有效率发挥图书效用的关键措施。开架阅览乃是图书馆现代化的一项重要标志。外国的图书馆尤其是大专院校的图书馆差不多都是开架的。在国内上海图书馆的期刊阅览、北京图书馆的科技期刊与新书阅览实行开架后，深受读者欢迎。它表明实行开架阅览，尤其是科技书刊、资料开架已是势在必行，而且迫在眉睫。开架给图书馆带来的不仅是管理体制上的变化，同时图书馆的建筑布局，书库与阅览室的设计，群众活动场所安排都需要有一系列的改变。有必要在设计新的图书馆时按照这种新趋势来探索新的布局方式。①

二十世纪七八十年代之交，在现代化的旗帜下，技术手段的自动化、机械化和管理方式的科学化是谈论最多的问题，也被多数人视为图书馆走向"现代化"的核心。夏放认为"图书馆现代化的主要标志"是"图书馆技术装备手段的机械化、自动化和组织管理的科学化"；②汪恩来将图书馆的现代化归纳为"一，社会化；二，专业化；三，情报化；四，机械化、自动化"。③作为当时国内普遍认为的高科技代表，电子计算机的使用情况一时之间成为图书馆是否能够实现"现代化"的主要标志，"图书馆工作计算机化是图书馆现代化的核心"。④虽然也有不同的声音，认为计算机的作用被夸大了，"计算机神话般的功能，征服了某些持怀疑态度的人们。然而真的使用计算机，谈何容易！"，但即使有疑问，这些人也不得不承认"应用电子计算机是图书馆现代化的重要标志之一"。⑤

"现代化图书馆"所强调的，已经不再是图书馆作为"阶级斗争工具"的功能，而是其满足服务需求的能力；为了迅速地提高这种能力，参考这时已经被大量介绍到国内的发达国家图书馆的经验，"现代化"的内涵被普遍

---

① 陈世民：《建设现代化图书馆》，《图书馆学通讯》1980年第1期，第56—57页。
② 夏放：《浅谈图书馆的现代化》，《图书馆工作与研究》1979年第3期，第1页。
③ 汪恩来：《图书馆现代化问题初探》，《四川图书馆学报》1979年第4期，第1页。
④ 张琪玉、付敬生、刘荣、杨元生：《试论我国图书馆现代化的目标、道路及方法》，《四川图书馆学报》1980年第4期，第25页。
⑤ 龚忠武：《高校图书馆现代化从何起步？》，《江苏图书馆工作》1981年第3期，第66页。

理解为组织结构上的网络化、管理方式上阅读空间的有限度开放、自动化和电子计算机的使用等，总之被理解为一种管理和技术手段的变革。当时的人们还根本没有意识到，这种变革其实不仅仅是管理方式和技术手段上的，它在本质上是在重构图书馆与读者的交往关系，而这种重构后面隐藏着更为重要的社会意义。

（二）1992—1998年间的图书馆公共文化空间

1. "南方谈话"和中国特色社会主义市场经济体制的确立

二十世纪七十年代末启动的经济体制改革，促使新中国成立以后运行了将近三十年的计划经济体制迅速向由市场调节的经济体制过渡。整个八十年代都可以算作是两种经济体制之间的过渡期，1984年《中共中央关于经济体制改革的决定》中提出的"公有制基础上的有计划的商品经济"概念，被形象地解读为"双轨制"。双轨制的实施，在带来经济活力的同时，也带来了基于两种不同体制因素的新旧利益冲突。到了1987年之后，宏观经济在双重经济体制之下的运行中积累的不健康因素逐渐增多，经济运行中出现了日益严重的失序，其突出表现就是所谓的"经济过热"。1988年，中央不得不决定对国民经济实行3年"治理整顿"。与此同时，人们对改革开放产生了两种截然不同的看法：一是用传统社会主义观点衡量改革，否定改革的"左"的看法；二是用新的社会主义观点看待改革，肯定改革开放的观点。经历1989年的政治风波以后，第一种观点迅速抬头并逐渐发展，甚至开始影响整个社会思潮。加之此时突然发生的苏联解体和东欧社会主义国家巨变，国际国内的各种矛盾交织在一起，造成了人们思想上的混乱。在"文革"结束才刚刚十余年之后，二十世纪八九十年代之交的中国再次站在了十字路口。

邓小平南方谈话，就是在这个关键时刻，为了重新将中国这艘刚刚驶上正确航向却又面临着迷途危险的巨轮重新矫正过来而发出的。在南方谈话中，邓小平针对当时普遍存在于人们思想中的疑虑，重申了深化改革、加速发展的必要性和重要性，并从中国实际出发总结了十多年改革开放历史的经验教训，在一系列重大的理论和实践问题上，提出了新观点，讲出了新思路，开创了新视野，有了重大新突破，将建设有中国特色社会主义的理论与实践，大大地向前推进了一步。

邓小平"南方谈话"的核心，是推动改革开放继续向前、向深发展。他首先指出搞改革开放、搞市场经济并不同社会主义相矛盾，"革命是解放生产力，改革也是解放生产力"，[①]"不坚持社会主义，不改革开放，不发展经济，不改善人民生活，只能是死路一条"。[②]他批评有些人在改革开放上胆子太小："改革开放胆子要大一些，敢于试验，不能像小脚女人一样。"[③]对于一些人担心的姓"资"姓"社"问题，他说要以"三个有利于"作为标准："应该主要看是否有利于发展社会主义社会的生产力，是否有利于增强社会主义国家的综合国力，是否有利于提高人民的生活水平。"[④]对于市场经济问题，他明确地说："计划多一点还是市场多一点，不是社会主义与资本主义的本质区别。计划经济不等于社会主义，资本主义也有计划；市场经济不等于资本主义，社会主义也有市场。计划和市场都是经济手段。"[⑤]

"南方谈话"发表之后，在全国引起了巨大的反响和震动。中共中央连续发出文件，就全党学习邓小平南方谈话和在经济建设、思想文化建设、党的建设等领域贯彻南方谈话精神，作出了一系列的决策和部署。1992年10月，中国共产党第十四次全国代表大会召开。会议确立了邓小平建设有中国特色社会主义理论在全党的指导地位，明确提出了建立社会主义市场经济体制的目标模式。

以邓小平南方谈话和党的十四大为标志，中国社会主义改革开放和现代化建设事业进入新的发展阶段。

2. 面向市场的空间建构

十一届三中全会以后，借鉴农村联产承包责任制成功的经验，在全民所有制企业和集体所有制企业中开始逐步推广包干制，企业因此而获得了一定

① 《邓小平文选》（第3卷），人民出版社1993年版，第370页。
② 《邓小平文选》（第3卷），人民出版社1993年版，第370页。
③ 《邓小平文选》（第3卷），人民出版社1993年版，第372页。
④ 《邓小平文选》（第3卷），人民出版社1993年版，第372页。
⑤ 《邓小平文选》（第3卷），人民出版社1993年版，第373页。

范围内的财政自主权，有效地激发了经营活力。但是，这项政策只局限于企业中，事业单位依然按照传统的方式进行管理，不得进行任何经营性行动，图书馆当然也在其中。然而，问题的另一面是，国家给予图书馆的财政拨款非常之少，收入低下的员工们有时甚至连维系生活都出现了困难。和经济领域越来越活跃的气氛相比，图书馆惨淡的财政状况引起了越来越多的不满。在此背景下，过去那种高谈成绩的声音虽然仍存在，但是呼吁"改革"的声音也越来越大。其中，经济问题虽然自始至终没有被任何人放在第一位，但是却从来都不会缺席。譬如，1984年的《图书馆学研究》在其第4期最后的"手稿文摘"中刊登了上海教育学院图书馆钱遒立的一篇"豆腐块"文章《高校图书馆改革刍议》，在这篇不到三百字的文章最后，作者说要"谈一点图书馆的经济问题"，他认为"图书馆要有一定的奖励基金"，基金的来源除了有关部门拨款、办公经费结余外，还可以"从科研成果、对外服务等项目收益中提成"。[1]上海图书馆的李建中在谈到自己对图书馆改革的看法时，发表了四条简短的意见，其中第三条是"生财之道"。他说："图书馆'穷'是人所共知的。改变这种状况的生财之道在于利用藏书，为科研和教学编辑一些急需的资料性的工具书，影印一些善本书。"[2]

将图书馆的文献资源和信息资源优势转化为商品出售，这就是当时的许多人对于图书馆如何适应商品经济大潮所开出的药方。不仅像上海图书馆这样全国知名的大型图书馆的员工是这样想的，其他地区的图书馆员工也是这么想的。1984年9月，辽宁省文化厅在本溪市召开公共图书馆工作会议。在会上，"大家对图书馆广开财路，增加收入问题进行了热烈的讨论。目前，公共图书馆，特别是县、区图书馆财路不宽，办法少，多数馆主要靠办班、开书店、搞复印等搞点收入。大家认为，图书馆应结合自己特点，广开与业务工作相结合的门路。有条件的馆，可以开展有偿咨询服务"。[3]这是在较

---

① 钱遒立：《高校图书馆改革刍议》，《图书馆学研究》1984年第4期，第151页。

② 李建中：《小议图书馆的改革——从上海图书馆说起》，《图书馆学研究》1984年第4期，第153页。

③ 佚名：《关于公共图书馆改革和业务辅导——辽宁省文化厅召开公共图书馆工作会议》，《图书馆学刊》1984年第4期，第48页。

高层级的政府主管机关的主持下，较早出现的推动图书馆服务向商业化转型的报告。虽然是以会议共识的形式简单地发出的声音，但无疑，这是当时全国普遍存在的现象。此后几年，有关此类改革的声音此起彼伏，已经形成了一股十分强大的潮流。[1]1987年2月，文化部、财政部、国家工商行政管理局联合下发了《文化事业单位开展有偿服务和经营活动的暂行办法》。该办法在要求文化事业单位的改革必须坚持"二为方向"，必须处理好"社会效益与经济效益的关系，把社会效益放在首位"的同时，要求事业单位"改善经营管理，注意经济效益，……积极开展以文补文的有偿服务和经营性活动"。文件的发布，等于从官方的角度给予了图书馆开展商业性活动的法律依据。

1992年以前所出现的图书馆进行商业活动的潮流，是在八十年代中国逐步推行"有计划的商品经济"的改革背景下发生的。邓小平"南方谈话"发表和党的十四大召开以后，"有计划的商品经济"被更全面、更彻底、更具有基础性意义的"有中国特色社会主义市场经济制度"所取代。与之相应，呼吁推进图书馆市场化改革的声音猛然高涨。改革的焦点，也不再是以前零星的"以文养文"和搞一些"经营性活动"；现在，图书馆界热衷于讨论的，是如何通过"产业化"，将自身通过改革提升到与"有中国特色社会主义市场经济制度"的建设进程保持一致上。

1992年11月，也就是党的十四大闭幕后的一个月，受中国图书馆学会委托，华中师范大学图书情报学系举办了全国第七届中青年图书馆学情报学学术研讨会，来自全国29个省、市、自治区中各种类型图书馆的代表140余人与会。会议达成的第一条共识是，"要深化图书情报体制改革，首先要改变传统的观念，树立市场经济观念，在国家政策允许的范围内，大胆地试，大

---

[1]　《图书馆》杂志发表的《在改革中腾飞：各类图书馆改革办法摘编》一文编录了广州图书馆、贵州省图书馆、金陵图书馆、首都图书馆、民族图书馆、华中工学院图书馆、华南师大图书馆、武汉医学院图书馆、华中农学院图书馆、北京工业大学图书馆等16座图书馆的改革方法，可以看到，除了一、二座学校图书馆外，几乎各个馆的改革经验都涉及"管理体制"和"分配体制"。见《图书馆》1985年第1期，第41—50页。

胆地闯"。①

　　图书情报机构可实行一馆两制，即事业管理制和企业管理制。可试行图书情报工作人员的"三向分流"，即一部分人从事文献情报搜集、整理、开发、服务工作；一部分人抽出来办经济实体；一部分人留职停薪，自谋出路，每人每月向馆（所）交部分资金。图书情报服务应该试行有偿与无偿相结合的方针，在目前条件下，可充分利用馆内建筑、设备和人员，进行与文化有关的经营活动，也可以适当开展一些其他形式的经营活动。图书情报机构的经费要一改过去由国家包干的作法，多渠道集资。从宏观上讲，要顺应图书情报一体化发展趋势，改革目前图书情报事业内部领导多头、各自为政的局面，建立统一管理图书情报事业的职能机构。②

　　风气弥漫，无孔不入。一时之间，图书馆界各种各样的产业化改革方案不断涌现。例如，辽宁省图书馆与企业"联姻"，图书馆为企业提供科技文献信息，而企业则资助图书馆一定的购书费；四川省图书馆组建了"川图实业总公司"，总公司下设文献设备用品公司、文献资料信息公司、文化工程研究发展中心等子公司；有人提出图书馆"应积极参与文化的开发和其他相关经营活动"，因为"公共图书馆举办各种文化活动，实质上是拓宽公共图书馆的经营范围"，这些经营活动包括了参与到诸如文艺热、收藏热、家具热、形象热等各种社会热点之中，以及和企业联合搞培训班、举办各类展览展销活动、建立声像交流服务中心等。③总之，从开公司办商店到创办各类经济实体，凡是能和文化沾边的商业活动图书馆似乎都可以试上一试。

　　在不断地讨论和试验中，有关图书馆可以而且应该具有商业职能的理论支持也"成熟"了。譬如，1993年初，北京师范大学图书馆的徐碚生撰文介绍本校图书馆如何进行有偿服务的先进经验，就提出了可以将有偿服务提升

　　① 安雯、策群：《一次大团结的学术研讨会——第七届全国中青年图书馆学情报学学术研讨会综述》，《高校图书馆工作》1993年第1期，第19页。
　　② 安雯、策群：《一次大团结的学术研讨会——第七届全国中青年图书馆学情报学学术研讨会综述》，《高校图书馆工作》1993年第1期，第19页。
　　③ 杨玉中、杨宏远：《公共图书馆与文化市场》，《图书馆建设》1994年第1期，第9—10页。

为"馆办产业"的想法。①但是，这篇经验介绍性的文章并没有对"馆办产业"从理论上进行深入阐释，也没有引起大的反响。大约在同一时间，图书馆学的著名学者黄宗忠撰文，提出了图书馆深化改革的中心，"是要解决图书馆经费问题，开辟新的经费来源，强化图书馆'开发资源'的功能，实行一馆两业、人员分流，创立信息产业，把开发和加工的信息产品推向市场，参与商品竞争"。②文章在批评了那些认为图书馆与商品、市场无关的思想后，说：

图书馆要生存、发展，就要改革，要改革，就要更新观念，因为观念是指导人们思想和行动的。更新观念，就是去掉一些旧观念，建立一些新观念。图书馆应建立一些什么新观念呢？一是信息观念。图书馆是信息系统，是文献信息收集、存贮、传播中心。信息是资源、是金钱。信息资源可开发、加工，可变为信息产品。二是商品观念。经过图书馆开发、加工的信息产品，可变为商品，推向市场，参与市场竞争。三是市场观念。目前国内外都有信息市场，图书馆是信息系统，拥有丰富的信息资源，并可开发、加工成信息产品，因此应主动去占领信息市场，使图书馆在信息市场中有一块地方。四是产业观念。图书馆属于第三产业，也就是信息产业。图书馆要长远获得发展，就要发展信息产业，建立信息产业。以上四个方面，概括来说，就是要建立社会主义市场经济观念，不能把图书馆摆在市场经济之外，而要参与进去，去进行竞争。③

在另外一篇文章中，黄宗忠认为"图书馆……在坚持社会效益的同时，必须讲究经济效益，追求一定的经济目标。经济效益的获取，应另辟途径，搞一馆两业"。④"一馆两业"并不是在八十年代已经普遍化了的"有偿服务"，也就是对一些传统的服务项目如复印、装订、提供检索结果等收取费用。有偿服务还是在图书馆无偿服务的大前提下进行的，是对无偿服务能力

---

① 许碚生：《从有偿服务到馆办产业》，《高校图书馆工作》1993年第1期，第1页。

② 黄宗忠：《中国图书馆事业与改革》，《图书馆建设》1993年第1期，第9页。

③ 黄宗忠：《中国图书馆事业与改革》，《图书馆建设》1993年第1期，第12页。

④ 黄宗忠：《论图书馆改革中的几个问题》，《晋图学刊》1993年第3期，第3页。

不足的一种补充。而"一馆两业"是赋予图书馆既作为"事业"又作为"企业"的双重身份，这一双重身份给予了图书馆建立、发展独立的经济产业和举办相对独立经济实体的理论合法性。在"一馆两业"论中，图书馆以盈利为根本目标的企业属性与其向社会无偿提供文化服务的公共属性同起同坐、地位平等。对于图书馆发展产业的具体途径，黄宗忠给出的建议是："建立和发展信息产业、信息咨询业、文化产业应是图书馆办企业的基本方向。"①在八十年代有关图书馆功能的讨论中，由于受到托夫勒《第三次浪潮》等书籍的影响，"信息"一词已经逐渐成为与"文献""资料"等并列的热词和关键词。现在，图书馆在"信息"上的优势地位又被视为其可以走向市场参与竞争的"资本"。

黄宗忠是很早成名的著名图书馆学学者，由他这样拥有影响力的著名学者将"一馆两业"作为改革的方向提出来，表明在二十世纪九十年代新形成的以"市场经济"为关键词的社会语境中，图书馆界的自我理解已经发生了实质性转型：图书馆界已经不再忌讳"产业"这个词语所带有的赤裸裸的商业属性，相反，图书馆应该具有"事业"与"企业"的双重身份这一新的思想正在得到理论上的论证。

在多数人的眼里，图书馆举办企业实际上带有不得已而为之的悲壮与无奈色彩。因为各级政府都将精力集中到了经济发展上，二十世纪九十年代的中国对于文化教育的投入在GDP中的占比非常之低，绝大多数图书馆因为经费紧张而处于举步维艰的境况。此外，在社会上的一些人已经"先富起来"的刺激下，图书馆低下的收入水平导致人员不断地流失。"一馆两业"的提出，很大程度上就是为了通过开展经营性活动而挽救已经处于"危机"之中的图书馆。那么，在实际运作中，实施"一馆两业"后的图书馆境况有无根本性改善呢？

1994年底，《图书馆》杂志组织了几篇文章，纪念芜湖图书馆改革学术座谈会召开十周年。其中有一篇概括图书馆十年改革情况的文章《1984—1994：图书馆改革扫描》。文章向人们呈现了"市场经济浪潮"冲击下图书

① 黄宗忠：《论图书馆改革中的几个问题》，《晋图学刊》1993年第3期，第4页。

馆的"两幅面孔":

在改革开放的热土珠江三角洲和苏南地区,"图书馆事业正以蓬勃之势活跃在神州大地"——

广东省中山图书馆和广州市图书馆的财政拨款几年来都以50%的速度递增。深圳市图书馆1994年财政拨款800多万,并正筹建12000㎡的少儿图书馆和16000㎡的南山图书馆,基建总投资数千万元。

苏南地区的苏州、无锡、常州3市的广大农村,自90年以来乡镇图书馆勃然兴起,至1993年9月底,3市415个乡镇全都建立了具有一定规模的图书馆。其中,苏州的吴江市、张家港市和无锡市的无锡县,在全国率先普及万册乡镇图书馆。这些乡镇图书馆以乡镇经济为依托,以靠自己创收为主,社会资助为辅的办法,建立了基本稳定的投资和运行机制,并创造了高于全国公共图书馆10余倍至20倍的高流通率,倡导了良好的读书风尚。

广州的社会科学家在评述岭南文化勃兴现象时曾说过这样一段话:当代岭南文化是南中国率先走向市场经济的派生物。它重商务实,开放兼容,求新求变,较少保守思想,是20世纪中国新文化的生长点之一。[①]

可是,另一方面,"全国大多数图书馆"出现了"门可罗雀的现象"——

社会主义市场经济理论的确立,使改革进入一个新的阶段。也许是因为从"计划"转向"市场"来得太快,文化准备太不充分,面对失去读者的图书馆,有人惊呼:图书馆事业"滑坡"。新闻界也对图书馆进行了热心的报导。

报导之一:"北京图书馆:瘦死的骆驼"(《光明日报》1993年6月28日)。北京图书馆购书经费短缺。书刊采购量逐年减少。

报导之二:"图书馆喜忧录"(《中国文化报》1994年2月11日)。图书馆尴尬无奈、囊中羞涩,为闯出一条适合自我发展的新路子,图书馆八仙过海,各显神通。

报导之三:"'读'的反差:南北两地,景象迥异"(《经济日报》

① 程亚男:《1984—1994:图书馆改革扫描》,《图书馆》1994年第6期,第25页。

1994年1月29日）。对比深圳与北京图书馆读者流量的差异，前者"座无虚席"，后者"虚席以待"。①

虽然肯定了"市场经济新体制也给图书馆带来机遇和希望"，可是，"毋庸讳言，我国图书馆事业遇到了许多发展中的困难"。②这就是作者观察到的现象。

和八十年代后半叶出现的图书馆经费紧张、购进新书少、馆舍新建少相比，读者越来越少才是这一时期全国大多数图书馆最大和最严重的危机。读者减少的严重情况，可以从1993年12月4日张新颖在《文汇报》的一篇报道《北京图书馆因经费拮据、清规难越而好景不再》略窥一斑。为了说明问题，笔者将报道引用如下：

沐浴在北京秋天温暖的阳光下，走进北京图书馆，好心情却被一扫而光。一进图书楼的大厅，一张白纸黑字的"通告"就有些刺眼。"通告"说，第二外借处的借阅证因故停止办理。

爬上一层层楼，走进一个个阅览室，往日的情景不见了，可容纳100多人的阅览室稀稀落落坐了二三十人。

办公室里一位同志听说记者采访，就面有难色，说这之前已经来过好几位，要为我们反映困难，为图书馆事业呼吁什么，反而让我们有点被动。文化部1993年给我们拨款3500万元，据说是文化部全部经费的1/4，我们还能再提更多的要求吗？要说困难当然困难，1993年我们光期刊就砍了800种，特别是许多外文期刊，订不起。说起来我们自己也痛心，这是一个国家图书馆呀。1994年报刊涨价，还不知道要砍多少刊物，有多少书不能买呢。

不要说外面来"北图"看书的人少了，里面的人还要往外走呢。去年走了80多人，今年上半年走了60个人，也是没办法的事，收入相差太大，不但业务骨干走，连一般的技术工人也走。③

北京图书馆是全国最大、最好、藏书最为丰富的图书馆，也是中国图书

---

① 程亚男：《1984—1994：图书馆改革扫描》，《图书馆》1994年第6期，第24—25页。

② 程亚男：《1984—1994：图书馆改革扫描》，《图书馆》1994年第6期，第25页。

③ 转引自《出版参考》1994年第1期，第4页。

馆的代表。北京图书馆尚且如此，其余大多数公共图书馆的窘况可以想见。

在人员流失问题上，不仅公共图书馆如此，就是不缺乏读者、不担心被分流的高等院校图书馆同样如此：

目前，高校图书馆面临的一个重要问题是专业人员大量流失，已严重影响到图书馆的发展建设和服务质量的稳定提高。据天津高校图工委调查，天津高校图书馆专业人员中11%的人表示对图书馆不感兴趣，16%的人抱着有机会就走的态度，50%图书情报专业的毕业生已跳槽，仅1987年，天津市调出图书馆的人数是1986年的4.6倍；在江苏高校图书馆，只有13%的人对图书馆感兴趣，无兴趣而准备调走的占35%，1988年，全国高校图书馆对北京、天津、长春、广州等地高校图书馆的大学生进行了调查，结果，安心图书馆工作的只占47.8%，想调出者占39%。①

图书馆是具有公共服务性质的机构，但是在二十世纪八十、九十年代的历史语境中，因为经费短缺和总体社会环境的变化，图书馆原来免费的服务活动也主动或者被动地逐渐商业化了。从今天的眼光往回看，可以说以产业化为导向的"一馆两业"的试验实际上是不成功的。图书馆可以有一些零星的有偿服务活动，但并不适合于作为一个经济实体参与市场竞争，因为这与图书馆的本质属性相违背。图书馆存在的合法性，是其可以向公众提供文化服务，而因为人的素质的提升是社会进步的根本保证，为了全社会的利益，纳税人愿意将一部分税收经过政府的二次分配用于图书馆，以保证全体公民都可以得到免费的知识服务。这是现代图书馆和前现代图书馆截然不同之处，也正是这一点构成了现代图书馆公共性的来源。图书馆在与读者的交往关系中所建构起的空间，在本质上应该是公共的，这种公共性最终落实在、表现在其服务的公益性上。当图书馆将自己视为公益机构与商业机构的统一体时，由于直接的公益性与对利润的追求之间所具有的天然的、不可调和的矛盾，图书馆就与读者之间建立起了一种与此前不同的交往关系：一种引入了经济因素作为变量之一来调节的交往关系。在此以前，调节图书馆与读者

---

① 杨燕玲：《从专业人员的流失看高校图书馆的改革与发展》，《北京经济瞭望·北京财贸学院学报》1994年第4期，第50页。

关系的因素要么是基于政治的阶级身份，要么是基于法律的公民身份，但是均没有基于经济因素的考量。现在，在政治因素逐渐退出这种调节关系之后，经济因素开始被引入，而由于交往关系发生的这种重要的转变，图书馆公共文化空间也转型了——转型为一种由经济关系所调节的公共空间。图书馆的公共性因此被大大地削弱了，因为旨趣（Interest）不同，由功利性的经济关系所调节的交往空间必然同由非功利关系所调节的交往空间相背离，这两者不可能像支持产业化的学者所想象的那样能和谐相处互相支持，而只会因为本性上的差异产生不可调和的矛盾——读者和工作人员的流失就是这种矛盾的表现：对于读者来说，原先带有神圣和崇高色彩的公共文化空间已经变异成了利益衡量的空间，这种公共空间不再具有精神的吸引力了；对于工作人员来说，追求经济利益最大化是其与图书馆共有的行为逻辑，当图书馆不再能满足个体的这一追求时，分道扬镳也是必然的，正所谓"以利合者必以利分"。

（三）1998年以后数字空间的建构和公共性的回归

1. 数字空间的建构

当图书馆普遍因为生存危机不得不走向市场，并因此而不断地丧失掉其传统的公共文化空间时，一种新的公共文化空间建构方式正在悄然地孕育之中。早在1991年，我国图书馆学刊物上就出现了介绍国外数字图书馆建设情况的文章，如郑军在《福建图书馆学刊》1991年第1期发表的《从预言到现实：电子图书馆时代的到来》，赖茂生在《情报科学技术》1991年第3期发表的《电子图书馆的构想与现实》。1994年，徐中才撰写了《关于"数字图书馆"的对话》一文，这是"数字图书馆"这一概念第一次出现在中文媒体上。1995年3月，《中国信息导报》刊发了李金算的一篇介绍美国数字图书馆情况的只有数百字的短文《数字图书馆》，作者一开始就说："10年以后，人们将不会再把图书馆与某一地点和某一幢建筑物联想在一起，图书馆这个词将变得有些抽象化。"[①]1996年，第62届国际图联大会在北京召开，

---

① 李金算：《数字图书馆》，《中国信息导报》1995年第3期，第14页。

数字图书馆成为该会的一个讨论专题。这是一个明显的转折点。会议之后，业界关于数字图书馆的讨论骤然间成为热点，学者们纷纷撰文，或者向国内介绍以美国为代表的发达国家数字图书馆的发展现状，或者开始预测数字技术进步将会给图书馆带来什么样的未来。如黄宗忠在列举了纳米技术、虚拟现实技术、全光操作计算机和声控计算机技术、多媒体技术四项自己认为可以影响21世纪图书馆发展方向的技术之后，指出信息高速公路、互联网络、数字化图书馆会对未来的图书馆产生重大影响，三者之中，"唯独数字化图书馆是图书馆的专业行动，是21世纪图书馆发展的主要方向。"[①]据上海图书馆主编的《全国报刊索引》的检索统计，数字图书馆的研究论文自1994年以来，其数量以每年一倍左右速度增加，单单1999年较之1998年就增长了130%。

几乎与研究的井喷同步，有关数字图书馆的试验也在1996年以后陆续展开。1997年1月，国家计委批准了文化部组织申报的"中国试验型数字式图书馆"项目。该项目以国家图书馆为组长单位，联合了上海图书馆、深圳图书馆、广东中山图书馆、辽宁省图书馆、南京图书馆和广西桂林图书馆。经过4年建设，该项目于2001年通过技术鉴定，这是我国第一套多馆合作的数字资源建设共享体系，实现了一个基于分布环境，以藏品建设为基础的数字图书馆应用系统。1999年，国家图书馆开发完成数字图书馆实验演示，该系统对于普及数字图书馆概念，实现数字资源的组织、管理与服务做出了积极的探索。1999年5月，国家863计划"智能计算机主题"成立了"中国数字图书馆发展战略研究"项目课题组，专门对数字图书馆系统涉及的技术、管理、运营、法律等问题展开研究。2000年11月，清华大学图书馆、计算机系、建筑学院共同承担的项目"清华大学建筑数字图书馆"立项，2002年项目完工，这是国内较早建成的数字图书馆。

1998年以后，无论是国家层面还是地方层面，都将建设数字图书馆作为重点工程来抓。国家层面上，先后启动了"国家数字图书馆""全国文化信息资源共享工程""中国高等教育数字图书馆""国家科学数字图书

---

① 黄宗忠：《论21世纪的图书馆》，《图书与情报》1996年第2期，第3页。

馆""中共中央党校数字图书馆工程""全军院校数字图书馆建设"等项目；地方层面上，广东省数字图书馆、辽宁省数字图书馆、上海数字图书馆、海南省数字图书馆等项目也纷纷启动。商业层面上，众多的电子或者信息或者通讯等等技术公司纷纷将数字业务作为主营业务，形成了数字化建设领域最为活跃的一股力量。到了2006年，我国数字图书馆已经覆盖了全国所有的省市，数字化建设跃上了一个新的台阶。此后的十余年间，随着数字技术的飞速发展和互联网在中国的快速普及，通过数字图书馆获得资料和信息，已经代替了传统的入馆检索而成为读者接触图书馆、获取文献资料的主要方式。以广东省为例，通过多个项目建设，已经建立起了覆盖全省的跨系统联合目录，实现了公共、高校、科技三大系统图书馆资源共享，并与广西、山东、福建、海南、天津等地区多家公共图书馆合作建立了联合参考咨询与文献传递网的无缝连接，服务对象覆盖全国。目前，广东省县级以上公共图书馆已逐步具备提供互联网服务和移动终端服务的能力。

2013—2017年广东省公共图书馆数字化基础建设情况[①]

指标	成人馆			少儿馆	
	省级馆	地市级馆	县级馆	省级馆	地市级馆
数字资源本地存储量（TB）	461.21	2368.83	——	30	0
自建数字资源总量（TB）	176.55	295.89	——	22.44	0
读者用计算机终端数量（台）	2093	5889	4730	183	60
读者服务区无线网覆盖（%）	100	100	98.84	100	100

数字图书馆的迅疾发展对图书馆建设新型公共空间提供了最为基本的技术支持，同时彻底改变了图书馆建构公共文化空间的方式。作为虚拟空间，一方面，数字图书馆突破了传统图书馆在时空上的限制，使之在理论上具有

---

① 张靖、李思雨、杨乃一、陈卫东、彭杰：《广东省公共图书馆事业发展报告（2013—2017）》，《图书馆论坛》2018年第10期，第10页。

了无限延展的可能性；另一方面，读者和图书馆发生关系的方式也彻底改变了，读者在任何一个可以联网的地方都可以登录到图书馆上获取资料。这也就是说，依靠技术进步，图书馆在理论上可以建立起一个具有无限边界、可以容纳无限用户、可以提供无限资源的信息空间。不仅如此，依靠数字技术，图书馆不仅可以完成传统的作为文献保存空间的功能以及与读者交流的功能，它还可以创造出更多的功能空间，这些新的功能空间包括各种类型的共享空间、学习空间和创客空间；在以物联网、云计算、人工智能为代表的Web3.0时代，"智慧空间"也异军突起。

图书馆空间主要形态[①]

空间名称	起源	定义
信息共享空间	1992年，"信息拱廊"在美国爱荷华大学成立	物理空间（PC）+虚拟空间（VC）=信息共享空间（IC）。其中，PC和VC是融通的，空间整合实体环境和虚拟环境下的资源与服务
学习空间	2004年，美国南加州大学图书馆意识到IC不再是图书馆孤立的存在，提出了真正意义上的"学习共享空间"概念	运用先进技术，通过图书馆与校内各部门、全体员工的通力合作和参与而搭建的支持学生协同学习、个性化学习的学习社区和资源中心。它的核心是学生的学习需求，目标是知识创造
创客空间	2011年，美国费耶特维尔公共图书馆成立"Fab Lab"	创客空间=致力于创意交流的社区平台+相对于虚拟环境的实体空间。通常是一个带有机械加工和器材设备的开放实验室或工作室
智慧空间	2015年，刘宝瑞等人发表了国内首篇"智慧空间"与图书馆结合的中文文献	以用户为核心，可以高度感知、分析、记忆、服务用户的自组织系统。主要应用了物联网、云计算和智能技术，包括感知空间、物理空间、虚拟空间、支持空间多个层次

① 单轸、邵波：《国内图书馆空间形态演化探析》，《图书馆学研究》2018年第2期，第21—22页。

建基于技术进步之上的数字图书馆的形成和发展，使图书馆在空间建构上进入了一个新的历史时代。在数字技术大发展之前，图书馆以现实的具有几何形式的建筑和可触摸的文献材料表现自己，这些建筑由于空间的限制，只能容纳有限多的文献资料；图书馆的入口还装有实实在在的门，可以把不受欢迎或者不愿意接纳的人拒之在外；它的管理者可以按照自己的意愿给读者提供有限度的选择；如此等等。总之，在数字化的虚拟空间出现之前，即使是所谓的公共图书馆，也无法将知识供应最大限度地带给所有公民；也就是说，面对这样的图书馆，公民之间是不平等的，而图书馆与其读者之间的关系也是不平等的。数字图书馆则极大地改变了这一面貌，虽然还有各种限制，譬如普遍采用的注册制等，但相对而言，图书馆作为人类知识的象征和最具代表性的公共文化空间之一，在数字时代才在技术上具备了达到最大开放程度和最彻底平等化的可能性。从理论上说，任何数字时代的读者，不论距离多么遥远和身份多么"特殊"，也不管他或她采取的登录方式是否合乎规定，只要能够登录到图书馆的网络上，他或她就可以和别的任何读者一样平等地获取信息，甚至可以将自己的思想、兴趣、感情等等主观的东西与他人分享，在特定的虚拟空间进行交流和讨论。在此意义上，图书馆只有在这时才前所未有地实现了知识和思想的共有、共享，前所未有地实现了服务的公平，前所未有地体现了图书馆的公益属性。

2. 公共性的回归

数字图书馆建设从技术上为扩张图书馆的公共性提供了基础，而向公益性的回归则从制度上促进了图书馆公共性的全面落实。

在进入21世纪以前，中国图书馆学界对于图书馆性质的认识，总体上还停留在将其视为资料/信息中心的地步。也是因为这个原因，图书馆作为信息的汇聚地和掌握者，才可以将"自己所有的信息资源"作为商品予以出售。但是，进入21世纪以后，这种观念逐渐遭到了学界的质疑，图书馆，尤其是公共图书馆是否可以切实体现出公共性日益受到了重视。范并思从公民权利的角度出发，将公共图书馆作为一种保障公民平等享有信息权的基础性社会制度安排予以看待："从社会的角度看，其他类型的图书馆只是一种单纯的社会机构，……而公共图书馆不但是一种社会机构，而且是一种社会制度。就像现代学校的出现代表了现代教育制度出现一样，公共图书馆的出现代表了一种社会信息保障制度的形成。……公共图书馆代表的是一种社会用以调节知识或信息分配，以实现社会知识或信息保障的制度。公共图书馆制度能够保障社会信息利用机会的平等，保障公民求知的自由与求知的权利，从而从知识、信息的角度维护了社会的公正。"①范并思的观点在当时并不是个案，而是图书馆学界逐渐形成的共识。2004年，中国图书馆学会在苏州召开了以"回顾与展望——中国图书馆事业百年"为主题的年会。该会议"回顾百年来中国公共图书馆事业所走过的历程，重新思考公共图书馆存在的理由，重拾缺失的百年来积淀的图书馆精神，解脱了因历次政治运动而放弃了职业话语权而成为一种政治的附属品、并实行差别服务的桎梏，解封了百年来公共图书馆固有的平等、免费服务理念，展望了中国公共图书馆事业发展的路向。这次年会，是……中国图书馆史上的一个里程碑"。②以这次会议形成的共识为基础，由范并思等人起草，中国图书馆学会2008年2月发表了《图书馆服务宣言》，宣言说：

"图书馆是通向知识之门，它通过系统收集、保存与组织文献信息，实现传播知识、传承文明的社会功能。现代图书馆秉承对全社会开放的理念，承担实现和保障公民文化权利、缩小社会信息鸿沟的使命。中国图书馆人经过不懈的追求与努力，逐步确立了对社会普遍开放、平等服务、以人为本的基本原则。"③

宣言提出了图书馆建设的七大目标，其中第一条强调"图书馆是一个开放的知识与信息中心，图书馆以公益性服务为基本原则，以实现和保障公民

---

① 范并思：《维护公共图书馆的基础体制与核心能力——纪念曼彻斯特公共图书馆创建150周年》，《图书馆杂志》2002年第11期，第4页。

② 邱冠华：《追梦十年：公共图书馆服务实现均等高效的探索》，上海科学技术文献出版社2014年版，第50页。

③ 转引自吴晞：《营造"天堂"：深圳图书馆之路》，深圳报业集团出版社2019年版，第254页。

基本阅读权利为天职，以读者需求为一切工作的出发点"。①出现在本条中的开放、公益、公民权利和在其他几条中提出的平等服务、资源共享等等理念，是国际上公认的公共图书馆的基本属性。《图书馆服务宣言》的发表，表明开放、公益、平等、服务等理念已经成为学界的普遍共识，基于这些理念的图书馆的公共性已经"不辩自明"。

公共图书馆的公共性与其商业性是冲突的，因为向读者收取信息服务费用，一定会将部分读者拒之门外，事实上是在剥夺公民平等享有信息的权利。但是，公共图书馆在二十世纪八十年代以后逐渐商业化、产业化的趋势有其现实的理由，那就是图书馆因为国家财政投入不足而缺乏必要的、充足的经费维持运营。因此，落实图书馆以公益性为核心的公共性，不仅仅是学界要有共识，更重要的是财政投入要满足需要——财政投入制度的变革才能发挥实在的力量。1996年10月，中国共产党第十四届六中全会召开。会议通过了《中共中央关于加强社会主义精神文明建设若干重要问题的决议》，其中第23条明确提出"对政府兴办的图书馆、博物馆、科技馆、文化馆、革命历史纪念馆等公益性事业单位，应给予经费保证。"稍后，国务院发出《国务院关于进一步完善文化经济政策的若干规定》，在政策上对如何支持图书馆的发展作出了具体规定。在中央的促动下，各地先后出台措施，就如何保障公共图书馆等公益性文化机构的经费作出了规定，有效缓解了公共图书馆的财政窘迫状态。1999年末中国加入WTO，"与世界接轨"成为社会发展潮流。在人们的观念迅速更新的同时，国家的经济实力也得以突飞猛进，这为公共图书馆实行完全的免费服务奠定了基础。

转折点来自2006年。这一年的6月，杭州图书馆联合全地区所有公共图书馆颁布了《杭州市公共图书馆服务公约》，向社会作出了公共图书馆免费服务的承诺；11月，新落成的深圳图书馆秉持公共图书馆为"天下之公器"的精神，宣布和实施"开放、平等、免费"服务，在全国引起了轰

---

① 转引自吴晞：《营造"天堂"：深圳图书馆之路》，深圳报业集团出版社2019年版，第254页。

动；①2007年12月1日，浙江图书馆宣布从此日起实行免费服务制度，此后各省级图书馆相继跟进；2008年春节，具有符号意义的国家图书馆宣布减免收费项目，免费服务之风由此席卷中华大地。《中国青年报》的一篇题为《图书馆回归"公益"》的文章这样描述宣布免费服务后的国家图书馆：

北京人发现，如今图书馆对读者"分文不取了"。记者了解到，为进一步推进首都公共文化服务体系建设，让广大读者更便捷获取图书馆文献信息服务，北京市24家公共图书馆已经统一取消读者卡工本费，方便和吸引广大读者走进图书馆、利用图书馆。同时，作为图书馆中"老大"的国家图书馆全面减免收费项目……图书馆"悄然"回归公益了。

……

担任着启迪民智重任的公共图书馆，不能再满足于过去的"藏书馆"状况，而是要琢磨如何把读者引进来，把精神文化传播出去。国家图书馆副馆长陈力……说："其实，图书馆不只是为查资料而设，这里是大众阅读的场所、是市民终生学习的场所、是文化休闲的去处。图书馆今后可以为市民提供更多延伸服务。"②

在图书馆重新确认其公共性的大潮之下，2011年1月，财政部、文化部联合下发了《关于推进全国美术馆、公共图书馆、文化馆（站）免费开放工作的意见》，明确要求在年底之前全国所有公共图书馆公共空间设施场地免费开放，基本文化服务项目健全并免费提供。之后，财政部又发布了《关于加强美术馆、公共图书馆、文化馆（站）免费开放经费保障工作的通知》，要求各级财政部门加强美术馆、公共图书馆、文化馆（站）免费开放的经费保障工作，建立健全经费保障机制，并对免费开放经费保障分担原则和补助标准进行了明确。这两个文件的出台，从国家层面为公共图书馆落实其公益性提供了坚实的制度保障。2017年，《中华人民共和国公共图书馆法》颁布，其第四章第三十三条规定"公共图书馆应当按照平等、开放、共享的要

---

① 《深圳图书馆馆长吴谈深图的服务创新理念与实践：开放·平等·免费》，《深圳特区报》2006年12月13日。

② 《中国青年报》2008年2月21日。

求向社会公众提供服务",并规定"公共图书馆应当免费向社会公众"提供包括文献信息查询和借阅、阅览室及自习室等公共空间设施等四类服务。①在法律和政策的促进下,截至2021年底,全国所有3215个公共图书馆全部免费开放。②

"公共性是公共图书馆的本质和灵魂"。③历史证明,公共性实现的程度,决定了图书馆对于人类进步所做贡献的程度。经过二十世纪八十、九十年代的产业化尝试,公共图书馆最终借助于公益性回归到自己作为公共文化空间的根本规定性上。

小　结

如果将公共性的实现程度作为衡量标准,从中西图书馆的发展历史来看,其轨迹是基本一致的,即都由封闭逐步走向开放,由专为少数人服务逐步走向为所有公民服务。区别是,西方图书馆公共性的扩张是其历史自然演进的结果,而中国自清末以后才模仿西方建立了现代意义上的图书馆,其关于图书馆性质、功能的理解都来自西方,是向西方学习的结果。

中华人民共和国成立以后图书馆公共性的发展历史,从宏观的角度看,可以1978年为界分为两个大的时期:第一时期从建国初期到1978年党的十一届三中全会召开之前。在这一阶段,通过开门办馆、图书下乡以及根据临时需要在不特定地区设立流动分馆、在基层广泛建设微型图书馆(如里弄图书馆)等多种方式,图书馆的公共空间边界得到了在当时的技术条件下最大限度的扩张。众所周知,"阶级斗争"是统领这一时期各领域的主要话语,

① 《浙江文化年鉴2018》,浙江工商大学出版社2019年版,第432页。
② 中国网财经:《文旅部:截至2021年底,所有公共图书馆、美术馆和91%的博物馆免费开放》,https://baijiahao.baidu.com/s?id=1742009376664780597&wfr=spider&for=pc。
③ 席涛:《公共图书馆公共性之分析》,《四川图书馆学报》2005年第3期,第2页。

所以图书馆公共空间的扩张，主要是在建设"人民图书馆"的思想指导下，向以工农为主体的基层社会的扩张，同时对于被划为"阶级敌人"的一小部分人，则剥夺了他们进入图书馆的权利。在人类知识发展史上，知识与权力之间是互相生产的"同谋"关系，占有知识并利用知识服务于统治从来都属于一小部分人的特权，而人民图书馆建设在理论上和部分地在实践上建立起了知识与占人口绝大多数的普通人——这些人在过去的数千年里一直是被压迫者和被剥夺者——之间的关系。虽然这一时期的图书馆建设存在着过度政治化的问题，但站在这些曾经的被压迫者的立场看，其进步意义绝不可以被低估。第二时期从1978年一直到现在。这个阶段的图书馆公共空间建设实际上有两条基本线索：一条是现代化，另一条是公益化。现代化主要指图书馆在文献收藏、检索、供给等领域持续不断地进行技术改进。其中，信息技术是图书馆现代化的关键。二十世纪八十年代，当电子计算机还是大部分中国人闻所未闻、见所未见的新事物时，大型公共图书馆已经在尝试使用计算机进行文献整理了。进入二十一世纪，借助信息技术的突飞猛进，更是建成了全国性、立体性的"数字图书馆"——图书馆的空间边界通过技术方式真正达到了"无远弗届"的地步。信息技术进步也促成了图书馆与读者关系的改变：只要有互联网存在，读者无须亲临图书馆，就可以随时随地检索、获取自己所需要的信息。总之，图书馆现代化的结果，就是极大地、实质性地弱化了物理空间所造成的限制。相对于技术现代化而言，图书馆公益化却经历了一条曲折之路。1978年以后，在市场经济的冲击下，"以文养文"等等以获取经济收益为目的的改革，使原先由政治关系所调节的阅读空间建构逐步被由经济关系所调解的空间建构取代，由此而导致的读者流失，对于图书馆公共性建设所造成的后果，甚至较之1978年以前更为严重。所幸这种情况在进入二十一世纪后逐渐得到改变，在政府、业界和学界的共同努力下，通过推行开放、平等、免费的公益服务，公共图书馆的公共性在新的基础上得以重建。如果说1978年以前的图书馆是阶级话语主导下的"人民图书馆"，那么经过二十余年的变化，二十一世纪的图书馆就是建基于"公民权利"话语之上的"公民图书馆"。

第三章
城市剧场公共文化空间的变迁

    剧场是人类社会最早形成的公共文化空间之一。剧场空间的公共性，从物理的方面讲，体现在内部空间，尤其是舞台空间与观看空间的设计上；从社会的方面讲，体现在演员与观众、观众与观众所形成的关系上。剧场不是消极地等待着演员和观众去填满的空洞的空间，它其实是一种特殊的话语表达。剧场空间是一种具有生产性的公共空间。如阿多·凡·艾克所言："无论空间和时间意味着什么，场所和场合都有更加丰富的含义。在一个人的印象中，空间即是场所，而时间即是场景。"①

---

① ［英］布莱恩·劳森（Bryan Lawson）：《空间的语言》，杨青娟等译，中国建筑工业出版社2003年版，第135页。

第一节　剧场空间的历史发展

（一）西方剧场空间的发展

1. 神圣化的古希腊剧场空间

人类文化学的研究结果表明，原始人类的巫术活动是一切艺术的起源。在古代希腊，酒神狄奥尼索斯（或译狄俄尼索斯）不仅主宰着葡萄的丰收和葡萄酒的酿造——这是希腊人最重要的农业活动，而且似乎还主宰着人类的生殖与死生。"狄奥尼索斯崇拜……是一种以生命—复活为主题、祈求葡萄丰产的祭典。"[①]每年的春天和秋天，希腊人要举行两次祭奠狄奥尼索斯的游行和演出活动。春祭用于哀叹酒神在尘世所受的苦难并歌颂酒神的复活；秋祭用于庆祝葡萄丰收和悲悼酒神的死亡。从现有资料来看，这几乎是希腊规模最大的祭祀活动，同时也是全民的狂欢活动。在祭祀日，有人扮成酒神模样，手执华美的神杖，头戴常春藤花冠，被浩浩荡荡的祭献队伍簇拥着前往神庙。在"神"的前面，是一群穿着节日盛装的妇女，她们头戴花环，头上顶着盛满祭品的篮子，还抬着庞大的"法勒斯"（男性生殖器模型）。在"神"的后面，跟着一群各种打扮的信徒，其中有的扮演人身羊腿、爱喝酒胡闹的半人半羊神；有的扮演烂醉如泥、衣服染满酒渍的阳物崇拜者；还有的穿着尸衣、把脸部涂成死白色，扮演阴森恐怖的地狱之客。当游行队伍走进祭台向酒神呈献作为牺牲的山羊时，他们就载歌载舞吐露对酒神的崇敬，叙述狄奥尼索斯一生的事迹，这献给酒神的歌就称为颂神歌。颂神歌由装扮半人半羊神的歌队咏唱，有领唱者，并用双管箫伴奏。半人半羊神俗称羊人，歌队就称为羊人歌队，而所唱的歌则被称为山羊之歌。

古代希腊的悲剧和喜剧，都起源于祭祀酒神的宗教仪式。而祭祀活动的特点，也深刻影响了希腊剧场的空间形式。首先，因为剧场要向所有的公民完全开放，所以剧场虽然有入口，但是没有实质性的围墙。换言之，希腊的

---

① 魏凤莲：《狄奥尼索斯崇拜探析》，《世界历史》2005年第3期，第84页。

露天剧场在理论上属于完全开放的公共空间。其次，剧场的规模很大，可以容纳数百至数千人，有的甚至达到上万人。譬如公元前350年～前340年建造的埃匹多拉斯剧场（The Theatre of Epidaurus）初建时有34排观众席，可容纳6200位观众，扩建后更是达到55排，可容纳14000位观众。[①]再次，剧场的空间布局日益完善。公元前6世纪以前，剧场一般由观众区和表演区两部分组成。观众区位于山坡上，呈半圆形或者扇形；表演区位于观众区的下前方，由一片半圆形（或者三分之二圆形）的区域和一座四方形的平台共同组成，平台中央设有祭坛。到了公元前5世纪至公元前4世纪，除了观众区和表演区之外，剧场内部还出现了第三个空间组成部分——用于演员化妆及存放道具的景屋（skene）。在有些剧场里，景屋前方还有一个凸出地面的表演区域，这便是现代剧场中舞台前部的雏形。

目前发掘出来的最早的古希腊永久性剧场，是公元前525年左右在阿提卡建设的索里科斯（Thorikos）剧场。已经发现的建于公元前450年～前150年的古希腊剧场，则有65个以上。

埃匹多拉斯剧场遗迹照片
（图片来自网络）

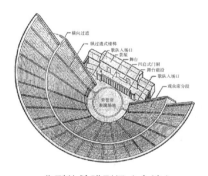

典型的希腊剧场（俞健）

古希腊剧场所表演的节目，全部是传说中的神的故事。不仅如此，一些学者认为剧场的空间形式也具有宗教的意蕴：

---

① 俞健：《古希腊剧场、古罗马剧场》，《艺术科技》2007年第4期，第3页。按，关于埃匹多拉斯剧场的大小、座位、容纳人数等数字，不同的资料稍有出入，本书采取俞健所用的数字。

"在这样得天独厚的剧场环境中，光线扮演了神一样的角色。光使得我们可以看见事物，但是它本身是不可见的。……希腊哲学家有各种不同关于光的寓言，他们认为白昼和光就如同真理和美，因此，他们认为人造的光无法完全地照亮事物，无法表现出事物真正的美和神的完美。所以当时的剧场一律在白天演出，并且不采用任何人工光源。极为隆重的'狄奥尼索斯（Dionysus）酒神节'的庆典表演活动从第二天起便在'半圆形剧场'中进行，上演悲剧、喜剧和撒特剧，要在自然的日光下持续整个白天，直到节庆结束。而日光赋予剧场和人民以一种真理和神佑的关注。"①

对于古希腊人而言，剧场和神庙一样，是他们基本信仰的再生产中心。正是基于剧场与希腊人基本信仰之间的密切关系，它才进一步与公民们的政治生活、与希腊民主制度联系在一起。苏联历史学家塞尔格叶夫认为希腊民主和希腊戏是互相促进的，他说："演剧只在酒神狄奥尼索斯祭的节日进行，初时只是祭仪的附属品。后来剧场才逐渐取得社会意义，成为政治的论坛，休息与娱乐之地。希腊城邦的一般文化的高水准，在很大的程度上应该归功于组织民众、教育民众、启发民众的戏剧。演剧与民主的城邦是不可分离的，城邦的民主而没有演剧是不能想象的，有时候全城大概有一半人口都前往观剧。"②公元前5世纪，伯里克利执政时期，雅典不仅兴建大型剧场，组织戏剧竞赛，并且发放观剧津贴，鼓励公民看戏。开放的剧场构成了古希腊公民参与公共生活的主要场所之一。

2. 世俗化和阶级化的古罗马剧场空间

古罗马剧场从古希腊露天剧场的既有形式发展而来。在空间形式上，古罗马剧场发生了以下几个较显著的变化：一是摆脱了对地形的依赖。古希腊剧场大多依山坡而建，但因为古罗马人已经掌握了希腊人未曾掌握的拱券技术和混凝土制造技术，所以可以自由地选择在空旷平坦的城市中央建设独立的剧场。古罗马的大多数剧场都位于城市中。二是空间形制更为多样。由于

---

① 张小晨：《神佑的古代剧场》，《歌剧》2007年第10期，第49页。
② ［苏］塞尔格叶夫：《古希腊史》，缪灵珠译，高等教育出版社1955年版，第318页。

采用了拱券式结构，罗马剧场在空间设计上既可以是半圆形的，也可以是圆形的，前者如马采鲁斯剧场和奥朗日剧场，后者如庞贝剧场和特利尔剧场。三是空间规模更为庞大。如弗拉维圆形剧场（又叫科洛西姆竞技场）占地面积约2万平方米，长轴约为188米，短轴约为156米，圆周约527米，围墙高约57米，可以容纳近九万的观众。[①]庞贝大剧场可以容纳5000名观众，而庞贝城总人口只有2.5万人。四是空间处理更追求规则有序。罗马剧场的观众座席虽然也采用了古希腊半圆形的样式，但没有像希腊剧场那样采用平行的长石凳，而是将座位排列成一层高过一层的有规则的阶梯，同时设计了纵向直线状的过道和楼梯。另外，剧场上下层都设置了有固定编号的券洞作为出入口，观众可以根据自己的座席号码找到相应的出入口进出剧场。为了防止意外事件发生，剧场内还建有专为疏散观众的环廊。所有这些空间上的精细的功能设计，表明罗马人的生活较之希腊人更加受到秩序和规则的制约，这是人们价值观念变化的一个表征。五是空间装饰的内容趋于世俗化。古希腊剧场空间装饰所描绘的内容，全部与诸神的故事有关，而罗马人则转向以花草枝叶等植物细部、蜗牛等小动物、历史人物故事为主，所刻画的内容更加世俗化。这一变化所反映的不仅仅是建筑技术的进步，它同时反映了罗马公民生活方式的变化，即人们社会生活的重心正在经历从"神圣"到"世俗"的变迁。[②]

罗马帝国期间，罗马人在其所属的版图内建了大约125座剧场。在已经发现的古罗马剧场遗址中，建于公元前1世纪奥古斯都时期、位于法国南部沃吕克兹省的奥朗日剧场（The Theatre of Orange）保存最为完好。奥朗日剧场直径约104米，观众席可容纳观众7000人左右。舞台面阔约62米，深约13.7米，高约1.6米。由于观众席与舞台建筑连成一体，相当于古希腊剧场的圆场部分近似半圆形，称为乐池，这是为特权阶层看戏的保留位置。剧场的后

---

① 百度百科"科洛西姆竞技场"词条。https://baike.baidu.com/item/罗马斗兽场/64716?fromtitle=科洛西姆竞技场&fromid=3535320&fr=aladdin。

② 关于古罗马剧场建筑空间特色的叙述部分参考了刘虹、张岩青、曲凌雁的论文《古罗马剧场建筑特色及其形成原因和影响》，见《世界地理研究》2011年第1期，第102—105页。

台建筑长约98.8米，高约37米，舞台和后台之间有三个上下场门，两翼还有两个门，不同身份的人走不同的门进出。此外，位于罗马城中的马采鲁斯剧场建于公元前44～前33年，剧场直径约为130米，可以容纳10000～14000人，舞台面阔80～90米，两侧有大厅；阿芙罗狄西斯剧场位于今土耳其境内，始建于公元前1世纪，可以容纳8000人。在阿芙罗狄西斯剧场的内墙上，有奥古斯都、图拉真、哈德良、康茂德、塞普蒂默斯·塞维鲁、卡拉卡拉、亚历山大·塞维鲁和戈尔迪三世8位皇帝的题词。该剧场座位排距约66厘米，每排升起约43厘米，座位升起坡度约1∶1.5。观众席面向东南偏东方向，为减少太阳光对观众的照射设置了遮阳棚。[①]

 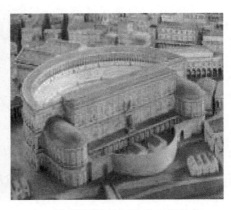

古罗马奥朗日剧场（图片来自网络）　　　　马采鲁斯剧场（图片来自网络）

古罗马剧场是罗马帝国最重要的公共文化空间之一。罗马人公共的社会生活主要在这一空间内展开，剧场空间的体量、建筑的形式和装饰的风格等等，无一不体现出当时罗马帝国上层统治阶层的自我意识及审美观念。对于罗马帝国的统治者而言，剧场的宏大气派正足以显示出帝国力量——文化的和物质的——强大，是帝国展示其霸权的"表现性公共领域"。首先，建造这些巨大建筑需要大量的奴隶和无数的金钱，而这些奴隶和金钱绝大部分来自帝国的武力劫掠，这从侧面"说明"了帝国的强盛与武力之强大。其次，

① 关于奥朗日剧场、马采鲁斯剧场、阿芙罗狄西斯剧场的有关数字来自俞健的《古希腊剧场、古罗马剧场》（《艺术科技》2007年第4期，第6—7页）。

建筑技术的精巧和完美也显示出帝国具有高于周边其他国家的文化水准，通过这种对比就树立了罗马文化的中心地位，形成了文化权力上的中心-边缘化差序结构。再次，浮华的建筑展现了罗马上层贵族的审美情趣，那就是对于世俗化的奢靡生活的向往和炫耀。这一点尤其表现在剧场的装饰性石柱上，这些脱离了实用价值的石柱外观华美，排列紧密，有的非常巨大，有的则将几种柱式叠加在一起，常常是有几层建筑就有几层柱式，每一层的柱式风格都不相同。最后，还必须注意到剧场是一个充满了阶级压迫的空间。罗马剧场是封闭的空间，非罗马公民只有得到特别的允许才可以进入。那些在皮鞭和死亡的威胁下，用生命筑就了这些令人叹为观止的巨大建筑的劳动者，无论是建筑师还是工匠，却被拒绝进入其中。罗马剧场还被用作贵族取乐的角斗场，无数的奴隶在这里被野兽活活吞噬。"罗马人把竞技场当作国力和精神的象征，他们把原来的运动场甚至剧场改造成竞技场，用来进行角斗表演。"①当这些巨大的空间被用作剧场时，人们看到的是人的表演；而当它们被用作角斗场时，人们看到的则是人与兽、人与人之间的生死搏击。这种以他人的非正常死亡作为娱乐方式的活动，虽然有其历史上的渊源，放在当时具体的历史语境中也具备"合理性"，②但是从今天的观点来看，无疑是极不人道的。③罗马人对于角斗的迷恋也形成了一种矛盾的社会心理，

①　方千华：《竞技运动表演论》，人民体育出版社2008年版，第133页。
②　赵岷、李金龙、李翠霞在《从仪式到表演：古罗马角斗活动的文化学剖析》中说："罗马角斗活动导源于墓地葬礼仪式，而后随着罗马社会的发展逐步演变为一种表演活动。剖析整个角斗活动的演变历程可以发现，罗马角斗表演实质上是罗马征服文化的一种社会映射，在角斗表演中掺杂了许多政治、文化、习俗和人性因素，角斗表演在罗马不仅是一项娱乐表演活动，同时它也承担着一种教化作用。"见《西安体育学院学报》2015年第2期，第152页。
③　奥古斯都在其《神圣罗马皇帝奥古斯都之伟绩》中记载："我以自己的名义举办了3次角斗士游戏。我还以儿孙的名义举办了5次角斗士游戏。在这些游戏期间，大约万名角斗士对阵身亡……在马克西默斯马剧场、罗马广场和圆形剧场，我还以个人的名义或儿孙的名义为民众奉献了26场有从非洲运来的野生动物参加的狩猎表演，大约3500头动物被杀。"（转引自赵岷、李金龙、李翠霞：《从仪式到表演：古罗马角斗活动的文化学剖析》，《西安体育学院学报》2015年第2期，第153页）

因为角斗士在角斗场所展现的力量、智慧、勇气、技巧等等这些属于人的本质力量的东西，他们获得了广泛的赞颂和追捧，他们的名字被刻在灯座上、戒指上和瓶子的底盘上，他们赢得了无数少女的芳心，甚至被诗人赞扬为"和战神玛尔斯一样光荣""独一无二，盖世无双"的人，[①]但是他们始终是没有任何人身权利的卑贱的奴隶，是一种供贵族们娱乐的工具。以真实的生死为内容的暴力游戏的公开化、表演化、仪式化，赋予了罗马剧场这个特殊而重要的公共空间别样的色彩。

3. 基督教主宰下的中世纪剧场空间

长达一千多年的中世纪在很长一段时间内被视为黑暗时期，仿佛"现代社会"是直接承接了古代希腊，最多再加上古代罗马的辉煌文明，而不是从中世纪的子宫里分娩出来的一样。这样一种认识已经遭到了越来越多的质疑，对于中世纪的深入考察发现，在基督教社会这一僵化的面具之下，中世纪创造了许多深刻影响了近现代西方历史的事物，这些事物从内在的观念一直延伸到制度的创建。奠定今天欧洲政治制度理论基础的契约思想、影响了人类思想发展和技术创新的大学制度等等，都是其中显著的例子。阿诺德·汤因比（Arnold Joseph Toynbee）在列举了将教会视为毒瘤以及将教会视为文明再造过程中的"蝶蛹"两种不同的思想后，说："我依然认为，与那种把教会视为毒瘤的观点不同，把普世教会视为蝶蛹的观点就其本身而言是正确的。"[②]当然，所有的一切都必须包裹在宗教的斗篷之中，戏剧和剧场也不能例外。

基督教会一开始便欢迎戏剧。这很容易理解，因为初期的教士们是一些心甘情愿将全部身心奉献给上帝的人，世俗生活对他们来说构成了接近上帝的最大的障碍。因此他们离群索居，通过苦修和远离尘世来达到赎罪和接近上帝的目的。他们排斥、憎恶一切感官享受方面的事物，古代罗马人那种世俗、奢靡的生活对于这些上帝的信奉者而言，乃是引人堕入地狱的魔鬼的圈

① ［法］瓦诺耶克：《奥林匹克运动会的起源及古希腊罗马的体育运动》，徐家顺译，百花文艺出版社2005年版，第126页。
② ［英］阿诺德·汤因比：《历史研究》，郭小凌等译，上海人民出版社2010年版，第667页。

套。圣奥古斯丁就曾把戏剧称作使魔鬼高兴的"破坏性极大的瘟疫"，①戏剧不但鼓动人的情欲，而且与教义不合，因为根据基督教的教义，演员扮演剧中人物有偶像崇拜之嫌，穿戴戏服则违反摩西戒律。4世纪末，当基督教成为罗马的国教后，教廷禁止公开演剧，规定凡是演员及其子女都不能接受洗礼，紧接着教会就开始焚毁剧本和破坏剧场。不允许教徒参与戏剧活动这一规定甚至延及到了17世纪，法国的新古典主义喜剧大师莫里哀就因为组织剧团而被开除了教籍。4世纪以后，从古希腊以来的戏剧传统在教会的强力干预下至少在表面上消失了。

初期的基督教思想家看到了戏剧活动与基督教精神的对抗之处，但是没有注意到戏剧的另一个功能，即在造纸技术和印刷技术没有突破（中国的造纸术和印刷术是在十世纪以后才逐渐传入）、人口的识字率非常低下的时代，戏剧是最有效的意识形态传播方式。消灭了戏剧，基督教自身也失去了一种极其有效的传播方式。这就像一辆载着敌人的马车，基督教将车上的敌人连同车子一起消灭了。显然，对于一心想将"上帝的福音"带给更多人的教会而言，没有车子就无法行走得更远。所以到了十世纪以后，戏剧这种传播方式重新得到了重视。在经历了四五百年的中断之后，戏剧以一种全新的方式重新出现了。很显然，这不是古希腊和古罗马戏剧传统的延续，因为传统已经中断了数百年，人们早就不知道那时的情况了。

基督教社会的戏剧从表演的内容、演出方式和演出场所等各个方面，都具有了全新的面貌。最早出现的是宗教仪式剧。宗教仪式剧起源于教会举行的祭礼仪式，在这些仪式上会发生牧师和信众之间的互动，而为了通过强烈的感情效果更好地吸引受众，这些互动逐渐具有了戏剧的成分。譬如，在耶稣受难日这天的崇拜活动中，神父经常会将一个十字架包在葬衣中，放在象征性的坟墓中，待到复活节再拿出来，象征耶稣的复活；在棕枝主日这天的崇拜活动中，教士会扮装成耶稣，假装骑驴从城外进城。这些仪式具有情节、人物、扮演等戏剧成分，十字架、坟墓、鸽子、棕榈等教会的标志品也具有道具的性质。基督教最看重的仪式弥撒也具有戏剧的成分，弥撒的原

---

① 葛英：《黑暗千年的中世纪戏剧》，《戏剧之家》2001年第2期，第11页。

型是圣经中"最后的晚餐",弥撒仪式的核心是对"最后的晚餐"的"摹拟"。有学者认为附加在基督教祭祀仪式上的"附加段"具有"准戏剧"的性质,是中世纪戏剧的雏形,"在复活节和圣诞节'附加段'的基础上,随着越来越多的对话内容和人物的增加,以及对其中扮演的指令性要求,'附加段'从准戏剧最终成为了戏剧——教堂仪式剧。"①以教堂仪式剧为基础,中世纪的戏剧逐渐向着更为成熟的方向发展,最终形成了不同的比较完善的宗教剧系统,其中主要类型有三种,即神秘剧(Mystery Plays)、奇迹剧(Miracle Plays)和道德剧(Morality Plays)。神秘剧是一种以《圣经》故事为基础的剧种,主要讲述耶稣生死和复活的故事。神秘剧最初由教士在圣坛上分别扮演不同的《圣经》角色,借助诙谐的诗体语言和简单的动作设计向民众宣传宗教教义。其通常做法,是将《圣经》中的段落联系起来,把不同的场景按照某一意图连接起来,由此构成一个具有连续性的故事。奇迹剧由神秘剧发展而来,通常是向教徒宣扬圣母玛利亚、圣徒或者殉道人所具有的超人能力和神奇遭遇,这些超能力和神奇遭遇在《圣经》中并没有相应的记载,完全出于戏剧编写者在民间传说基础上的想象和虚构。道德剧最早出现于12世纪,在15—16世纪达到巅峰。和神秘剧、奇迹剧比较起来,道德剧的娱乐性更强,而且混合了一些世俗的和半异教的因素于其中,因此比普遍的神秘剧更受欢迎,"道德剧和早期的神秘剧及中世纪的奇迹剧不同,后者将众所周知的《圣经》故事或圣徒们的生活逸事加以戏剧化,而前者则是通过人格化了的善恶力量来将人的生活戏剧化,人物本身成为善、恶、美、丑各类品格的符号代表。"②道德剧的重点是天使与魔鬼、善与恶两种对立力量对人的灵魂的争夺和斗争,因此剧中的角色有了增加,除了天使、圣徒等之外,还有魔鬼和一种类似于小丑的角色Vice。

中世纪时期没有建造任何永久性剧场,演出场所多为因地制宜、临时搭建的空间。从宗教仪式剧开始,宗教剧的演出就主要在教堂之中举行,由牧

---

① 郭晓霞:《论英国中世纪教堂仪式剧的萌发》,《戏剧文学》2016年第7期,第128页。

② 颜红菲:《中世纪的教会戏剧及其演变》,《襄樊职业技术学院学报》2007年第6期,第122页。这里关于神秘剧、奇迹剧和道德剧的描述,也参考了这篇文章。

师和其他神职人员担任演员。教堂是戏剧表演的第一大剧场。表演时，唱诗班在代表天堂的十字架楼厢上演唱，教堂地下室的台阶则常常象征地狱，教堂圣坛是主要的演出场所。圣坛放置在教堂十字形空间的中央，成为视觉焦点，也是舞台道具。到了十二世纪，因为戏剧的情节越来越复杂，角色也越来越多，圣坛已经不能满足需要，戏剧演出的空间扩大到整个教堂，中厅、侧厅、布道台、圣器所等都被戏剧演出所使用。"圣器所既用作舞台的进出口，演员也在内更衣；教堂的墓地是随意上下的地狱之门；圆形或交错而成的拱顶被用作特殊的上层舞台，在上面表演天国世界里的各种神灵和上帝，表演充满刺激性的空中飞人。教堂本身壮丽奇幻的背景，迷离的灯光，代表耶稣殉难的青铜十字架，透过时代所有的嵌花玻璃投射出来的迷幻光色，为戏剧演出增添了浓郁的宗教色彩和神秘气氛。"[1]从空间使用的角度看，以教堂作为演出场地的方法实际上将戏剧空间和宗教空间融二为一了。追溯戏剧形成的历史，就会发现这种戏剧空间与宗教空间的融合，实际上是回到了戏剧初始形成时的状态，那时的巫术仪式空间就是这两者的融合。从古希腊开始，戏剧表演空间逐渐独立出来，这一历史过程与戏剧宗教性的减弱和审美性的增强是同步的。在经过一千多年之后，宗教剧又在某种形式上回到了戏剧初起时的状态。

大约从13世纪开始，随着宗教改革的兴起以及古希腊罗马文明的再发现，宗教剧逐渐走出了教堂，改为在教堂前面的广场上表演。宗教剧一旦走出了教堂，变化便不可遏制地发生了：首先是戏剧语言的变化。原先的宗教剧都是用拉丁文，这时逐渐开始使用民族语言来表演；接着，社会上的非宗教组织也开始插手表演，这些组织有行会、商会、同人会等，这样就导致了戏剧在内容和形式上渐渐地走向世俗化。到了15世纪晚期，这些非宗教的团体已经成为资助、制作、组织戏剧表演的主力，"参加宗教剧演出的演员，通常是当地的官员和上层阶级，有时也会安排一些儿童来扮演天使，如果剧中出现女角，就由青年男子来扮演。……16世纪以后，宗教剧的世俗化倾向越来越明显，逐渐演化成完全采用世俗题材与真人真事的戏剧，成为宗教剧

---

① 葛英：《黑暗千年的中世纪戏剧》，《戏剧之家》2001年第2期，第11页。

与世俗剧之间的桥梁。"[①]对于后代影响很大的世俗剧就这样从宗教剧的躯壳中破茧而出。

当戏剧表演刚刚从教堂移到外面的广场上时，戏剧组织者基本上将教堂内的空间呈示方式直接平移出来：在广场东端立着十字架，天堂位于观众的左侧，地狱在右侧，中间为代表人世间的各个景观站。所谓景观站，就是简单的景观布置点。这些景观被用来代表事件发生的地点。一个戏剧中有多个地点，每个地点都以不同样子的景观站来代表，这些景观站在整个演出中固定在原地，不加撤换。"在中世纪，欧洲大陆的许多城市在广场上紧靠建筑物搭起长长的高起的舞台，常有三四十米，上面建有不同的景观站。全部排列在观众面前，或呈一字形或呈曲线形。"[②]除了景观站，还有公共表演区。演员一开始站在景观站边上，这是属于他所扮演的角色的空间。当轮到他表演时，他就从景观站走出来到公共表演区，演完了再退回景观站。

除了在广场上制作固定景观站的演出外，采用戏车巡回演出也是一种常见的方式。这是一种类似于中国传统的社火化妆巡游表演的演出方式，所不同的是演出全部由戏车组成，而且戏车依照表演的次序在每一个地点依次演出。戏车是一种由四匹马拉着的装有轮子的活动舞台，上面有预先设置的景观布景，在演出开始后，马拉着戏车从一个城镇转到另一个城镇，演出就在戏车的舞台上举行。演一出戏至少需要几辆戏车，有的甚至有十几辆。戏车演出取消了对于大型舞台的需要，流动演出的方法还能招徕更多的观众，因此很为流行。通常，第一辆戏车先在教堂大门口开始表演，等第一场戏演完，这辆车就向前到下一个演出点；而观众则在原地等着第二辆车上的演出，这样每一个演出点都会有一辆戏车在表演，直到这天轮到的戏车全部演完。戏车的出现大大拓展了演出的空间，在某种意义上将其所到之处都变成了剧场空间。

因为景观站、戏车等的华美装饰，以及演员常常由俗人担任，所以尽管所表演的内容是宗教性的，其宗教的意味却大打折扣而世俗意味日渐突出。

---

① 韩荞冰：《从图解教义到世俗化——欧洲中世纪戏剧演出》，《吉林艺术学院学报》2013年第4期，第25页。

② 郑国良：《中世纪演出造型艺术》，《戏剧艺术》2009年第5期，第89页。

尤其是在中世纪晚期，当世俗剧开始大行其道时，戏剧其实已经打破了舞台的限制，而允许更多的人参与到演出之中。也就是说，表演空间与现实空间的界限是模糊不清的，"越界"是一种常见的现象。在愚人节、国王喜庆日等狂欢场合里，杂耍艺人、游吟诗人编排了不少描写世俗生活的闹剧。随着城市的繁荣和市民阶级的壮大，16世纪以后出现了插剧（Interlude）和闹剧（Farce）两种市民阶级的剧种。插剧指的是穿插在冗长的盛宴中的一种短时演出，其目的是娱乐客人，同时展现作者的学养。闹剧则指以机智风趣的语言和滑稽夸张的动作来引起观众欢笑的短剧，类似于中国的滑稽剧。这两种短剧，虽然还存在着说教的地方，但无论是演出形式还是审美趣味都摆脱了宗教的束缚，其生动活泼的表现方式、丰富多彩的语言、鲜明的人物性格和谐趣的情节，都受到了下层民众的广泛欢迎，对文艺复兴时期的市民喜剧产生了很大的影响。

4. 资本主义逻辑支配下的近现代剧场空间

文艺复兴是在中世纪的母体内孕育的、处于旧世界向新世界过渡的一个阶段。这一时期的戏剧和剧场建设，既带有中世纪的痕迹，也有了重大的变化。变化的方向，一言以蔽之，就是在新的时代精神——新兴资本主义意识形态及其价值观——的指引下，重新引入了诸多古典时期的剧场空间元素。作为长期演变的结果，文艺复兴以后剧场空间的变化，主要表现在镜框式舞台（picture-frame stage/proscenium stage）的出现。

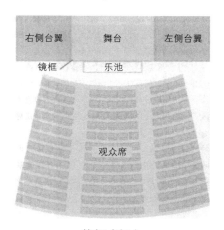

镜框式舞台

镜框式舞台剧场空间与资本主义的内在关系，可以从三个方面来理解：首先，这种剧场的空间分割关系隐喻了资本主义的生产和消费关系。从空间形式看，镜框式舞台其实将剧场内部空间分割为三个区域——观众区、表演区和后台区，其中表演区处于观众区和后台区的中间。在这样的空间区划下，戏剧产品的消费者，也就是观众的视角被聚焦到舞台上，就像其他一般性商品的消费者的注意力被聚焦在商品上。舞台口那显眼的、有时还有华丽装饰的方框，恰似商场中用于展示商品的橱窗。但是同时，观众只能看到导演想让他/她们看到的内容，"真实的生活"都隐藏在了幕后。从空间修辞学的角度而言，这就是资本主义商业逻辑的转喻：在巨大的、装饰华美的百货公司里，商店橱窗内摆放着琳琅满目的商品，消费者可以隔着柜台欣赏、选择商品，但是生产商品的场所却隐藏在消费者看不见的地方。其次，"科学"与"技术"这两个促使资本主义形成和直至现在还在推动资本主义发展的主要因素，也大量地体现在镜框式舞台上。譬如，布景在镜框式舞台上的使用非常普遍。对布景的使用早在16世纪以前就已经出现，意大利人赛尔里奥（Sebastiano Serlio）就曾画出了代表悲剧布景、喜剧布景及羊人剧的三幅固定布景画，不过他认为这三幅画可以普遍适应于一切戏剧的需要。[①]随着透视理论的发展，布景的设计及更换方法也得到进一步的完善，出现了透视布景（焦点透视和成角透视）和通过更换景片以随时创建新的仿真空间的方式。由于镜框式舞台上的幕布将观众和后台完全隔开，所以一切提前的布置都可以在观众无法看到的幕后完成，当幕布拉开的时候，一个虚幻的仿真空间就已经呈现在了观众的眼前。又如，因为幕布和框口的存在，基于工业技术而制造的种种装置，例如电灯光源、升降机械、音响设备等等，都可以在镜框式舞台中得到最大程度的使用，从而使得剧场空间不断"现代化"。再次，镜框式舞台与资本主义所要求的内心法则和社会价值观紧密联系在一起。居伊·德波（Guy Debord）在《景观社会》里提出当代资本主义的发展已经超越了它的生产阶段而到达景观阶段，这个阶段最突出的特征，是人们的日常生活已经被由广告、宣传、娱乐和其他种种虚假信息所构成的种种

---

① 顾春芳：《戏剧学导论》，广西师范大学出版社2020年版，第564页。

"景观"所包围和支配，真实的日常生活被它的虚假的表象所替代，"在现代生产条件无所不在的社会，生活本身展现为景观（spectacles）的庞大堆聚。直接存在的一切全都转化为一个表象。"①德波所批判的虽然是消费资本主义的社会景象，但是却和资本主义时代在剧场空间上最具有代表性、占据主导地位的镜框式舞台所展示出的隐喻意义完全一致，或者毋宁说镜框式舞台就是资本主义"景观社会"的浓缩——这个特殊的舞台借助于种种技术手段，为观众营造了仿佛是现实生活本身的镜像，社会的本真存在却因此而被遮蔽了：

首先，景观指"少数人演出，多数人默默观赏的某种表演"。所谓的少数人，当然是指作为幕后操控者的资本家，他们制造了充斥当今全部生活的景观性演出；而多数人，指的则是那些被支配的观众，即我们身边普通的芸芸众生，他们在"一种痴迷和惊诧的全神贯注状态"中沉醉地观赏着"少数人"制造和操控的景观性演出，这种迷人性的"看""意味着控制和默从，分离和孤独"。所以，鲍德里亚用"沉默的大多数"来形容痴迷的观众们。德波后来也曾经刻画过这个"大多数"，他说："观众简直被期望一无所知，一文不值。那种总是注视着观察下一步将发生什么的人从来不行动：这肯定是观众的情形。"其次，景观并不是一种外在的强制手段，它既不是暴力性的政治意识形态，也不是商业过程中看得见的强买强卖，而是"在直接的暴力之外将潜在地具有政治的、批判的和创造性能力的人类归属于思想和行动的边缘的所有方法和手段"。所以，景观乍看起来是去政治化的，"景观的最重要的原则是不干预主义"，然而，也只有不干预中的隐性控制才是最深刻的奴役。其三，在景观所造成的广泛的"娱乐"的迷惑之下，"大多数"将彻底偏离自己本真的批判性和创造性，沦为景观控制的奴隶。②

镜框式舞台的经典是集大成的巴洛克式的巴黎伽涅尔歌剧院和突破巴洛克式剧院模式的拜罗伊特节日剧院。伽涅尔歌剧院建成于1875年，剧场

---

① ［法］居伊·德波：《景观社会》，王昭凤译，南京大学出版社2006年版，第3页。

② 张一兵：《德波和他的〈景观社会〉》，见［法］居伊·德波：《景观社会》，南京大学出版社2006年版，代译序第11页。

长170米、宽100米，总面积 12250平方米；台口宽16米，高13.75米，栅顶高36.25米，舞台宽32米，深27米；观众厅有四层包厢，共2156座。剧院里的楼梯厅高大豪华，不仅满足了功能流线的需要，还为宾客们提供了富丽堂皇的社交环境。大休息厅里古典风格的柱子、雕刻、镜子、吊灯、挂毯等交相辉映，尽显奢华之风。拜罗伊特节日剧院舞台台口宽12米，高11.5米，栅顶高36.25 米；主舞台宽27.3 米，深24米，棚顶高30米，共有1745 座。与伽涅尔歌剧院比，拜罗伊特节日剧院的建筑更显凝重实用。①

二战以后，现代西方剧场空间建设仍以镜框式舞台为主。相比"二战"以前，舞台上增添了更多现代化的电器设施和机械设施，因此其营造的"景观"更为繁复和逼真。虽然在后现代主义的影响下，为了打破镜框式舞台将观众和演员隔离的"第四堵墙"，重建观众与演员之间的平等互动关系，出现了三面开放的伸出式舞台以及四面开放的中心式舞台，但是多带有试验性质而不占有主流地位。

（二）中国剧场空间的发展

1. 唐以前尊卑分明的私人剧场空间

世界上所有的剧场都起源于巫术仪式，中国当然也不例外。出于宗教氛围和巫术内容的需要，原始人一般选择山林空地、崖壑坝坪等适合制造巫术气氛的自然地形举行巫术表演，而其附近一定有峭壁岩石以便刻绘深含宗教意味的符号和图形，用以共同创造一个宗教氛围空间。到了农耕阶段，祭祀农事神明的拟态性乐舞活动（例如"葛天氏之乐"）改在田野上举行，甚至夏朝第一位君主启所组织的大型宫廷叙事乐舞《九韶》，仍然是在野外举行，所谓"舞《九韶》于大穆之野"（今本《竹书纪年·帝启》）。②到了西周时期，这种带有浓厚宗教意味的野外表演仍然存在。《诗经·陈风·宛丘》说："坎击其鼓，宛丘之下。无冬无夏，值其鹭羽。"朱熹的注说，"四方高中央下，曰宛丘。"又说，"大姬，妇人尊贵。好乐巫觋歌舞之

① 俞健：《镜框式舞台的历史与现状》，《艺术科技》2012年第3期，第2—3页。
② 见廖奔：《中国古代剧场形制沿革》，《文物》1996年第2期，第63页。

事，其民化之。"①这是说在宛丘这个特殊的场所，无论冬夏都有巫觋手持鹭鸶的羽毛制作的神器，伴随着鼓声歌舞降神。袁梅先生进一步说宛丘是一种"四周高中间低的游乐场"，又说诗里所说的令人深情向往的女子，是"以舞蹈为业的舞女（也是巫女）"②。从这里可以看出，在西周的时候，歌舞和巫术还没有完全分家。而歌舞的空间也就是宛丘，是一种四周高中间凹陷的地形。歌舞有鼓声伴奏，歌舞者还拿着具有通神作用的特制的器具，很有可能是装扮成为特殊的动物形象。

上古时代类似于"葛天氏之乐"这样巫术性的表演活动既然在野外举行，则其空间一定是开放性的。但是从西周中后期开始，一种专以娱乐为目的的歌舞活动从祭祀性歌舞活动中分化出来，这就是优的表演。也就是说，这时已经存在着两类性质不同的表演，一类是各种用于祭祀鬼神的具有神圣性、神秘性的表演，另一类则是专供贵族娱乐之用的滑稽性表演。前者的表演场所，依据祭祀对象的不同而不同，如祭祀天帝可能在野外，祭祀社神则在社庙，祭祀祖先又转移到宗庙，但是概而论之，此类活动都具有程度不等的公共性，因为鬼神和祖先并不专属于某个私人所有，而是属于整个国家或者氏族所有。但是新出现的娱乐性表演则完全不同，它是贵族的私人享受，所以其表演场所仅限于贵族的家宅之中，属于在私人空间中举行的私隐性文化娱乐活动。春秋战国时的优，史书提到的有施和孟两人。优孟因为巧妙地向君王进谏，甚至留下了"优孟衣冠"这样的成语。优是被贵族豢养的滑稽演员，其地位非常低贱，实际上是没有人身权的家奴。

西汉时期，随着张骞凿通西域，来自西域各国的歌曲、舞蹈、杂技等，与北方汉民族的歌舞、角抵相融合，形成了所谓的"百戏"。百戏并不专指某一类表演，而是对所有娱乐性演出的统称。"百"字言其多；而"戏"则说明其所具有的游乐、观赏性质，同时说明其属于文化秩序中的边缘性存在，与可以"迩之事父，远之事君"（《论语·阳货》）③、"经夫妇，成

① 《诗经》，［宋］朱熹注，上海古籍出版社1987年版，第54页。
② 袁梅：《〈诗经〉译注》，齐鲁书社1980年版，第350页。
③ 《大学·中庸·论语》，上海古籍出版社1987年版，第74页。

孝敬，厚人伦，美教化，移风俗"（《毛诗序》）①的诗文不可同日而语。百戏的演出对象也不是普通民众，而是统治阶层的达官贵人。在汉代严格的阶级制度下，普通的布衣平民实际上被剥夺了艺术观赏权。由此一个合乎逻辑的结果是，为了维持阶级的分野，百戏的表演场所也必须与平民进行严格的切割。张衡《西京赋》说汉武帝及其大臣们前往观看角戏表演时，"大驾幸乎平乐，张甲乙而袭翠被"。所谓"张甲乙"，就是专门为汉武帝和他的百官们准备的用于看角戏的帐篷；所谓"袭翠被"，就是帐篷上装饰着翠绿色的外饰。汉武帝这豪华的观演帐篷，大概算得上是最早的临时性看棚了。因为优人和百戏的演出都属于贵族阶级家庭性质的私人娱乐活动，所以表演的场所都处于贵族家庭之内，亦即室内的厅堂、室外的殿庭或者殿庭外的广场。②在这些临时性的演出空间，优人在中间较低的地方表演，观者则坐在四周的高椅上围观。观众席被抬高而表演场所低下的空间布局，反映了戏剧观赏关系中"观者贵族化"与"演者卑微化"趋势，这一趋势直到隋唐时期仍见诸文献。如《隋书·音乐志》记载隋炀帝时代百官元宵节看百戏"绵亘八里，列为戏场，百官起棚夹路，从昏达旦，以纵观之，至晦而罢"。戏场和看棚绵延八里，不可谓不盛大，可是戏场是以路面临时充当，看棚却是专门为官员们架设的。戏场的空间布局，可谓阶级关系的再生产。入宋以后，虽然娱乐性的公共文化空间大兴，但是在家庭内部厅堂演出的方式也保留下来，只是从贵族家庭下移到了一般的士大夫阶层和富商之家。这种在家内厅堂的演出，后世称作堂会，直到民国的时候还存在。

比较而言，中国古代历史上没有出现过任何类似于古代希腊和罗马那样可以容纳数千人的大型表演空间。出现这一状况的原因，当然不是中国

---

① 张少康、卢永璘编选：《先秦两汉文论选》，人民文学出版社1999年版，第343页。

② 廖奔先生指出百戏的表演场所有三种：第一种是家室厅堂。这种演出形式是原始巫觋表演由野外进入屋室后的表现。第二种是屋宇殿庭，就是把在屋子里的演出挪到屋外，在堂前阶下的庭院里、或大殿前面的露台上举行。一般是主人和客人坐在堂屋饮，伎人在庭院内表演。第三种是广场。广场表演通常为帝王所乐意采取，以夸饰其声势。廖奔：《中国古代剧场形制沿革》，《文物》1996年第2期，第63—64页。

的建筑技术问题，而是没有产生建设这样大型建筑的现实需求。因为，如前所言，中国自进入有国家形态的文明社会之后，就未曾出现过像古希腊酒神祭祀这样将宗教性、娱乐性等各种功能混而为一、向全体公民——包括女性公民——开放的狂欢活动；观剧与国家治理、公民教育之间已经完全脱钩。中国较早就实现了各种不同性质活动之间的分化，虽然"国之大事，在祀与戎"，①然而在"礼"的严格约束下，祭祀神灵的权力已经归于少数统治者，成为专属于诸侯以上贵族的文化特权；同时，对于后代剧场空间有着直接影响的娱乐活动，也局限在享有文化特权的少数上层统治者的私人空间中；至于贵族的文化教育，则主要在家庭和庠序中进行，而不是在剧场中进行。在以维护等级制度为基本目的的严格的礼制下，面向全体国民的祭祀、娱乐、文化活动在古代中国完全没有形成和发展的社会土壤，因而也没有建设任何类似古希腊、罗马那样的公共文化空间的现实需要。

2. 唐以后市民化的开放性剧场空间

隋唐时代具有历史意义的转折，是开放性表演空间的出现。促成这一大历史变化的，不是本土文化自然演化的结果，而是异域文化冲击的结果。具体而言，就是佛教的引入和广泛传播。佛教从东汉初年传入中土，到南北朝时期开始广为传播，到了唐代更是兴旺，甚至对作为王朝立国之本的儒家文化造成了严重的威胁。佛教对于中国社会的影响，到唐代已经渗透到了社会和文化生活的方方面面。

"讲经"本来是僧徒内部讲说经义的一种活动，但是在中国的实践过程中，逐渐发生了另一种专门以俗众为对象的讲经方式，当时叫作"俗讲"。俗讲采取讲唱结合的方式，又夹杂了许多通俗的故事，因而引人入胜，每次讲说都会吸引很多人来听。因为俗讲已经和原始的经文大异其趣，所以又被叫作讲变文。俗讲的地方，也因此被叫作变场。一开始这样的场所还局限在寺内，后来随着观众的不断增加，就移到了寺庙外面的广场上，这种面向所有人开放的具有公共文化空间性质的游乐场所，在当时被称作"戏场"。慈恩寺前广场是长安城内最大的戏场。《资治通鉴·唐纪·宣宗》说

---

① 《左传·成公·成公十三年》。

万寿公主曾在慈恩寺戏场"观戏",而宋钱易《南部新书》曰:"长安戏场,多集于慈恩,小者在青龙,其次荐福、保寿。"①日本僧人圆仁《入唐求法巡礼行记》卷三记载,武宗会昌元年(841年)仅仅在长安一地,一次就有七座寺院同时开讲,自"正月十五日起首,至二月十五日罢",②持续时间长达一个月。赵璘《因话录》卷四"角部"载,当时有一位名叫文淑(溆)的僧人,"公为聚众谈说,假托经纶,所言无非淫秽鄙亵之事。"结果听者云集,"愚夫冶妇,乐闻其说,听者填咽寺舍,瞻礼崇奉,呼为'和尚教坊'",普通民众对之趋之若鹜,以至于"仍闻开讲日,湖上少渔船","远近持斋来谛听,酒坊鱼市尽无人";甚至连皇帝也曾"幸兴福寺观沙门文溆俗讲。"③除了长安,其他各地亦有相同的情形。如唐人段成式的《酉阳杂俎·前集》卷五"怪术"篇记载,"虞部郎中陆绍,元和中,尝看表兄于定水寺",院僧诋诃座中李秀才曰:"望酒旗玩变场者,岂有佳者乎?"④《太平广记》卷三九四引《集异记》说处州有龙兴寺,"寺前素为郡之戏场","寺前负贩戏弄,观看人数万众。"⑤

无论是在寺院内部还是在寺前广场,俗讲的变场就其功能而言,都可以被定义为开放性的演出空间,因为凡是俗众,不分阶级、身份、性别都可以来观看。不同于封闭式演出空间内强调尊卑关系的空间布局,在变场中,俗众之间、俗众和表演者之间的身份差距也缩小了。体现在剧场空间布局上,就是露台的出现。露台本是佛寺中用来摆放祭祀供品的构筑物,为了解决在人数较多时观众视线被遮挡的问题,就需要将表演者突出在较高处,这时

---

① 转引自廖奔:《戏曲文物发覆》,厦门大学出版社2003年版,第260页。

② 转引自袁行霈、罗宗强主编:《中国文学史》(第2卷),高等教育出版社1999年版,第398页。

③ 转引自袁行霈、罗宗强主编:《中国文学史》(第2卷),高等教育出版社1999年版,第399页。

④ 转引自李建隆:《敦煌壁画中的乐舞演出与演出空间》,上海戏剧学院博士学位论文,2010年,第75页。

⑤ 转引自廖奔:《戏曲文物发覆》,厦门大学出版社2003年版,第260页。

露台就被借用来抬高表演者的位置。①敦煌壁画里可以见到许多设在寺庙大殿前面供表演歌舞用的露台，台呈四方形，高于地面，由数排木柱从地上支撑，台四周围有栏杆，四边各有通道，台上有表演者数人，这应该就是戏场的表演台。

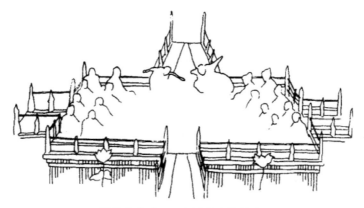

敦煌莫高窟112窟壁画寺院露台

除了露台，唐代的宫廷里还出现了舞台。唐崔令钦《教坊记》说"凡楼下两院进杂妇女……于是内妓与两院歌人更代上舞台唱歌。内妓歌，则黄幡绰赞扬之；两院人歌，则蟠绰辄訾诟之。"②可见唐玄宗时，歌者在舞台上表演已经是宫内的常规活动，观看者也不仅局限在皇帝等少数人。舞台之外，唐宫中还有砌台。《太平广记》卷219"周广"条引《明皇杂录》，说开元时宫内有歌者生病，明皇命周广治病，病愈之后，问其生病原因，则云"尝因太华公主诞日，宫中大陈歌吹，某乃主讴者……曲罢，觉胸中甚热，戏于砌台，乘高而下，未及其半，复为后来者所激，因仆于地"云云。③从

---

　　①　有学者认为"观众人数的增加，是导致表演区被抬起的客观原因，而发生观众人数变化的原因，则主要是城市中市民文化的抬头，同时正因为观众已经不再只是皇宫贵族，将表演者抬高而不将观众抬高才显得顺理成章"。见罗德胤、秦佑国：《中国戏曲与古代剧场发展关系的五个阶段》，《古建园林技术》2002年第3期，第55页。
　　②　［唐］崔令钦：《教坊记》，罗济平校点，辽宁教育出版社1998年版，第2页。
　　③　［清］陈梦雷等编：《古今图书集成·医部全录》，第12册，卷501—520，人民卫生出版社1962年版，第140—141页。

这条记载看，砌台应该比较高，有梯子（或者台阶）供人上下，而且上面能容纳多人，否则不会发生歌者才下到一半就被后来者挤下来摔倒在地的事情。

唐代面向社会大众的公共演出场所主要在寺院周边，到了宋代，随着中国城市市民经济的繁荣，娱乐消闲文化的发展也进入了一个前所未见的昌盛阶段。其主要表现，是以瓦舍勾栏为代表的各种带有商业性质的文化演出场所大量涌现。瓦舍是对表演空间的总称；勾栏位于瓦舍之内，一座瓦舍内可以隔离出若干个小空间建设勾栏。其所以叫勾栏，大概是因为其空间由四周的栏杆合围而成。勾栏是艺人进行商业性演出的专门场所，通常是不同特点的伎艺分占一座勾栏或一座棚进行演出。据孟元老《东京梦华录》，北宋汴京城内皇城东南角的东角楼一带，"街南桑家瓦子，近北则中瓦，次里瓦。其中大小勾栏五十余座。内中瓦子，莲花棚、牡丹棚、里瓦子、夜叉棚、象棚最大，可容数千人。"①吴自牧《梦粱录》卷十九《瓦舍》说南宋杭州的瓦舍，"城内外合计有十七处。"②十七处瓦舍，从南瓦子、中瓦子、上瓦子、下瓦子、北瓦子、东瓦子、菜市瓦子、荐桥门瓦子、新门瓦子、小堰门瓦子等等名称来看，并不是集中于一处，而是散布各处，这从侧面说明了当时这类商业性演出剧场分布之广泛。《西湖老人繁胜录》说临安城内有"南瓦、中瓦、大瓦、北瓦、蒲桥瓦。惟北瓦大，有勾栏一十三座。"③临安城外还"有二十座瓦子，……余外尚有独勾栏瓦市"。④入元之后，瓦舍勾栏依然兴旺。如元人夏庭芝《青楼集》称当时"内而京师，外而郡邑，皆有所谓勾栏者，辟优萃而隶乐，观者挥金与之。"⑤

---

① ［宋］孟元老：《东京梦华录》，见［宋］孟元老等：《东京梦华录（外四种）》，文化艺术出版社1998年版，第15页。

② ［宋］吴自牧：《梦粱录》，见［宋］孟元老等：《东京梦华录（外四种）》，文化艺术出版社1998年版，第291页。

③ ［宋］西湖老人：《西湖老人繁胜录》，见［宋］孟元老等：《东京梦华录（外四种）》，文化艺术出版社1998年版，第108页。

④ ［宋］西湖老人：《西湖老人繁胜录》，见［宋］孟元老等：《东京梦华录（外四种）》，文化艺术出版社1998年版，第109页。

⑤ 转引自陆林：《元代戏剧学研究》，安徽文艺出版社1999年版，第319页。

宋元时期，勾栏内的演出一般从早上五更就已开始，一直到天黑才停止。《东京梦华录》卷二"东角楼街巷"说人们到瓦子中看表演，"终日居此，不觉抵暮。"①卷五"京瓦伎艺"说各瓦子"每日五更头回小杂剧，差晚看不及矣"。②至于勾栏的建筑材料，从其称为某某棚看，应为木质地；从《东京梦华录》中观众"不以风雨寒暑，诸棚看人，日日如是"③的记载看，则应是有封顶的密闭空间。廖奔先生从散曲"把棚的莽壮似牛"（《嗓淡行院》散套）、"要了二百钱放过咱"（《庄家不识勾栏》散套）等故事中人物的话语，认为勾栏有木栅做的门，设人把守，进去时要买票。他还认为勾栏里面有戏台和观众坐的神楼及腰棚，如《蓝采和》杂剧第一折钟离权坐在戏台上，戏班里的人对他说："先生你去神楼上或是腰棚上那里坐。"观众座位是从前向后逐渐升高的看台，对戏台形成三面环绕的形式，全景看起来就像是一个大旋涡。④

与此同时，还有其他一些剧场类公共文化空间，如建于神庙附近的剧场，也在宋元时代趋于成熟。从历史沿革看，神庙剧场的出现可以追溯到先秦时代的祭神仪式，在唐代以后则逐渐出现在寺院周边。这些剧场以神庙、寺院等神圣建筑物为中心，属于"神圣场域"的组成部分之一。宋元以后神庙剧场广泛分布于城乡各处，当勾栏瓦舍在明代没落、消失之后，转而发展成为大众最主要的观剧场所。今天所见到的古戏台遗址，基本上都是这些神庙剧场遗留下来的。

从北宋前期到明代前期的四百余年里，中国戏剧的演剧场所以瓦舍勾栏为主，神庙剧场为辅。⑤瓦舍勾栏能够繁荣的原因，一方面是因为唐以后

---

① ［宋］孟元老：《东京梦华录》，见［宋］孟元老等：《东京梦华录（外四种）》，文化艺术出版社1998年版，第15页。

② ［宋］孟元老：《东京梦华录》，见［宋］孟元老等：《东京梦华录（外四种）》，文化艺术出版社1998年版，第32页。

③ ［宋］孟元老：《东京梦华录》，见［宋］孟元老等：《东京梦华录（外四种）》，文化艺术出版社1998年版，第32页。

④ 廖奔：《中国古代剧场形制沿革》，见廖奔：《廖奔文存》（古典艺术卷），大象出版社2019年版，第396页。

⑤ 廖奔：《中国古代剧场史》，中国书籍出版社2020年版，第9页。

坊市制破坏而带来的城市商业经济的繁荣，另一方面也与宋元统治者相对宽松的文化管制政策有直接关系。入明以后，虽然城市经济继续有所发展，但是国家文化管制政策发生了很大的变化。明代统治者对于公开的通俗文化活动加以严格限制，《大明律》规定："凡乐人搬做杂剧戏文，不许装扮历代帝王后妃、忠臣烈士、先圣先贤神像，违者杖一百；官民之家，容令装扮者与同罪。"顾起元《客座赘语》卷十四《国初榜文》记载，明初朱元璋曾颁布圣旨，"'在京但有军官军人学唱的割了舌头，下棋打双陆的断手，蹴圆的卸脚，做买卖的发边充军。'府军卫千户虞让男虞端，故违吹箫唱曲，将上唇连鼻尖割了。又龙江卫指挥伏颢与本卫小旗姚晏保蹴圆，卸了右脚，全家发赴云南。"李光地《榕树语录》卷二十二《历代》云："元时人多恒舞酣歌，不事生产。明太祖于中街立高楼，令卒侦望其上，闻有弦歌饮搏者，即缚至倒悬楼上，饮水三日而死。"①此外，明廷还一再重申戏曲演员（倡优）及其家属不许参加科举之禁令，从而断绝他们的仕进之途，使其世代沦为社会底层。在此环境下，宋元城市中以瓦舍勾栏为代表的开放性、商业性、世俗化的公共表演空间已不复有存在的条件，转而代之的，是渐渐兴起的局限于家宅内部的私人性剧场空间。这些私人性的空间，包括了厅堂、院子、私家花园等。如《全本金瓶梅词话》里多次写到西门庆请僧道之徒到家里为亡人超度，或者宴饮请客时请优人到家里唱戏的情景。第三十六回"翟管家寄书寻女子，蔡状元留饮借盘缠"描写说："不一时，四个戏子，跪下磕头。蔡状元问道：'哪两个是生旦？叫什么名字？'于是走向前说道：'小的是装生的，叫苟子孝；那一个装旦的叫周顺；一个贴旦的叫袁琰；那一个装小生的叫胡慥。'……共三个旦，两个生，在席上先唱《香囊记》。大厅正面设两席，蔡状元、安进士居上，西门庆下边主位相陪，饮酒中间，唱了一折下来。"②第六十三回"亲朋祭奠开筵宴，西门庆观戏感李瓶儿"

---

① 以上材料俱转引自徐子方的《明初剧场及其演变》，《艺术百家》2003年第2期，第41页。

② ［明］兰陵笑笑生：《全本金瓶梅词话》，香港太平书局1982年版，第957页。按，该版本本回文字正题"翟谦寄书寻女子，西门庆结交蔡状元"，但是回前插图的题目是"翟管家寄书寻女子，蔡状元留饮借盘缠"。

写西门庆为李瓶儿做丧事，在院子里搭棚唱戏："分付搭彩匠把棚起背，搭大着些，留两个门走，把影壁夹在中间。"棚子面积很大，"在大棚内放十五张桌席……点起十数枝高檠大烛来，厅上垂下帘，堂客便在灵前围着围屏，放桌席往外观戏"。[①]因为是在家宅中演戏，所以除了个别大官僚的府邸建有固定戏台之外，一般中小官员和普通富人家里的演戏场所，都是临时改造、搭建而成。如上述《金瓶梅》第六十三回中，西门庆为李瓶儿办丧事的戏台就是临时搭建的。

明朝中期以后，禁止民间演戏的禁令逐渐废弛。明朝末年到清朝，南戏和地方戏开始大行其道，戏园和戏台的建设也作为此一时期公共文化空间的代表而遍及全国各地。戏台比较早地出现在会馆之中，后来又出现在酒馆和茶馆之中。戏园的前身，是酒馆剧场和茶馆剧场。清初见于文献记载的酒馆戏园主要有太平园、碧山堂、白云楼、查家楼、四宜园、月明楼，[②]其中查家楼在明末时为巨商查氏的私宅戏楼，入清后改为酒馆。酒馆剧场的空间构造，乾隆十九年（1754年）进士蒋士铨描写北京酒馆剧场的《戏园》诗说是"三面起楼下覆廊，广庭十丈台中央。鱼鳞作瓦蔽日光，长筵界画分畛疆"。可见是三面起楼的围廊式结构，舞台位于剧场的中央大厅。茶园剧场的空间构造与酒馆剧场类似，通常内部大厅是一个大的空场，墙壁的三面甚至于四面都是二层楼廊。剧场里的戏台靠一面墙壁建立，戏台建筑在具有一定高度的方形台基上。戏台向大厅伸出，观众可以从三面观赏戏剧。戏台的台基前面都立有两根或四根柱子，与后面的柱子一起撑起木制添加藻饰的天花，有些台板的下面埋有大瓮，天花藻井与大瓮都是为扩大声音的共鸣而设置的。戏台朝向观众的三面设有底矮的雕花栏杆。戏台的后壁柱间是木板墙，两边设有上下场门，通向后面的戏房。宋元时期瓦舍中的勾栏是一种围合型的剧场，但是否完全包容于室内则无证可查。出现在茶馆和酒馆中的戏园，则是具有完整室内空间的剧场。戏

①　［明］兰陵笑笑生：《全本金瓶梅词话》，香港太平书局1982年版，第1773、1782页。按，该版本本回文字正题为"亲朋祭奠开筵宴，西门庆观戏感李瓶儿"，但回前插图的题目是"韩画士传真作遗爱，西门庆观戏动深悲"。

②　廖奔：《中国古代剧场史》，中州古籍出版社1997年版，第80页。

园中的室内剧场，不但在采光上开始发展人工照明，在观众席分区上也分化出散席、官座等专门服务于不同地位观众的席位。环境清静、适于安静观戏的茶馆戏园产生以后，不久就取代了环境比较嘈杂的酒馆戏园，成为中国城市中晚期剧场的代表形式，直到19世纪末欧洲镜框式剧场形制传入，它一直是中国剧场的基本样式。

总的来说，在从唐到清末的上千年时间内，历经唐宋元明清五朝，除了明代初中期的一段时间外，中国城市中的剧场类公共文化空间呈现出繁荣昌盛之势。和西方自中世纪直到文艺复兴一千余年内戏剧表演的内容和空间形制都深受基督教的影响相比，中国剧场的发展主要受商业力量的推动，其娱乐功能要大于教化功能，且基本上没有宗教色彩：表现在内容上，即以男女情爱和悲欢离合的人生际遇为主流；表现在空间形制上，则以便于消费者观赏和演出者管理的室内空间为主。

3. 近代以来模仿西方剧场的"新空间"

鸦片战争后，清政府被迫开放沿海城市作为通商口岸，古老的中华文明开始和西方工业文明相碰撞。相比之下，中华农业文明在物质和技术方面的落后一览无余。或者出于被动接受，或者出于主动引入，西方文化大规模地进入中国，开始从器物制造到制度变革再到生活方式乃至价值观念等各个方面和各个层次全面地影响中国。剧场建设也不例外。

西式剧场首先出现在上海。1866年，也就是几乎在上海第一个京戏茶园剧场"满庭芳"创建的同时，[①]海外侨民在上海圆明园路建设了木结构的兰心戏院作为外侨剧社。[②]据有关材料记载：1850年，上海部分爱好戏剧的

---

① "满庭芳"茶园是英籍粤商罗逸卿于同治六年（1867年）在宝善街宁绥街之间建立，主演京剧、昆腔、梆子戏。"满庭芳"京戏茶园的成功开幕及京剧的南下，引发了上海京剧戏园开张的热潮。

② 我国的第一座西式剧场实际上是澳门的岗顶剧院。该剧院由葡萄牙人伯多禄·耶尔曼努·马忌士（Pedro Germano Marques）负责设计和施工。剧院从1857年4月开始筹建，1860年主体部分建成，1868年最终建成。但是，因为澳门当时在葡萄牙的统治之下，且该剧院的建设未对中国传统剧场的发展产生任何冲击，所以一般都以上海兰心剧院的建设作为西式剧场进入中国的开端。

英国侨民组成"浪子""好汉"剧社，经常在一些空着的货栈里临时搭台演出。演出活动具有自娱性质，无论演出者还是观众，都是当时住在上海的西方人。1866年两社合并，成立"上海西人爱美剧社"ADC（Amateur Drama Club of Shanghai），因为该剧团成员英国人居多，又称为大英剧社。后由上海运动事业基金董事会出资，在圆明园路造了一座木结构的简陋剧场，这就是最初的"兰心"剧场。"兰心"一词源于英文"Lyceum"的音译，意即学园或文艺团体。1867年3月1日举行首次演出，不久剧场就毁于火灾。剧社又通过纳税西人会，在博物院路（今虎丘路）附近买下一块地段，用耐火砖建造了一座砖木结构的兰心戏院，1874年1月27日开张。1876年，葛元煦在《沪游杂记》描述了兰心戏院的内部结构和演出情景："园式顶圆如球，上列煤气灯如菊花式，火光四射，朗澈如昼。台三面环以看楼，演时先有十数人排坐台上，面深黑，眼眶及唇抹以丹砂，或说白或清唱数次，然后扮演各种故事。以跳掷合拍为长技，与中国迥别。"[1]可以看出这是一座完全西式化的剧场：该剧场有两层楼座，环绕观众厅周边；舞台较大，设有乐池；观众厅的顶棚形式为穹顶，上面悬挂煤气吊灯，形状如菊花；舞台后有较大的辅助空间；装修、陈设非常精致。

1920年代后，上海电影放映业兴起，戏剧业日渐萧条。1929年出资者将兰心剧院卖给了一个中国人，以后辗转易主，翻造为广学会大楼。之后，剧社又在法租界蒲石路找到一块用地建造剧场，1931年初竣工，这就是所谓新兰心剧院。新兰心剧院是一座具有意大利文艺复兴时期府邸式风貌的建筑，整个为钢筋混凝土结构，装潢富丽堂皇。观众厅平面为钟形，宽20 m，进深20 m，高12 m。体积小，比较适合话剧演出。台口宽8.5 m，舞台宽19.5 m，深11 m，其面积几乎与观众厅相等。舞台两侧均有库房，储存及更换布景由机械从库房中推动上台。后台有小型化妆间，有更衣室，有演习室。戏院内设二层观众厅，共有727个座位，楼下493个，楼上234个，另外，还可设加座84个。座位较普通戏院宽敞、舒适，视线、音响效果良好。建成之后，在新兰心剧院演出的戏剧不多，主要兼营电影。除了放映美国和欧洲电影外，

---

① ［清］葛元煦：《沪游杂记》，上海书店2009年版，第132页。

还举办交响乐、室内乐和独唱音乐会等。①因此新兰心剧院实际上是一所以传播西方文化为主、具有综合功能的公共文化空间，是西方近代工业文明在半殖民地上海的一个代表性的符号。新中国成立后，经过多次改建，该剧场目前仍然在使用中。

上海近代第一家主要上演中国传统戏剧的新式剧场，是1908年在上海华界南市十六铺老太平码头附近建成的"新舞台"。"新舞台"位于九亩地（今露香园路近大境路一段），由爱国绅商姚伯欣（时任《新闻报》总主笔）、沈缦云（上海信成银行协理）、李平书、张逸槎以及京剧界人士潘月樵和夏月珊、夏月润、夏月恒三兄弟等商议，合股集资建造而成。在建设前，夏氏兄弟考察了日本和欧洲的剧场以及上海的"兰心大戏院"。"新舞台"于1908年（光绪三十四年）农历八月竣工，当年10月26日晚正式卖票开业。②

"新舞台"之"新"主要体现在将西式舞台的诸多元素吸纳进了剧场空间的设计之中，从而形成了中西元素兼容，以西式剧院空间布局为主体又兼有传统戏园空间布局优点的剧场空间：传统茶园剧场空间一般为方形或长方形，戏台也是方形，而"新舞台"整个剧场平面为椭圆形，舞台呈半月形向观众席伸出。茶园式剧场里戏台前有两根诸子，戏台边上还有围栏，新舞台的伸出式半月形镜框式舞台取消了戏台前的柱子和围栏，这样观众的眼光就不会受到任何阻碍。但是不同于标准的镜框式舞台完全面对观众的特点，"新舞台"保留了茶园戏台三面环临观众的特点。为了所有观众都有更好地观剧体验，"新舞台"观众席的地势呈前低后高的倾斜式，这就使得后排观众的视线不至于被前排遮挡。"新舞台"对于观众群体的区分更为详细，除了特别座和平常座外，还设置了单人椅、长条椅和长条凳，并将池子和楼厅一律改为排座。③此外，茶园式戏台的演出空间十分狭小，"新舞台"的舞

---

① 上述关于兰心剧院的历史沿革转引自卢向东《早期传入我国的西式剧场》，《世界建筑》2005年第11期，第99页。

② 参见李菲：《论近代上海新式剧场的沿革及其影响》，《上海师范大学学报（哲学社会科学版）》2002年第5期，第28页。

③ 钱久元：《清末上海剧场演变的轨迹》，《合肥学院学报（社会科学版）》2006年第2期，第61页。

台面积则很大，甚至可以在舞台上骑马、开汽车。"新舞台"还非常重视使用"现代技术设备"，舞台的灯光布景采用了最新传入上海的电灯装置画面、脚光等，舞台的下面安装了一架大转盘以转动舞台，可以同时搭建两台布景。在商业模式上，"新舞台"改变了传统茶园剧场以"茶资"作为收入主要来源、演戏是为了吸引更多茶客的做法，而把赏剧放在了第一位，向观众出售"戏票"成为剧院的收入来源。

"新舞台"之所以要在空间设计上作出重要改变，首要原因是它需要把观众的观剧体验放在第一位。传统茶园剧场的空间设计，除了满足观众看戏的需求之外，还需要同时满足其消闲、交往的功能需求，而"新舞台"所考虑的，则只是观众能否安静、全神贯注、不受打扰地欣赏表演，这等于以审美体验为标准重构了剧院和观众之间的关系。新舞台的建筑和设施为观众带来了全新的观剧体验，而这种观剧体验，在当时的文化语境中，已经超越了技术层面的意义而与"文明""进步"等话语产生了指涉关系。在"新舞台"的示范效应下，上海本地戏曲娱乐界竞相模仿新舞台建造新式剧场。此后十年间，上海的茶园剧场基本被新式剧场取代，完成了剧场建筑的现代转型。①同时，北京、天津等大城市也纷纷效仿，短短几年间新式剧场就风靡各主要城市。

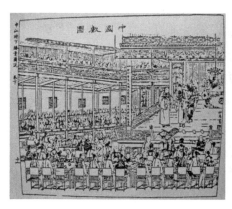

绘画中的传统戏园（图片来自网络）　　1908年新建的上海"新舞台"（图片来自网络）

---

① 魏兵兵：《近代上海半殖民地市政与城市公共空间之演进——以剧场建筑问题为个案》，《史学月刊》2017年第3期，第51页。

第二节 1949—1978 年中国
城市剧场的空间建设

（一）1949年之后戏剧建设指导思想的变化

　　戏剧是文学艺术的主要组成部分。在中国古代，儒家的文艺理论思想中一直有文艺应该服务于政治和社会的思想。孔子对于《诗》的用途的言论，《毛诗序》所强调的文学在建构意识形态和移风易俗等方面的作用，乃至于后人对于"文以载道""文以明道"等的强调，都是从文艺传播、建构意识形态的功能出发的。新文化运动引入了西方的文学观念。西方文学观可以大致分为"为艺术的艺术"和"为人生的艺术"两大类，后者所强调的就是文艺的政治和社会功能。虽然在具体的论述上有差别，但是在大的方向上和中国古代文论是可以互相阐释发明的。其中，由于挽救民族危机的紧迫性，"为人生的艺术"特别得到了中国知识分子的重视。以鲁迅、胡适、周作人等为代表的新文化运动，对于中国文学艺术的发展做出了两大贡献：一是将文学艺术之所以成立的理论依据从传统的"事父事君""文以载道"转移到了以人道主义为基础，提出了"人的文学"的思想；二是特别重视文学的批判意识，将文学视为解剖历史和社会、人性的手术刀，实际上是将文学作为思想启蒙的工具。五四运动以后，随着国内政治局势的变化，救亡危机的凸显，以及苏联文学思想的进入，在中国传统文论思想、新文化运动中重视社会批判的思想、列宁文艺思想的影响下，文学艺术越来越强调"救亡"的作用而逐渐弱化了"启蒙"的作用。[①]

　　中国共产党开始独立领导武装力量进行革命斗争之后，在解放区内，文艺应该为政治服务成为主流的文学观念。到了1942年，毛泽东在延安发表了重要的《在延安文艺座谈会上的讲话》，以解决文艺工作者的"立场问题、

------

　　① 参阅李泽厚：《启蒙与救亡的双重变奏》，见《李泽厚十年集（第三卷·下）》，安徽文艺出版社1994年版，第11—52页。

态度问题、工作对象问题、工作问题和学习问题"为目标，[1]提出了文艺工作应该"站在党的立场上，站在党性和党的政策的立场"上，[2]"学习马克思列宁主义和学习社会"，[3]为由工农兵及城市小资产阶级劳动群众和知识分子组成的人民大众服务。《在延安文艺座谈会上的讲话》是中国共产党关于文艺工作的一篇最重要的历史文献。在从二十世纪四十年代到八十年代初期的漫长时间内，这篇光辉的文献为党领导下的文艺工作提供了最基本的理论依据和指导方针。

在推动政策和方针落实上，组织行业或者专业所属的知识分子及管理者召开座谈会，是党在思想及文化工作中所经常采取的一种有效的方式。从1955年起，各种座谈会陆续在各个剧种界别中展开。如《戏剧报》1955年第1期"中国剧协座谈评剧艺术改革"的消息，刊登了1955年1月14日中国剧协戏曲与歌剧部举行座谈会，讨论中国评剧团演出的《志愿军的未婚妻》，并通过这个戏讨论评剧的艺术改革问题。消息称，出席座谈会的有剧作家、导演、演员、舞台工作者等五十余人。座谈会由张庚主持。中国评剧团薛恩厚副团长在发言中，指出"评剧能及时反映当前人民的斗争生活，……评剧演出反映我国人民社会主义建设时期斗争的新剧目，不但能给予广大观众以社会主义的思想教育，而且能推动评剧本身的艺术改革"。[4]接着，《戏剧报》1955年第2期又刊登了"上海市戏曲改进协会召开京剧艺术改革座谈会"的消息，称"为了响应在去年十一月间中国戏剧家协会召开的'戏曲的艺术改革问题座谈会'，在一月十一日召开了'京剧艺术改革座谈会'。出席这个会议的有京剧演员和京剧音乐工作者、新文艺工作者、剧作家、剧评家、舞台美术家、各报刊记者和戏曲工作干部等。"[5]1955年第11期刊登了"文化部艺术局和剧协召开吕剧座谈会"的消息，出席座谈会的有文化部副

---

① 《毛泽东文艺论集》，中央文献出版社2002年版，第49页。
② 《毛泽东文艺论集》，中央文献出版社2002年版，第49页。
③ 《毛泽东文艺论集》，中央文献出版社2002年版，第53页。
④ 《中国剧协座谈评剧艺术改革》，《戏剧报》1955年第1期，第61页。
⑤ 《上海市戏曲改进协会召开京剧艺术改革座谈会》，《戏剧报》1955年第2期，第37页。

部长、文化部艺术局副局长、剧协副秘书长、中国戏曲研究院副院长、中国青年艺术剧院院长、中央实验歌剧院副院长、中央戏剧学院导演系副主任以及首都戏剧界人士，刚从国外归来的上海越剧院、京剧院的演员和导演等；第12期同时刊登了"文化部艺术局与中国剧协举行越剧座谈会""上海戏曲改进协会座谈越剧'乡下叔叔'"两则消息。如此，仅仅在半年左右的时间内，相关管理部门已经分别与评剧、京剧、吕剧、越剧等剧种的人士举行了座谈会。座谈会的主题，归纳起来就是如何推动戏剧的改革以更好地服务于工农兵的需求，为此当然需要改革以前的旧观念、旧做法。

以吕剧改革为例。吕剧是山东省地方的一个小剧种，到解放初期也只有不到百年的历史，但是山东是革命老区，吕剧有着贴近群众的生动、活泼、朴实的风格，又常以农民生活为表现对象，因而被看作人民群众的戏剧而受到重视。1952年山东省文化局抽调人员，专门成立了山东省人民剧团，1953年正式改名为山东省吕剧团，专门搞吕剧。因为京剧、越剧、评剧都是从旧社会传下来的剧种，或多或少有"封建遗毒"，而吕剧是新社会开始打造的新剧种，所以1955年10月22日的这次座谈会，由文化部艺术事业管理局、中国戏剧家协会邀请首都戏剧界人士共同参加，是一次规格比较高、规模比较大的座谈会。座谈会上，山东省吕剧团副团长尚之四介绍说：

从一九五二年到现在，山东省吕剧团的同志们经历过了一段十分复杂艰巨的斗争和锻炼过程。……后来，在整党、文艺整风等历次的思想改造运动中，在党的耐心教育下，才批判了各种错误思想，渐渐端正了工作态度。……在学习和工作中，他们时刻警惕着粗暴和保守的偏向发生，稳步地贯彻着中央的方针、政策。……山东省吕剧团的同志们，几年来有着这样两点主要的体会：一、新文艺工作者从事民族戏曲艺术工作，他的学习，锻炼和掌握这种艺术形式的过程，也就是思想改造的过程，思想立场端正了，就一定能学得会，锻炼得好，做出成绩来。二、只要能努力执行中央的政策，贯彻戏改方针，新文艺工作这不但可以继承民族戏曲遗产，并且可以进行新的创造。①

引文中提到的思想改造运动，是当时针对知识界和文艺界普遍展开的以学习社会主义文艺思想为主题的运动，其目的是用"社会主义的意识形态"取代"封建的和资产阶级的意识形态"。仔细研读各个座谈会的内容，其发言主题都可以归结为这一点。

因为戏剧是为政治服务的，需要配合政治的需求，所以可以推论出的结论是，当政治需求变化时，戏剧也要跟着变化以适应新的需求。因为文艺在推动思想改造和政治宣传上所具有"开路先锋"作用，历史的情况往往是，当政治越趋于极端时，对文艺配合政治的需求就越强烈。从1956年的"反右"运动开始，中国思想界逐渐趋于"左倾"；1958年"大跃进"开始后，政治更趋极端。戏剧界如何落实"大跃进"的政策呢？话剧是一个有代表性的例子。话剧从新文化运动开始就有了巨大的影响，是最具有代表性的所谓现代剧种，也产生了许多现代文学史上有影响的作家。在当时，传统的戏曲剧种已经开始边缘化，话剧占据着戏剧的中心位置，可以说是"剧种之王"。1959年二月和三月，中国剧协连续召开了两次有关话剧的座谈会。二月二十八日召开的第一次座谈会，参加人有郭沫若、欧阳予倩、夏衍、阳翰笙等二十人。召集人田汉指出：

"话剧可以表现历史题材，但大家首先承认它是表现当前生活和斗争的最有力的武器。……我们想就今天话剧界所最关心的几个问题，如像怎样把主席提的革命的现实主义与革命的浪漫主义相结合贯彻到我们的艺术实践中去的问题；如何更紧密地结合工农劳动人民，加强政治业务学习，做到又普及又提高，随时普及随时提高的问题；怎样向传统的和外国的东西学习，总结我们戏曲艺术的长期经验，借鉴外国的先进体系，提高中国自己的演剧理论等问题，各剧院、剧团间如何实现社会主义大协作，取长补短，集中力

---

① 《文化部艺术局和剧协召开吕剧座谈会》，《戏剧报》1955年第11期，第26—27页。

量，提高水平等问题，加以探讨。"①

田汉所提出的几个问题，了解当时时代背景的人就会知道，正是当时中央所提文艺界存在的需要进一步解决的主要问题，而且这些问题大多数都由毛泽东提出，也就是说代表了党中央关于文艺工作的指导思想。所以座谈会是检讨在落实党的指导思想方面的不足并研究下一步的改进方法。这一出发点，田汉在三月十八日的座谈会上有了进一步的说明：

"如何把话剧的思想性和艺术性提得更高，来适应当前更大的大跃进的需要，问题已经显得很迫切了。……一方面，是戏剧界自己有这种要求；另一方面，是党关心话剧，一定要把它发展到应有的高度。周扬同志不只一次地说要提倡话剧，认为话剧在表现当前现实生活方面有它的优越性，而眼前还存在很多缺点。上次会上夏衍同志提到，不但是艺术性方面，就是剧本的思想性方面，也存在问题。"

这段话已经非常明显地点明了连续召开座谈会的背景，就是在各种压力下，话剧界需要研究如何才能"适应当前更大的大跃进的需要"。如何适应呢？绝大多数与会者都做了表态性的发言，其中欧阳予倩、阳翰笙、陈白尘的发言最为详细。欧阳予倩说："关于剧本方面，政治要抓紧，艺术要放宽。就是必须政治挂帅，但在艺术创作方面，要有很大的自由，多色多采，'百花齐放'。只要在毛主席关于正确处理人民内部矛盾所提出的六条标准的范围以内，可以有不同程度的政治性和不同程度的艺术性的作品。"②阳翰笙说，提高话剧质量的"头一个问题，是作家和艺术家的思想、生活和技巧的问题。作家、艺术家必须要用马列主义来武装自己，然后才能获得无产阶级的立场、观点，来正确地分析事、分析人，来认识生活，总结斗争，这条道理，是大家都承认了的。"③陈白尘说："上次会上，郭老一针见血地讲，话剧的主要问题是如何使剧作、导演和表演在现实主义的基础上更好地

---

① 《戏剧座谈会讨论话剧发展》，《戏剧报》1959年第5期，第3页。按，原文写座谈会召开的时间为"三月二十八日"，结合几次座谈会的发言内容等看，该日期应为"二月二十八日"之误。

② 《戏剧座谈会讨论话剧发展》，《戏剧报》1959年第6期，第3页。

③ 《戏剧座谈会讨论话剧发展》，《戏剧报》1959年第6期，第6页。

结合浪漫主义。这的确击中我们戏剧创作的要害。我也同意欧阳老谈的，应当指出我们的剧作缺少革命浪漫主义，但首先应指出我们的剧作革命的现实主义不够，而且是很大的不够。"[1]总之，从发言来看，三人虽然在具体创造上提出了不少的改进意见，但是有一点是一致的，那就是都很强调政治的重要性。

中国古代主流文学理论所重视的，是文学在泄导人情、移风易俗、扬善抑恶等方面的社会建设功能，对于其直接服务于政治需要的功能并不过多提倡。新文化运动所赋予文学的新的功能，核心是文学的思想启蒙、社会批判作用。将文学的社会功能、启蒙功能转化为政治功能，尤其是要求文学服务于直接的政治目标、政治需求，是在苏联文学理论的影响下逐渐形成的。在"文艺为政治服务"的理论指导下，二十世纪五十到七十年代文艺界经常遇到的主要问题，集中在如何通过文艺创作服务好某种具体的政治任务。由于艺术工作的特殊性，为了达到这一目标，座谈会遂成为使文艺工作者了解政策、任务并加以落实的一项独具特色的工作方式。借助于具有批评与自我批评性质的各种座谈会，文艺为政治服务这一原则得到了有力的贯彻。这一时期中国的戏剧活动，包括剧院的建设与功能呈示，无不受到直接的政治任务的影响。

（二）1949—1978年剧场空间建设特征

和前章所述图书馆公共文化空间的建设类似，剧场公共文化空间的建设也在实际上包含了两个方面：一个是非物理的空间建设，亦即由于戏剧活动的范围扩大而造成的实际上的文化辐射空间的扩大；一个则是物理的、物质的剧场空间的建设。

1. "送戏上门"所拓展的戏剧空间

1955年的第1期《戏剧报》刊载了李纶的一篇题为《更多地、更有效地为工农兵演出》的文章。文章说：

戏剧的主要观众应是广大的工农兵，戏剧只有在密切配合国家建设，

---

[1]　《戏剧座谈会讨论话剧发展》，《戏剧报》1959年第6期，第8页。

以社会主义、爱国主义精神教育观众，并有力地为广大工农兵服务的时候，才能得到正确的发展。目前，在我国大规模的社会主义建设事业中，拥有数以十万计的从业人员的戏剧队伍，每天联系着百万以上的观众。从观众成份来看，一九五四年大部分国营话剧团剧场演出的主要观众已是干部、工人和学生等，在戏曲演出中，解放前被摈弃在剧场门外的工人、农民等，现在也大批地进入了剧场。值得重视的是，许多国营剧团进行了为工农兵"送上门去"的巡回演出，国营话剧团在一九五四年专门为工农兵巡回演出一千余场，观众约一百余万人。六十八个国营戏曲团全年专门为工农兵做巡回演出五千二百余场，观众约九百八十多万人；终年在农村及工矿区活动的千余民间职业剧团，其演出场次当更多。……由于注意组织了工农兵到剧场观剧和"送上门去"做巡回演出，话剧的演出阵地在逐渐巩固和扩大，戏曲的内容和形式也在日益丰富和改进。①

作者使用了"话剧的演出阵地"这一个关键词来描述戏剧演出的成绩以及新一年的任务。这个在当时被经常使用的组词透漏了许多的信息：

首先，"阵地"是一个在军事术语上使用的词。这个词的外延扩大，被广泛使用到其他领域中，是在解放区的宣传和文艺实践中。毛泽东最早将文艺工作和军队进行了类比。在1942年延安文艺座谈会的开幕词上，他一开始就明确指出，"在我们为中国人民解放的斗争中，有各种的战线，就中也可以说有文武两个战线，这就是文化战线和军事战线。我们要战胜敌人，首先要依靠手里拿枪的军队。但是仅仅有这种军队是不够的，我们还要有文化的军队，这是团结自己、战胜敌人必不可少的一支军队"。②稍后不久，在中央学习组会议的报告上，他再次说，"文艺是一支军队，它的干部是文艺工作者。它还要有一个总司令，如果没有总司令，它的方向

---

① 李纶：《更好地、更有效地为工农兵演出》，《戏剧报》1955年第1期，第25页。李纶，原名李维纶，曾用笔名艾三、艾玉等，时任文化部艺术事业管理局副局长、中国戏剧家协会书记处书记、理事，《戏剧报》《剧本》月刊编委、中央广播事业局艺术委员会委员。

② 《毛泽东文艺论集》，中央文献出版社2002年版，第48页。

就会错的"。①将文艺工作视作军队，是毛泽东对于文艺社会功能的深刻认识和高度概括。这是毛泽东文艺思想的重要组成部分。因为文艺工作如同军队，当然就需要有作战的对象，也就是敌人，这个敌人是按照阶级标准来划分的；当然也需要阵地，阵地是保护自己和进攻敌人的基本设施，没有阵地打不了仗。阵地就是空间，就是所影响、控制的范围。这个空间范围内可能是有形的，像真正的军队阵地那样；也可能是无形的，文艺工作者的阵地就是无形的。

其次，既然文艺是一支军队，那么文艺工作者就需要像军队那样具有严密的组织纪律性，服从命令，只有这样才有战斗力。为了达到这个目的，需要将文艺工作者组织起来。在延安时期，党已经建立了领导文艺工作的机构。新中国成立后，这些文艺工作领导机构进一步健全。组织的基本方法，可以概括为一句话，就是将所有文艺工作者纳入体制之中。戏剧活动和戏剧工作者当然不能例外。中国戏剧家协会就是这样的组织。中国戏剧家协会属于中国文学艺术界联合会管理，是它的一个成员；而中国文学艺术界联合会又归政府的文化行政机关和党委的宣传机关领导。这样就建立起了严密的层级管理制度，保证了党对戏剧工作的领导，使它能落实党的政策和服从于党的需要。

再次，这里重点讲到了戏剧如何扩大"阵地"的方法。戏剧既然是文艺军队的组成部分，那么它如何扩大自己的阵地呢？当时的方法是"送戏上门"，也就是主动地扩大戏剧活动的范围，以求影响更多的人。这是从部队文工团的实践经验中借鉴而来的方法。借助于这种方法，戏剧活动改变了自己和观众建立联系的方式，形成了一种新的以政治原则为指导的戏剧交往关系。传统戏剧与观众所建立的交往关系，要么以权力为媒介（权力所有者豢养艺人，艺人只为他服务，两者之间形成尊卑不等的等级关系），要么以资本为媒介（建立在商品交换法则之上，戏剧工作者靠在市场上出售自己的"产品"谋取生活资源）。而这种新的交往关系，既消灭了其中的商品性质（"送戏上门"基本上是免费的），也消灭了其中的阶

---

① 《毛泽东文艺论集》，中央文献出版社2002年版，第94页。

级差别（观众和演员在阶级地位上不存在孰高孰低、谁尊谁卑的问题）。如果我们不诟病这些送出的戏的政治性和演出质量，那么这种新的交往关系的确具有伟大的历史意义，因为它极大地扩张了戏剧活动的文化空间，将原来千千万万个因为经济或者身份原因而被拒绝在外的民众主动地纳入到了戏剧活动的影响之下。在当时落后的经济条件下，这种方式是实现公共文化服务均等化、实现文化民主化的一个有效的途径。

"送戏上门"虽然有效地拓展了戏剧文化空间，但是其中也潜伏着后来导致这种空间迅速坍塌的原因：因为缺乏实体剧场的支撑和长期的制度安排，"送戏上门"只能造成演员与观众之间一种临时性的而非长久性的交往关系。一旦失去了外部的推力，这种关系很快就会中止。事实正是这样，随着"文化大革命"的结束和党的工作重心转移到经济建设上来，缺乏政治动力的"送戏上门"没有多久就"自然而然"地结束了。

2. 实体性剧场建设及其空间特征

列斐伏尔在《空间：社会产物与使用价值》中说："一个正在将自己转向社会主义的社会（即使是在转换期中），不能接受资本主义所生产的空间。若这样做，便形同接受既有的政治与社会结构；这只会引向死路。"[①] 从延安时期开始，文艺建设已经被纳入统一的意识形态建构之中。1949年后，为了更好地完成社会主义意识形态建设的要求，剧场建设被提升到前所未及的高度。1949年12月15日，文化部成立了国家剧场建设委员会；1950年4月8日，文化部艺术局成立了剧场管理委员会。[②] 在政府的统一指导和强有力的行政手段的推动下，剧场发展进入了新的历史阶段。

从全国的整体情况下，亟须改变的是民国时期剧场建设的不平衡状况。不平衡包括了两个方面，一个是空间分布的不平衡，一个是剧场内部设施水平的不平衡。民国时期的剧场建设完全受资本所控制，在逐利原则的驱动下，剧场多数建设在少数经济相对发达的中心城市，其中以上海、北京、天

---

① ［法］亨利·列斐伏尔：《空间：社会产物与使用价值》，见包亚明主编：《现代性与空间的生产》，上海教育出版社2003年版，第54—55页。

② 傅谨：《20世纪中国戏剧史》，中国社会科学出版社2017年版，第24页。

津等最为集中，而许多内地省会城市连一座像样的剧场也没有，更不用说省会以下的城市了。这就造成了剧场在地域分布上的严重失衡。同样，经济中心城市的剧场设施先进，豪华气派，而落后城市的剧场普遍条件简陋，有的连一件像样的屋子都没有。"在新的价值视域中，民国时期过分集中于大中城市商业中心的剧场布局，意味着剧场资源的重叠与浪费，不利于为更广阔地域的劳动人民提供社会主义文化服务；民国时期奢华与简陋剧场的并存，则不符合社会主义对公平的追求，而且奢华剧场带有严重的资产阶级烙印，违背了社会主义的美学原则，过于简陋的剧场往往存在基础设施不足等问题，无法满足社会主义宣传教育的基本要求。"[1]从二十世纪五十年代初期开始，在国家的推动下，各地政府开始逐步解决剧场建设中存在的不平衡问题。但是，由于剧场建设耗资较多，在政府财力不足的情况下，不可能同时上马很多工程，只能逐步地、分批地、由中心城市而边缘城市地进行建设，这也导致剧场建设经历了一个漫长的时间段。由于缺乏统计，从新中国成立到"改革开放"前，全国在县城以上的城镇、城市中究竟改建、新建了多少座剧场（剧院），并没有准确的统计数据。[2]

作为个案，浙江省的情况也许具有一定的代表性：1949年，浙江省有28个县没有剧场，占纳入统计的46个城市中的60.9%；到1958年，浙江省已经实现县级城市剧场全覆盖，其中萧山等部分县城的剧场数量均达到了2座及以上。另一方面，原先剧场数量领先的城市不断压减剧场数量，如杭州市1949年时有剧场14座，占浙江省剧场总数41座的34.1%，1958年杭州市剧场数量降为8座，占浙江省剧场总数133座的6.0%；1962年杭州市剧场数量降为7座，占浙江省剧场总数128座的5.5%。对于中等以下城市剧场设备条件比较简陋的问题，浙江制定规划分批次地进行了改善。1953年，德清县清溪剧场由竹架棚屋改为砖木结构，面积亦有所扩展；1955年，浙江省文化

① 李琳：《"十七年"时期浙江剧场的空间组织研究》，《中国戏曲学院学报》2020年第1期，第92—93页。

② 据张瑞琪统计，1949—1977年间全国建有大型文化演艺设施71个（张瑞琪：《建国以来大型文化演艺设施的空间变化及运营管理研究》，华东师范大学硕士学位论文，2011年，第40—46页），但这个数字不包括中小型剧场。

局拨款 5000 元，萧山县政府下拨一部分材料，将萧山剧院由草棚改建为瓦房；1955 年，桐庐戏院进行翻修，易草顶为瓦顶。通过有计划、有支持的分批改善，浙江中等以下城市原本设备条件简陋的旧剧场陆续转变成了基本设施齐备、能满足正常演出需求的剧场，缩小了与大城市主流剧场的建设差距。[①]在全国各省中，浙江属于经济较为发达的地区，其剧场建设相对领先，那些经济相对落后的省份，虽然速度滞后一些，但总体的情况应该类似。

作为首都，北京在五十年代改建和新建的剧场数量最多。[②]据《戏剧报》报道，五十年代中期北京先是新建了"天桥剧场"和"人民剧场"，然后又建设了首都剧场。首都剧场是隶属于北京人民艺术剧院的专业剧场，也是新中国成立后建造的第一座以演出话剧为主的专业剧场。首都剧场的建设开工于1954年，1955年完工。设计者为林乐义。

首都剧场是典型的镜框式舞台设计。作为国家文化建设的代表性工程，在当时的条件下，使用了最好的设备，也充分体现了"国家剧院"的气势。剧场占地7000多平方米，建筑面积1300多平方米。全部建筑由三部分组成：前部楼下是观众前厅和衣帽间，楼上是宴会厅；中部是观众大厅，其中有池座和楼座；后部是舞台和后台。在观众大厅两旁，楼上和楼下设有四个休息厅。

观众大厅的四周墙面处理成米黄色，楼上楼下共有1242个沙发座椅和138个附座。在观众大厅里还装着一套能够自动调节温度的巨大通风设备。首都剧场的墙壁隔音设备也做得很好，在舞台的表演区分装了若干个高、低音麦克风，通过精密的扩音器放出的声音，其音色不会"失真"。针对听力不好的人，还备有30套特制耳机。

剧场的舞台空间宽阔：高22米，宽28米，深20米。舞台口的"景框"高9米，宽13米。"景框"在必要时还可以收缩。舞台的顶上有60多根"吊

---

① 浙江省剧场建设的有关数据来自李琳《"十七年"时期浙江剧场的空间组织研究》，《中国戏曲学院学报》2020年第1期，第93页。

② 根据《戏剧报》1958年第5期的消息《首都34家剧场向全国剧场提出大跃进倡议》，其时北京应该有各种类型的剧场34家。见《戏剧报》1958年第5期，第18页。

杆"可以吊放灯光器材和各种布景。舞台中部有电动转台。舞台的灯光照明上，各种聚、散、强、弱的灯光以及制造特殊效果的灯光齐全。舞台前有一个可以容纳80人的乐池。①

首都剧场模型

1955年建成的首都剧场正门（图片来自《戏剧报》1955年第11期，第42页）

1955年首都剧场观众大厅（图片来自《戏剧报》1955年第11期，第43页）

　　从设计情况来看，首都剧场气势宏大，建筑风格以西式为主，也融合了中式建筑的一些要素，剧场内部空间阔大，舞台、音响、灯光、色彩等的处理都代表了国内当时的最高水平。不过，对剧场宏大气势的追求也牺牲了一些实用的空间：比如为了显示出观众大厅顶上的圆形花顶，不得不把楼座后移，这样就减少了200多个最好的前排楼座席位；舞台边上的副台本身面积不够宽裕，又因为柱子的阻隔，导致大的布景不能顺利到达舞台，影响了

――――――――――

① 有关1955年首都剧场的介绍见《戏剧报》1955年第11期，第42—43页。

使用的效率。而后台建筑空间的安排和构造，和前面气势恢宏的大厅也很不相配，比如从舞台走向后台的门很小，走廊也很窄，不利于穿宽大衣服的演员行走；另外后台的两个排演厅设在第四层的楼上，上下非常不便，水泥铺的地面也不适于排练一些舞蹈和"武打"动作；后台有二十多间化妆室，但都比较小，没有设计休息室和演员活动室，这样演员在拥挤的小房间化完妆无处可以休息；此外，后台也没有大厅里的空气调节设备，演员在冬夏都会感觉不便。凡此种种，说明在设计的时候，更多地考虑到了观众的舒适度和"门面"的豪华，而没有替演员做出应有的考虑。

首都剧场是五十年代建设的最有代表性的剧场，也是最好的镜框式舞台。其余各城市新建的剧场，也基本上全部是镜框式舞台，但是在空间的宽大气派和设备的齐全先进程度上，都无法和首都剧场相提并论。

继六十年代末广州友谊剧院问世之后，国内各地在十余年中陆陆续续建起了一批规模较大、标准较高、设计也颇为讲究的新剧场，使我国剧场建设展现了一个新面貌。其中，影响较大的有浙江的杭州剧院、广西的南宁剧场和漓江剧场、河南的人民会堂、上海的滨海剧场、常州的红星剧场等。

广州友谊剧院是在省会城市中建设的一座具有新的设计理念的剧场。该剧院于1964年底开始设计，到1965年8月建成投入使用，整体建筑面积有6000多平方米，共1609个座位，剧院的总投资为180万元，平均每个座位投资为1119元。根据当年设计者的一篇介绍性的文章，友谊剧院的空间建设的基本原则可以归纳为"又好又省"，也就是投资尽量少而空间尽量适用、实用。设计者在空间处理上主要做了以下工作：一是压缩面积。设计不追求"大气魄、大尺度、大空间"，在保证观众厅与舞台空间的前提下，尽量压缩前厅与后台这些次要部分的面积。同时通过将主梯安排在前厅一侧提高了前厅的综合利用效率。二是压缩体积。因为把第一排座位和最后一排座位的地面标高高差减为2.00米，楼座的楼面标高相应地降低，其坡度也随之而放缓，观众厅的净高由原来的13米降为11米。体积压缩后，给人们以亲切感，提高了声响和面光的质量，并有利于节省空调的能源。由于观众厅高度的下降，整个剧院建筑的高度也就降下来了，节省建筑体积30%左右。三是通过合理加宽座椅和压缩排距，在减少面积的同时又能使观众在欣赏演出时坐得舒适。四是经济合理地使用结构，观众厅、舞台因功能需要做成大空间，用大跨度结构。其他部分尽量缩小跨度，以便采用一般结构或简易结构。贵宾室屋面采用反梁，梁底与楼板底取平，可不用吊天花。利用结构空间做灯槽，以节省灯具费用。五是精打细算使用材料。除前厅四根柱子和正门的三个门框镶贴大理石外，其他墙面和柱面都用一般材料。较广泛地使用水泥地面，将水磨石作为高级材料，其余能够节约的地方尽量节约。六是利用南方有利条件，组织岭南庭园空间。采用开敞式平面，将室内建筑空间同室外绿化结合起来，互相渗透，融为一体。七是在内部空间设计上以简练的线条、亲切的尺度、严谨的比例、朴素雅淡的色调，来代替烦琐堆砌的手法。①

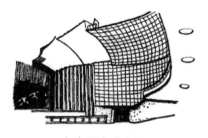

友谊剧院观众厅

友谊剧院前厅

六七十年代各城市的剧场建设也存在着不少问题：一是具有独创新意的设计不多，大多数剧场在设计上都在模仿少数几个成功的案例，而不能结合所在城市的特色文化和具体经济社会条件，因此导致不同剧场之间的"同质性"很强而"个性化"不显著。譬如南宁剧场的正立面造型像一个收音机盒子，后来者纷纷取经，河南的人民会堂、郑州的中州剧场、豫剧二团排演厅、成都的东风礼堂、河南的南阳剧场、贵阳川剧院都模仿其造型，结果"收音机盒子"泛滥。又如为追求外部装饰的现代感，大量使用玻璃、灯光和非实用的装饰面。二是舞台设计过大，南宁剧场的舞台深度做到24米，杭州剧场的舞台深度也做到24米。三是从友谊剧院以后，到处建设贵宾室，而且越建越豪华。贵宾室占地面积大，内部装饰豪华但是使用率不高，同时也

---

① 关于广州友谊剧院的设计情况和两张图片均取自佘畯南：《低造价能否做出高质量的设计？——谈广州友谊剧院设计》，《建筑学报》1980年第3期，第16—19页。

在观众中造成了等级的差距。

从新中国成立到改革开放前，剧院作为事业单位承担着政治宣传和公民教育两大任务，同时还是地方文化建设的"形象工程"，因而颇受所在地政府的重视。事实上，政府也是这一时期剧场建设的唯一推动者、投资者、设计者和实际使用者。作为典型的政治性建筑，剧场建设无论在位置选择、建筑外观设计方面，还是在内部空间规划、装饰和设施等等方面，都体现了政府意志。剧场建设首先考虑的，是能否展示出政府的威权、形象和达成宣教之目标。这就造成了剧场在空间建设的几个明显特点：一是在可能的条件下，建设位置多数会选择在政治中心——当地最高政治或者行政领导机关所在地附近。一般的，围绕着政治中心的文化建筑还会有图书馆、博物馆、展览馆等，它们共同形成一个具有指涉意义的建筑体系。二是在外观上追求沉稳、大气、恢宏，以求留给观者以庄重、肃穆、威严的感觉。换言之，建筑外观的整体审美诉求必须符合政治价值导向，因此绝对不会出现高度大大超过长度、显得"细长"的瓶状建筑，更加不会出现具有明显曲线设计的外立面，以免给人以轻巧、轻薄、过于时髦的印象。具有示范意义的首都剧场建成后，引起了多个省会城市的模仿，就属于这一诉求的表现。三是在材料和细部处理上，比如门、窗、柱、附属建筑和立面装饰等方面，尽可能做到中西结合，以贯彻"古为今用，洋为中用"的思想。至于基础设施，譬如灯光、座椅、舞台机械等等，因为不带有强烈的意识形态色彩，一般会尽可能使用技术较为先进的装置。四是内部空间方面，观众大厅以开阔、轩敞、富有气势为通用原则，因为大尺度空间是政府威权的暗示；观众席片区的划分、人流通道等则设计得非常规则有序，体现出强烈的秩序感；同时，剧场的舞台基本采用镜框式台口，这不仅仅是因为镜框式台口在这时已经稳定化为主流设计思想，采用这一设计不会显得"冒进"，也是因为镜框式舞台会对观众造成严肃、神秘、高大的感觉。

第三节　1978 年以后中国城市剧场的空间建设

1978年以后，随着中国社会整体转入"以经济建设为中心"的历史阶段，城市剧场建设逐渐进入了快速发展阶段。尤其是在党的十四大召开之后，剧场建设迎来了第一次高峰；中国加入WTO后，在"向世界接轨"的热潮下，又迎来了第二次高峰。[①]党的十四大确立了建设中国特色社会主义市场经济体制后，各城市剧场建设的主导逻辑也发生了巨大的变化：对于政府投资的剧场而言，虽然仍要考虑政治因素，但是政治标准不再是唯一的和最高的标准，商业因素、产业因素的考量程度在明显提升。同时，因为所有制改革的推动，资本开始越来越多、越来越明显地介入剧场的建设和运营之中。商业资本除了投资于国有剧院改建、新建，还在大中小城市中开设了不计其数、各种类型的私营小型剧院。经过四十余年的变迁，目前中国城市中的剧场空间形态呈现出大型化与小型化、综合化与专业化、公共化与私密化共同发展的明显特点。

这一阶段最具有代表性的剧场空间建设成就，首推各地的大剧院建设。

（一）从大舞台到大剧院

1. 大剧院的建设热潮

从清末西式剧场引入中国后，一直到二十世纪八十年代前，都可以称之为"大舞台"时代。从八十年代开始，虽然中国社会在整体上已进入到改革

---

① 据文化部财务司与中国演艺设备技术协会共同组成的"《新建剧场的现状及对策研究》课题组"在《我国新建剧场的现状及对策研究》报告中的不完全统计，自1998年到2013年的15年中，全国新建、改扩建的剧场数量达到266个。其中，单体的专业剧场为35个，占13.16%；综合性剧场为68个，占25.56%；多用途剧场152个，占57.14%；其他类型剧场11个，占4.13%。（《演艺科技》，2014年第5期，第3页）另据张瑞琪统计，1977—2010年间全国建有（含新建、改建、扩建、翻建）大型文化演艺设施（1200座及以上）141个，其中99%以上为剧场、剧院、艺术中心。（张瑞琪：《建国以来大型文化演艺设施的空间变化及运营管理研究》，华东师范大学硕士学位论文，2011年，第47—61页）

开放时代，但是一方面由于开放的区域是逐步放开的，所以各地在引进外资和接触西方最新发展成果上出现了时间差，导致观念上也出现了地区差；另一方面，也是更重要的一方面，是在政策重心转到经济建设上后，公共文化设施作为地方文化建设象征符号的价值在城市管理者的考量中降低了，这导致政府对公共文化机构的财政投入持续不足，公共文化机构一度到了很难维持正常运转的地步，更不要说修建或者改建大型设施。此外，在全民急于经商致富的时代风气下，民众为文化享受而花钱的意愿也普遍下降。种种因素叠加，二十世纪八十年代出现了普遍的公共文化机构生存危机，除了个别情况外，整体的剧场空间建设乏善可陈。

卢向东认为中国内地大剧院的建设应当从深圳大剧院起步。在西方，大剧院的名称是Center for the Performing Arts，直译过来就是表演艺术中心。其特征是将许多不同功能的剧场集中在一个大型建筑之内，仿佛是现代化了的"瓦子"。最早的表演艺术中心是1970年落成的林肯演艺中心，它包含了大都会歌剧院、爱乐交响音乐厅、州立剧场、博蒙特剧场、露天剧场等，采取了分散布局的方式。1971年，肯尼迪表演艺术中心在美国华盛顿落成，包括了歌剧院、话剧院、音乐厅、实验剧场、儿童剧场和电影厅，可以满足歌剧、芭蕾舞、电影、话剧、音乐剧、交响乐、歌唱艺术、室内乐以及各种歌舞戏剧的演出需求。此后，表演艺术中心的模式开始在全世界范围内扩散，在北美、欧洲、亚洲，都先后出现了此类剧场建筑类型。在表演艺术中心中，往往由歌剧院占据主导，这主要是因为其规模较大、技术复杂所致。尤其是其舞台技术，大多采用了德国式舞台——拥有复杂的舞台机械和舞台配置（其中以所谓的品字形舞台较为突出）。[①]

1984年，为上演《中国革命之歌》而兴建的中国剧院包含了一个歌剧院和一个话剧院，已经具备了表演艺术中心的雏形。1989年，包含了一个歌剧院和一个音乐厅的深圳大剧院落成，这是我国首个以大剧院正式命名的剧场。1997年上海大剧院落成，1998年正式营业。上海大剧院是改革开放后首

① 参见卢向东：《中国剧场的大剧院时代》，《世界建筑》2011年第1期，第111—112页。

个通过国际设计竞赛招标，最终由外国建筑师设计的大剧院建筑。上海大剧院是当时国内最豪华的剧场，舞台机械设施齐全，功能配置完备；剧院形象特异，具备作为标志性建筑的特征。

　　在深圳和上海的示范下，沿海经济发达地区纷纷兴起了建设大剧院的热潮。浙江省以承办2004年第七届中国艺术节为契机，投入34亿元建设场馆，其中33亿元用于20个主要场馆建设。迄今为止，浙江省的大剧院热潮已经波及县级市，比较有影响的有杭州大剧院、西湖文化广场、宁波大剧院、温州大剧院等，总数在10个以上。从深圳大剧院起步，广东省各地也竞相修建大剧院作为城市地标，到目前为止已经建成了10余个。其中比较知名的有广东演艺中心大剧院、广州大剧院、东莞玉兰大剧院、珠海大剧院、惠州文化艺术中心等，可以说珠三角的每一座城市都有至少一座大剧院。潮流所及，导致全国几乎每一个省市都兴建了自己的大剧院。据统计，从2010年至2013年，全国已建成和即将建成的现代化、高标准的"大剧院"多达40家左右；从各地公布的资料和计划看，2015年全国大部分中小城市都已经拥有或者开始建设自己的大剧院。[1]戈仕钊曾对1998年上海大剧院建成后二十年间全国已经建成的部分大剧院做了统计，情况如下表所示：[2]

1998—2020年建成的部分大剧院

项目名称	建成时间	建设规模（万m²）	建设内容
上海大剧院	1998年	7.0	1631座大剧院，575座中剧院，220座小剧场，多功能厅，宴会厅，展示厅，商店
宁波大剧院	2001年	5.2	1500座大剧场，800座多功能剧场，餐饮，宴会厅，酒吧，商业中心，文化展廊

---

　　① 陶庆梅：《中国大剧院建设的模式、问题与出路》，《文化纵横》2016年第5期，第92页。

　　② 戈仕钊：《剧院建筑公共空间活力提升策略研究——以海门大剧院为例》，东南大学硕士学位论文，2021年，第1—2页。

（续上表）

项目名称	建成时间	建设规模（万㎡）	建设内容
嘉兴大剧院	2003 年	2.8	1400 座大剧场，600 座多功能剧场，4 个电影厅，展演厅
绍兴大剧院	2003 年	2.6	1349 座歌剧院，多功能厅，咖啡观光厅
杭州大剧院	2004 年	5.5	1600 座歌剧厅，598 座音乐厅，400 座多功能厅，700 座露天剧场
东莞玉兰大剧院	2005 年	4.0	1600 座歌剧厅，400 座实验剧场，多功能小剧场
贵阳大剧院	2006 年	3.6	1281 座剧场，667 座音乐厅，5 个电影厅
武汉琴台大剧院	2007 年	6.6	1802 座大剧院，400 座多功能厅，艺术展厅，餐厅
河南艺术中心	2007 年	7.5	1800 座大剧院，800 座音乐厅，384 座小剧场，艺术馆，动态艺术表演厅，美术馆
国家大剧院	2008 年	16.5	2207 座歌剧厅，1859 座音乐厅，1036 座戏剧场，469 座小剧场，第五空间，艺术长廊，艺术展厅
湖州大剧院	2008 年	2.3	1349 座观众厅，250 座多功能厅，展厅，餐厅
合肥大剧院	2009 年	6.0	1515 座歌剧厅，975 座音乐厅，456 座多功能厅，300 座电影厅，会议室，书店，咖啡馆
重庆大剧院	2009 年	10.3	1826 座大剧场，938 座中剧场，会议厅，展厅
常州大剧院	2009 年	5.1	1526 座剧院，400 座小剧场，4 个电影厅
江西艺术中心	2009 年	4.9	1500 座歌剧院，882 座音乐厅，美术馆，综合排练场
青岛大剧院	2010 年	8.7	1600 座歌剧院，1000 座音乐厅，400 座多功能厅，艺术交流中心，商业
无锡大剧院	2011 年	7.8	1680 座歌剧院，700 座多功能剧场，餐厅，室外剧场
山西大剧院	2012 年	7.3	1628 座主剧场，1170 座音乐厅，458 座小剧场

（续上表）

项目名称	建成时间	建设规模（万㎡）	建设内容
天津大剧院	2012 年	10.5	1600 座歌剧院，1200 音乐厅，400 座小剧场，400 座多功能厅，室外剧场
济南大剧院	2013 年	7.5	1600 座歌剧院，1500 座音乐厅，500 座多功能厅
上海保利大剧院	2014 年	5.6	1466 座主剧场，400 座小剧场，屋顶剧场，水景剧场
渭南市文化艺术中心	2014 年	3.4	1000 座大剧院，多功能展厅，电影厅
银川大剧院	2015 年	4.9	1408 座大剧场，406 座多功能厅
北京天桥艺术中心	2015 年	7.5	1600 座大剧场，1000 座中剧场，400 座小剧场，300 座多功能厅
长沙梅溪湖国际文化艺术中心	2016 年	12	1800 座大剧院，500 座小剧场，艺术馆
哈尔滨大剧院	2016 年	7.9	1600 座大剧场，400 座小剧场，屋顶剧场
江苏大剧院	2017 年	21.1	2037 座歌剧厅，1014 座戏剧厅，1476 座音乐厅，325 座多功能厅，2540 座大综艺厅，746 座报告厅，餐厅
上海九棵树未来艺术中心	2018 年	7.2	1200 座主剧场，500 座多功能剧场，300 座主题剧场，2 个室外剧场
深圳坪山大剧院	2019 年	2.3	1200 座歌剧院，排练厅，培训厅，室外剧场
苏州湾大剧院	2020 年	21.5	1600 座歌剧院，600 座戏剧厅，10 个排练厅，电影厅，餐厅，咖啡厅，博物馆，展厅，会议厅

大剧院建设热潮是在中国加入WTO之后才开始兴盛的。各级政府在打造大剧院时，是将其作为城市标志性工程和改革开放进入新阶段的象征来定位的。由于此前中国缺乏设计大剧院的经验，以及大剧院本身所具有的象征意义，导致了一个既奇怪又有一定合理性的现象，那就是绝大多数大剧院的设

计机构都不是中国的！

20世纪90年代以来由外国建筑师设计的部分作品①

序号	剧院名称	设计者
1	上海大剧院	法国夏邦杰建筑设计事务所
2	中国国家大剧院	法国巴黎机场公司
3	上海东方艺术中心	法国巴黎机场公司
4	杭州大剧院	加拿大卡洛斯·奥特建筑师事务所
5	宁波大剧院	法国何斐德建筑设计公司
6	温州大剧院	加拿大卡洛斯·奥特建筑师事务所与PPA建筑事务所及同济大学建筑设计研究院合作设计
7	东莞玉兰大剧院	加拿大卡洛斯·奥特建筑师事务所与PPA建筑事务所及同济大学建筑设计研究院合作设计
8	河南艺术中心	加拿大卡洛斯·奥特建筑师事务所与PPA建筑事务所合作设计
9	江苏大剧院	加拿大卡洛斯·奥特建筑师事务所与PPA建筑事务所合作设计
10	广州大剧院	英国扎哈·哈迪德事务所
11	青岛大剧院	德国冯·格康、玛格及GMP建筑师事务所

2. 大剧院的代表——国家大剧院②

2007年底落成的中国国家大剧院，是中国进入大剧院建设时代的主要标志，其本身也是大剧院的代表性作品。建设代表国家形象的国家大剧院的动议早在新中国成立初期就有了。1958年，党中央就决定为迎接新中国成立十周年大庆在首都北京建一批大型公共建筑，国家大剧院当时也在排定之

---

① 来嘉炜：《现代剧院的发展与变化》，《戏剧之家》2014年第2期，第18页。

② 以下关于国家大剧院的介绍主要来自360百科。https://baike.so.com/doc/5418743-5656909.html。

列。周恩来总理亲自确定了建设地点、审定了设计方案。1996年10月，中共第十四届中央委员会第六次全体会议通过的《中共中央关于加强社会主义精神文明建设若干重要问题的决议》中，明确指出要有计划地建成国家博物馆、国家大剧院等具有重要影响的国家重点文化工程。1997年10月，中共中央政治局委托北京市筹建国家大剧院。1998年1月，国家大剧院建设领导小组成立，组建了由北京市牵头，文化部、建设部参加的国家大剧院工程业主委员会，并确定建筑设计方案以邀请方式为主进行国际招标。1998年4月，国务院发出《国务院批转国家发展计划委员会关于建设国家大剧院有关问题请示的通知》，批准国家大剧院工程立项建设。当月13日开始了建筑设计方案的国际邀请竞赛。1999年7月22日，中共中央政治局常委会讨论同意国家大剧院建筑设计方案，采用法国巴黎机场公司设计师保罗·安德鲁设计的、清华大学配合的圆形设计方案。2000年4月1日，国家计委批准国家大剧院工程开始施工现场前期准备。2001年12月13日，国家大剧院工程正式开工建设。2007年9月，国家大剧院宣布工程基本完工。2007年12月22日，国家大剧院建成开业。

国家大剧院位于西长安街，与人民大会堂和天安门广场相邻，用地南北向长约450米，东西向北宽约220米，南宽约250米，总占地面积11.89万平方米，总建筑面积21.75万平方米。主体建筑外部为钢结构壳体，呈半椭球形，平面投影东西方向长轴长度为212.20米，南北方向短轴长度为143.64米，建筑物高度为46.285米，比人民大会堂略低3.32米，基础最深部分达到−32.5米，有10层楼那么高。大剧院壳体由18000多块钛金属板拼接而成，面积超过30000平方米，18000多块钛金属板中，只有4块形状完全一样。钛金属板经过特殊氧化处理，其表面金属光泽极具质感，且15年不变颜色。中部为渐开式玻璃幕墙，由1200多块超白玻璃巧妙拼接而成。椭球壳体外环绕人工湖，湖面面积达3.55万平方米，各种通道和入口都设在水面下。人工湖四周是总面积达3.9万平方米的绿化带，绿荫隔断了长安街上的喧嚣，形成了一片身处市中心的大型文化休闲广场。

大剧院内部由歌剧院、音乐厅、戏剧场、多功能厅（小剧场）及相关的配套辅助用房组成。歌剧院是国家大剧院内最宏伟的建筑，以华丽辉煌的金色为主色调。主要上演歌剧、舞剧、芭蕾舞及大型文艺演出。歌剧院观众厅设有池座一层和楼座三层,共有观众席2207个(含站席)。歌剧院有具备推、拉、升、降、转功能的先进舞台,可倾斜的芭蕾舞台板,可容纳三管乐队的升降乐池。音乐厅风格清新、高雅,适于演奏大型交响乐、民族乐,并可举办各种音乐会,有1859个席位(含站席)。音乐厅内拥有国内最大的管风琴,能满足各种不同流派作品演出的需要。此外数码墙、极具现代美感的抽象浮雕天花板、GRC墙面、龟背反声板等设计能令声音均匀、柔和地扩散反射,使音乐厅实现了建筑美学和声学美学的完美结合。戏剧场是国家大剧院最具民族特色的剧场,以中国红为主色调,真丝墙面烘托出传统热烈的气氛。主要上演话剧、歌剧、地方戏曲等演出。戏剧场观众厅设有池座一层和楼座三层,共有1036个席位(含站席)。戏剧场舞台拥有先进的舞台机械设备,可以把独特的创作变成表演的现实。其独特的伸出式台唇设计,非常符合中国传统戏剧表演的特点。小剧场是国家大剧院最具多样性可能的多功能剧场,整体色调清新、风格典雅,可以适应室内乐、小型独奏独唱、小剧场话剧、小剧场歌剧、现代舞等多种艺术门类的演出。小剧场观众席共设有19排,469个席位(含活动座椅)。

国家大剧院完全符合如下几个概念:第一,现代化。具有先进的技术、齐备的舞台机械等。第二,开放性。大剧院由外国建筑师设计,建设融入了西方风格。第三,标志性。建筑形式的奇特,位置紧邻人民大会堂和天安门广场。由于国家大剧院的地位,它成为了具有示范性的大剧院,各地大剧院争相模仿学习,引导了全国性大剧院热的快速扩散。其剧场的模式、设施配置、投资、标志性形象、布局等,都极大影响了各地的大剧院建设。

(二)大剧院的空间特征及其解读

1. 大剧院的空间特征

从十九世纪末以来,剧场建设逐渐成为城市文化生活的重要风向标,具有代表性的剧场建筑会被视为城市的形象符号之一。1949年以后,附着在剧场空间建设上的政治象征意义,进一步强化了中心剧场的城市符号功能。改革开放前以重点城市——直辖市、省会城市——为代表的剧场空间建设,如前所言，以稳重大方、气势恢宏、严整有序为核心审美诉求，而改革开放后的剧场空间建设，在继续强调气势恢宏的同时，是否具有设计创意、是否更"亲民"、是否更能体现出"现代性"开始逐步成为考量的重点。这些新的考量导致大剧院在空间建设上体现出若干新的特征：

首先是建设选址的变化。如前所言，1978年以前的大剧院建设，其地址大多数都会选在当地政治中心附近，但是大剧院建设的地址，除了特别强调其政治象征意义的之外，很多会距离政治中心较远。较远的意思是说，大剧院建筑不再追求其政治符号价值，它可以——当然不是必须——选择不与政治中心及其附属的其他建筑在同一个场域之内，不与政治中心构成一个统一的建筑话语体系。但是，几乎所有的大剧院都会处于城市的节点位置，且与城市已有的或新建的中心广场结合（如果政治中心位与中心广场一体化，则剧院自然也会与政治中心位于同一场域内，例如上海大剧院）。这一变化说明大剧院的建设理念从"城市形象"转向了"城市意象"。在许多城市，大剧院及其附属环境的建设生产了环境优美、设施先进的新的城市空间，而这一新空间和由老旧城区构成的旧的城市空间之间，形成了"现代"与"传统"、"进步"与"落后"、"开放"与"封闭"之间的鲜明对比，成为城市执政者彰显自己推动所辖地区进入"现代化"的证明。

其次是建筑外观的变化。改革开放前各城市的主要剧院，在建筑外观形态上多以方形、灰色为主基调，给人以沉稳、严肃、威严之感，而从深圳大剧院和上海大剧院开始，富有创意的外观形态逐渐成为主流。尤其是由法国建筑师保罗·安德鲁（Paul Andrew）设计的国家大剧院蛋形外观，因其别具一格、完全打破中国人传统审美惯性的形状而引起的巨大争议被社会各界逐渐接受之后，各地大剧院的建设都希望在外观设计上别出一格，与地方文化相关、"富有创意"的外观几乎成为设计的优先追求。比如珠海大剧院由一大一小两组外形酷似贝壳的建筑组成，青岛大剧院外观形似两架钢琴，杭州大剧院外观似一轮弯月，江苏大剧院外观仿佛数颗水滴，绍兴大剧院外观像"乌篷船"，哈尔滨大剧院外观似雪山耸立，合肥大剧院外观像涌动的波浪，长沙大剧院造型犹如美丽的芙蓉花，沈阳盛景大剧院仿佛一颗璀璨的钻石，重庆大剧院外形酷似"玻璃时空船"，新疆大剧院好像一朵盛开的雪莲花，广州大剧院外观宛如被江水冲刷过的"灵石"，如此等等，不一而足。这些新颖的、富于创意的外观，很多是由西方国家建筑师，或者中国和西方建筑师联合设计的，它们往往被赋予"地方特色+全球视野"的寓意，是地方"向世界接轨""走向现代化"这一理念的具体实践。

又次是内部空间组合的变化。传统的剧院基本上是专业剧院，而大剧院之所以"大"，就在于它其实是一个融文化和商业为一体的综合体——大剧院是"文化事业"向"文化产业"转型的结果。为了达到吸引观众的目标，大剧院需要充分考虑、甚至主动创造消费者的需求。传统的"门厅+观众厅+后台"的内部空间规划只能满足观众的观赏需要，无法同时满足观众购物、游览、消闲、交往、餐饮等其他需要，更不用说激发、创造出新的需要。为了实现商业目标，大剧院需要规划出多种功能不同的空间，譬如按照专业属性划分的不同表演区、商购区、消闲区、餐饮区、娱乐区等等，以满足进入者的多元化需求。在很大程度上或者说主要出于商业目的，大剧院会有不止一个出入口以方便观众/顾客；考虑到门票在吸引人流上会发生某种"阻滞"作用，一些大剧院的运营者还会实行低价甚至完全免费的门票政策。

无论是出于大剧院作为公共文化空间本身就应该具有的公共性，还是出于商业的考虑，大剧院都会尽可能考虑提升公众的参与度。所以不仅仅在内部空间上需要根据观众/顾客的心理和需求进行优化，在剧院的外部附属环境上也颇为精心。譬如是否位于地铁或者公交的交通节点位置、附属广场建设（几乎所有的大剧院都带有附属广场）是否适于游赏和有吸引力、停车场是否方便进出和有足够车位等等。

最后是材料和设施的使用。对于普通观众而言，材料和设施更多属于"技术"领域的事情，但是事实上材料和设施也是生产有意味空间的积极因素。譬如，建筑的外观使用什么材料，就具有明显的象征意义而不全是技术性的。中国大剧院的椭圆外壳上部覆盖着玻璃和钛金属板，玻璃的使用在视觉上将空间的内部和外部联为一体，钛金属板在阳光下会发出特殊的光泽，这两样材料的大量使用所营造的类似于梦幻一般神秘而辉煌的意象，与中国大剧院作为中国现代化建设成就的象征意义是共通的。对于中国人来而言，现代化的内涵主要集中在技术和物质方面，而应用最新、最"先进"的材料和设施既是"现代化"的逻辑结果，也是"现代化"的最好展示。广州大剧院在塑造剧场前厅、观众厅、多功能厅、排练厅等空间时，使用了大量的GRG材料。这是一种特殊的石膏板材，具有容易造型、不易变形的特点。正是由于使用这一"现代化"材料，广州大剧院在内部空间的设计上取得了某种"革命性"——几乎取消了直线、直面而全部使用曲线、曲面来构造空间，从而造成了视觉上的"优雅""愉悦"感。

2. 大剧院空间特征解读

大剧院的兴起是近二十余年来中国城市建设中一个非常重要的现象。大剧院固然属于公共文化设施，但因为其建设与运营、空间选择与布局等等各个方面都涉及诸多的关系，所以对于这一现象决不能仅仅从文化的角度或者审美的角度予以解读，而应该纳入文化-政治-资本互相作用的多元关系中予以解读。

大剧院是政府规划的产物，是政治意志在空间实践上的直接投射，政治考量是决定大剧院"空间生产"的最主要因素。在诸种考量因素中，最具优先地位的是如何赋予其作为国家或者地区形象标志的象征意义，而这一点又集中在对建筑外观的设计上。比如国家大剧院的建设是在国家最高层面规划的结果，其建设被纳入中共中央的重要决定中，[①]并由国家出面组建了由

---

① "新建一座设施先进、功能齐全、具有世界一流水平和民族特色、代表国家形象的大剧院"，最早由周恩来总理在1958年提出并制定了建设方案，但因为当时国家经济困难和后来"文化大革命"的影响，一直未能付诸实施。"文化大革命"结束不久，文化部和北京市就建设国家大剧院一事联合向中央提交了报告，经过漫长的等待，1986年由国家计委批准进行前期准备工作，1987年文化部成立大剧院筹备组。1989年9月国务院总理李鹏批示"建设国家大剧院是应该的，是迟早的事，但目前国家经济困难，在整治期暂难安排，但可先搞设计"；同年11月全国人大常委会委员长万里专门听取建设筹备汇报并表态国家大剧院建设是周总理交代的任务，"我们这样一个文明古国，没有一个世界一流的国家剧院是说不过去的。"（见杨朝岭：《国家重点文化工程启动前后》，《瞭望新闻周刊》1997年第5—6期，第36页）1996年10月，中共第十四届中央委员会第六次全体会议决定建成包含国家大剧院在内的一批具有国际影响力的国家重点文化工程；1998年1月国家大剧院建设领导小组成立；1998年4月大剧院建设获得了国务院批准立项。

各政府部门组成的工程领导机构"国家大剧院建设领导小组"和具体实施机构"国家大剧院工程业主委员会"。在建设过程中，大剧院建筑设计方案甚至要经过中共中央政治局常委会的讨论。再如上海大剧院是上海市的标志性工程，二十世纪九十年代初期，上海市政府就有意在上海建成一个中西文化的交流窗口，作为城市标志性的文化设施。1994年，时任上海市市长黄菊指出，上海要成为国际大都市，文化建设必须与经济建设相配套。上海市委、市政府对大剧院工程建设提出"为上海人民争光、对子孙后代负责"的要求，将大剧院的建设上升到政治意识形态的高度。[①]北京、上海如此，其他各城市亦莫不如此，可以说是无一例外。

作为标志性城市公共文化设施，大剧院的外观设计对于如何体现文化象征意义提出了很高的要求。因为这一文化象征意义不但要从传统文化、民族文化的角度得到合理解释，也要符合目下的主流文化理念，也就是说必须同时符合传统和时代的双重要求。比如，国家大剧院的"蛋"形造型，在初期引起了巨大的社会争议。争议的焦点之一，就是这一建筑造型是否体现了中国传统文化的问题。虽然设计师本人并不认为自己的设计体现了中国传统文化精神，但是支持这一造型的人却将其解释为中国人"天圆地方"观念的具体化，并结合附属环境建设中的绿地、水体等元素，进一步认为大剧院的整体建筑空间构造符合"天人合一"这一公认的传统文化核心理念，且同时体现了"人与自然和谐"这一最新的时代要求。在大剧院建成后，随着争论落下帷幕，用中国传统文化理念来解释其空间建构逐渐成为主流，从而使得其"空间生产"取得了文化上的合法性。不仅如此，还有研究者将大剧院所代表的"现代化意象"与天安门、长安街等代表的"政治意象"进行对比，认为这一新的空间塑造"催生了社会各个阶层对于北京城市空间的新的想象"："天安门及长安街等核心地带自北京建都以来一直呈现为政治性的符号形象，当国家大剧院在新时代以一文化休闲中心呈现出来的时候，改变了天安门及长安街以政治性为主的符号形象，在政治符号之上加上了文化休闲

---

① 杨子：《大剧院的"政治叙事"及对城市文化的塑型》，《河南社会科学》2016年第3期，第117页。

和观赏的新功能，并把政治、文化、休闲、消费融为一体，在这种一体中，改变了北京城市浓厚的政治性意涵，并在这种改变中，呈现了一种社会新质。这一新质就是北京城市在消费主义语境中的政治元素和文化元素的相互渗透和融合。文化、休闲、消费作为城市新的要素在城市空间中获得了相应的话语权，讲述了一个新的关于城市的伟岸传奇。"①和代表中国形象的国家大剧院相比，由省或者市规划建设、作为地方形象标志的大剧院，在建筑外观设计上会更突出地域文化的象征性；换言之，地方性大剧院的空间生产在文化上的考量主要出于能否将"现代化"与"地域象征"较完美地融合在一起。如上海大剧院的建设是为了落实上海市委、市政府"推动文化大发展大繁荣，加快发展充满魅力的国际文化大都市"（《上海市国民经济和社会发展第十二个五年规划纲要》）的城市想定，因此要考虑"如何营造地方文化氛围，汇聚本土文化特质与核心价值，以及提升市文化认同感与归属感"这三大诉求。在实践中，上海大剧院"奇观化的建筑外形赋予上海大剧院象征性符号功能，代表城市美学的思想主轴，展示上海现代化、开放性的地区形象与经济发展水平"；在通过建筑外形、空间装饰、管理运营等"从空间维度上将上海与全球进行连接"的同时，上海大剧院"在时间维度上则与20世纪30年代的上海有着内在的维系"，因为它的英文名称Shanghai Grand Theater及文化地位与1933年由匈牙利建筑师邬达克设计重建、也坐落在今人民广场文化圈内的大光明大戏院Grand Theater遥相呼应，"这两座建成时间相隔65年的建筑，在它们各自所处的时代，都是以最现代的、极富创意的、极新颖的、摩登的形象呈现在世人面前的。"②

　　大剧院的运营常常与资本运作联系在一起，体现了政治与资本的共谋关系。大剧院工程浩大，需要投入大量的资金，这些资金不可能由政府财政完全投入。在"经营城市"的指导思想下，多方筹集资本进行开发能够实现政治与资本的"双赢"，因而成为一条最常见的融资模式。在中国的实际运

　　① 李建磊：《国家大剧院与北京都市空间想象》，首都师范大学硕士学位论文，2008年，第24—25页。

　　② 杨子：《大剧院的"政治叙事"及对城市文化的塑型》，《河南社会科学》2016年第3期，第119页。

营中，由于大剧院被定为事业单位，而事业单位位于政府机关与企业的中间地带，所以形成了极为复杂的权益关系。例如，上海大剧院在刚开始规划时被上海市委、市政府定位为面向市场的非营利性艺术表演机构，隶属于上海市文广影视集团，其初始投资来自上海广播电影电视局（上海市文广影视集团）。另外，上海大剧院每年还可获得政府补贴，补贴额占年总收入的8%左右。2005年文化体制改革，上海大剧院从上海市文广影视集团中分离出来，由上海市委宣传部直属的上海大剧院艺术中心直接领导；上海市委对于大剧院的定位也转变为"以社会效益为主，经济效益和社会效益相统一，两个效益同步增长"。经济效益的定位促使社会商业资本进入大剧院的运营：2014年5月，通用别克作为上海大剧院在汽车领域的独家战略合作伙伴，为其提供"超过剧院运营成本的10%"的资金赞助，上海大剧院中剧场也因此被冠名为"别克中剧场"。目前中国各城市中的大剧院，基本上全部属于混合所有权结构。

国家大剧院

上海大剧院

小　结

从今天的眼光看，表演属于人类为了满足自己的精神需求而进行的审美性实践活动。然而，由于人的本质"在其现实性上，它是一切社会关系的总和"，[①]所以在历史上制约和支配剧场空间生产的主要因素，反倒不是人的纯粹的审美需求，而是宗教的、政治的或者商业的因素——人的审美需求要在宗教、政治或者商业因素所织成的框架之下才能得到满足。剧场空间的公共性及其实现的路径、实现的程度，都要结合特定历史阶段的宗教、政治、商业因素才能得到说明。

无论中西方，远古时期的巫觋性表演活动都是在开放的空间举行的。进入文明时代之后，中西方走上了不同的发展道路。在古希腊和古罗马，剧场是典型的将宗教功能、娱乐功能、教育功能混而为一的文化空间，而中国至迟在西周就出现了宗教、教育、娱乐的分离：宗教性表演必须在神社、祖庙等神圣空间，教育由专门的学校（庠、序）承担，娱乐性表演则局限在宫廷或者私人家庭内部。因为功能分化，中国古代没有对大型表演空间的需求，因而没有出现类似古代希腊和罗马那样的巨型剧场。进入中古以后，受佛教传播的影响，唐代中国城市中逐渐形成了面向市民的开放性剧场空间；宋代以后，以瓦舍为代表，这一面向市民的开放性剧场空间趋于商业化、专业化。与中国中古以后出现的世俗化浪潮支配下的剧场实践形成鲜明对照，西方在进入中世纪以后，剧场的空间生产——无论在内容还是形式上——都受到宗教的全面支配，古代西方剧场所承担的多种功能萎缩为单一的宗教功能。直至文艺复兴以后，世俗化思潮才重新崛起，进而催生了剧场向资本主义逻辑支配下的商业化、专业化转型。作为资本主义生产关系的具象化，镜框式舞台开始成为剧院内部空间规划的主流设计。与西方在十六、十七世纪以后的革命性变迁不同，中国还在传统的道路上缓慢前行。体现在剧场空间

[①] ［德］马克思：《关于费尔巴哈的提纲》，见《马克思恩格斯选集》（第1卷），人民出版社1972年版，第18页。

生产上，明清两代的城市中再也没有出现如同两宋时期那样繁荣的，面向全体市民的商业化、综合性公共文化空间。明代中后期出现的戏园，很大程度上附属于酒馆、茶馆，并不具有独立的意义。清末"西风东渐"之后，在"西强中弱"的政治形势下，文化上也出现了普遍的"西优中劣"思潮。代表西方文化的镜框式剧场在沿海主要工商业城市中迅速普及，而中式传统剧场则就此落下帷幕。

1949年中华人民共和国成立后，剧场承担了建设新的国家意识形态的重要使命，剧场的商业属性被大大弱化而政治功能被空前强化。藉由空间规划、空间占有、空间控制等一系列具体策略，剧场被改造为以形塑民众的社会主义意识、增强民众政治认同和政治参与度为唯一旨趣的"宣传阵地"。从实现公共性的角度而言，这一时期剧场建设的主要成就，一是通过"送戏上门"等方式大大地拓宽了剧场的空间边界，二是通过平衡不同城市的剧场布局实现了相对意义上更加广泛的文化共享。这两项成就的共同点，都是将文化资源向底层倾斜，努力使公共文化可以覆盖更多的人口，尤其是历史上大多数长期被边缘化的受压迫人口。虽然批评者常常指责改革开放前将近三十年间剧场所提供的文化产品过于单一，但是却无法否认众多的底层民众在这一时期也获得了文化受益权这一事实。

1978年以后，党和国家的总路线从"以阶级斗争为纲"调整为"以经济建设为中心"，中国的现代化进程开始以新的方式加速推进。经济发展方式的转变引发了包括社会意识形态在内的上层建筑的一系列变化，其中的一个重要的可观察的结果，是中国特色市民社会的重新形成和壮大。无论从实现经济利益出发还是从彰显其意识形态出发，新兴市民阶层都希望参与到对公共空间的塑造之中，剧场的空间建设因此而受到了政治和资本的双重影响。经历了二十世纪八十年代后的短暂混乱——其主要表现是国营剧场大幅衰落和无数私人小剧场的急遽增长——之后，从九十年代中后期开始，借助于"现代化"这一纽带，政治与资本在"大剧院"建设上寻找到了结合点：大剧院的空间生产既体现了政府意志，也实现了资本的诉求。然而，从实现公共性的角度看，就像简·雅各布斯在《美国大城市的死与生》中所批评的那样，由于大剧院建筑的空间规划基本上是功能主义的，所以其"现代化"的空间实践在结果上往往沦为一种与普通民众之日常生活相当疏离的"景观"式存在；作为城市中重要的公共文化空间，大剧院并没有发挥好公共空间应有的紧密联系城市与公众、增强城市肌理和社会活力的作用。

第四章
城市广场公共文化空间的变迁

　　漫步在或大或小的城市里，穿过街头的车水马龙，在城市的心脏地带，你往往能看到一座座广场。它们形状各异，有时空无一人，有时熙熙攘攘；在白天和黑夜的转换中，在春夏秋冬的轮回里，它们呈现着种种不同的面貌。不管多少人间变迁，它们似乎永远就在那里，默默地承受，默默地注视。这座城市的历史，就潜藏在它的承受和注视之中。

　　了解城市，从了解广场开始。

第一节 城市广场空间的历史

从起源来讲，广场是人类聚落中的活动中心。当人类开始逐渐摆脱不断迁徙的动荡生活而在一些固定的地方聚集下来时，广场的胚胎就已经在悄悄孕育之中了。因为定居生活需要处理越来越多的公共事务，而处理共同事务又需要人们有一个聚集、交谈的公共性场所。这个场所，就是广场最初的来源。

（一）西方城市广场空间的发展

1. 政治功能主导的古希腊广场空间

古代希腊城市广场的出现与发展，和希腊城邦国家的变迁紧密联系在一起。从政治形态上说，古希腊并不是一个统一的国家，而是众多城邦国家的松散联合。所谓城邦国家，就是以一座城市为基础而建立的微型国家，所以城邦国家其实就是城市国家。从发展史上看，古代希腊的城市是以自然形成的村落为基础，通过村落之间的互相联合发展而来，是村落规模不断扩张和随之而来的提升其祭祀、活动、防卫等各方面基础设施的自然结果。亚里士多德（Aristotle）就曾明确说过城市（城邦πολις）"由若干村坊组合"而成。[①]譬如雅典本来是阿提卡地区的一个据点，由于阿提卡实行了全面的政治性整合，公元前八世纪的时候，各地的人们大批前往该地集中居住，雅典便逐步成了该地区的中心。公元前七八世纪，古希腊的很多村落都发生了类似于雅典那样的自发联合行动，由此结合而成比较有力的政治集合体，并在基础之上形成一个一个的城邦。古希腊城市形成的这一过程，被称作"集住现象"。[②]

因为希腊的城市是自发形成的，所以其空间布局缺少提前的详细规划，而是随着需要的增加不断随机"添置"各种建筑，这样就造成了城市空间布局在细节方面的无序性，给人以凌乱的感觉。当然，这不是说古希腊的城市

---

① ［古希腊］亚里士多德：《政治学》，吴寿彭译，商务印书馆1965年版，第7页。

② ［日］大谷幸夫：《城市空间设计12讲：历史中的建筑与城市》，王伊宁译，华中科技大学出版社2018年版，第98页。

组合完全是混乱的。如果从结构功能的角度说，古希腊的城市空间基本上由两大部分组成。这两部分就是卫城和广场。

卫城是古希腊城市的核心区。从发展史上看，卫城其实是城市最早的雏形，也就是最初的村落所居住的地方。卫城一般位于台地之上，地形相对险要而适于防守。在成熟的古希腊城市中，卫城"首选是神祇的家园，自然和历史流传下来的各种神圣职司也都设立在这里"。正是因为这个原因，卫城被称作"城市的内核"、"城市全部实在的精华"所在地。[①]卫城里到处都是神庙。这些神庙的空间分布继承了民间圣地建筑群的特征，"除非是山顶上最为重要的中心建筑的位置，没有总的建筑中轴线，没有连续感，没有视觉的渐进，也不追求对称的形式，建筑物完全暴露在视野之内，四面多有修饰，形式随脚步走近时视角的变化而变化。"[②]

广场则是城市不断扩张的结果。当聚集的人口越来越多，而原先的卫城已经无法容纳之后，人们的活动中心就发生了转移。卫城在继续保持其宗教中心地位的同时，其他的一些功能被逐步转移到了卫城之下的新建区。在新区内，贸易、集会、游行、演出等等公共活动一般在相对固定的一片开阔空间举行，这片空间就是新的城区的中心，古希腊人称为"阿果拉"（Agora），也就是后来的城市广场。

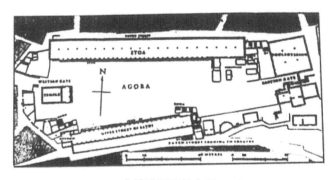

古希腊阿果拉广场

① ［美］刘易斯·芒福德：《城市发展史——起源、演变和前景》，倪文彦、宋俊岭译，中国建筑工业出版社1989年版，第123页。

② 王莎、许志龙：《理想城市楷模——论古希腊城市规划》，《西南大学学报（社会科学版）》（增刊）2010年，第181页。

广场的主要功能是举行政治性活动。按照汉娜·阿伦特的观点，古希腊人的生活可以区分为在公共领域中的生活和在私人领域中的生活两大类，而只有公共生活才使希腊人保持在"人的状态"中。对希腊人而言，公共生活和政治生活是同义词，城市广场则是他们开展公共生活的最主要地点。以雅典为例，其城市广场的最主要功能是举行全体公民大会。从字源上说，广场的名称Agora 来自动词ageirein，这个词的最初含义，就是全体公民"聚集"在一起参与城邦的公民大会。雅典城市广场上的主要建筑有两类，一类是政治性建筑，一类是宗教性建筑。政治性建筑包括了议事堂（The Bouleuterion）和公共会堂（Prytaneion）。前者是五百人团办公的地方，形状为长方形，分成用于会议的半圆形阶梯式会议厅和成员进行社交的廊院两个部分；后者是由五百人团选出的代表"执政团"办公的地方，其空间布局略呈四方形。广场上的皇家柱廊（The Royal Stoa），则是雅典执政官的正式办公地点。在市政广场上，还建有一个被称作"纪名英雄墙"（Eponymous Heroes）的建筑，其顶端树立着10个雅典英雄的青铜雕像，分别代表雅典的10个部落，墙身用作公告栏。有关城邦的事务诸如公民大会等皆公告于此，各项法令的预案也公告于此，供人们讨论，而后在公民大会上投票表决。[①]同时公民大会所通过的法令都刻在石碑上，然后公布于广场之上。公元前5世纪末，雅典城邦在市政广场上建立了母亲神的圣殿，称作Metroon，它同时又是雅典的公共档案馆，城邦所有的法律、法令、公民大会和500人议事会的决议，以及收支账目都存放于此，以供公民们查询。[②]

宗教活动是希腊城邦公共生活极为重要的一部分。广场虽然是政治场所，但是宗教功能依然得到了保留。事实上，当时的宗教活动和政治活动有

---

① ［古希腊］德谟斯梯尼：《演说集》（Demosthenis Orationes），XX，94（牛津大学希腊文原版，2卷上册，1920年）和XIV，23（牛津大学希腊文原版，1卷，1903年）。转引自黄洋：《希腊城邦的公共空间与政治文化》，《历史研究》2001年第5期，第103页。

② James P. Sickinger, *Public Records and Archives in Classical Athens*, University of North Carolina Press，1999，Chapters3–4.转引自黄洋：《希腊城邦的公共空间与政治文化》，《历史研究》2001年第5期，第103页。

时很难区分。"在希腊人的观念里，国家与社会、政治与宗教等并不是分开的，而是融为一个整体。"①雅典的城市广场正中央建有十二主神祭坛。这个祭坛被视为全雅典的中心，希腊各点至雅典的里程数，都以这座祭坛为基准开始计算。此外，广场上还建有爱与美之神阿弗罗狄特的祭坛。阿弗罗狄特是希腊人最常说起和祭祀的神。考古学者在她的祭坛之下，挖掘出了大量用于献祭的猪和羊的骨头。每年春季和秋季，祭祀酒神狄奥尼索斯的盛大的游行活动也在广场上举行。在雅典人的观念里，为了颂扬奥林匹斯山上的诸神而举行的戏剧演出、体育活动和节庆游行等都具有宗教性，所以到位于广场的剧场看戏、参加在广场举行的体育运动和节庆表演活动，也属于公共生活的一部分。

2. 秩序和威权化的古罗马广场空间

罗马人本来是拉丁人的一支，居住在台伯河下游的转弯处，这里有台伯河上唯一的自然岛屿台伯岛。借助于这个岛屿，这里成为连接河流两岸的交通要塞，进而在台伯河的东岸形成了"青果中心"（Forum Holitorium）与"牛墟市场"（Forum Boarium）两个广场。②由于集市贸易的发展，越来越多的人口前来聚集，在附近的巴拉丁山丘（the Palatine Hill）上形成了多个居民聚落。这些聚落逐渐联合起来，最终形成了整个城市。如果说促进古希腊城市广场形成的直接原因是政治集会的需要，那么促进古罗马城市广场形成的直接原因则是贸易交换的需要。Forum这个词最初即指用作贸易的交易空间，后来才引申为公众进行集会、聚集的空间。

在罗马共和国和罗马帝国期间，罗马人建设了数百座大小不一但是空间布局却基本一致的广场。广场事实上变成了罗马权威的象征，正如凯撒时期的建筑师维特鲁威（Vitruvii）在《建筑十书》第一书的《序言》中所说的："凯撒皇帝……由于陛下的威力不仅国家合并了各邦而扩大起来，而且还通

---

① 黄洋：《希腊城邦的公共空间与政治文化》，《历史研究》2001年第5期，第106页。

② Leonardo Benevolo：*The history of the city*，The MIT Press（Cambridge，Massachusetts），1981，pp. 140–141.

过公共建筑物的庄严超绝显示了伟大的权力。"①总体而言,罗马广场在空间上具有如下特征:

首先,罗马广场"并不单单是一个开放性场地。它在发展过程中逐步形成为一个完整的管区"。②在这个由柱廊围起来的空间内,除了开阔的场地,还有圣祠、庙宇、法庭、议会等政治和司法建筑以及用于粮食等商业贸易的大型建筑。从这种空间特征看,罗马的广场也同古希腊的广场一样,具有综合性功能,可以用于各种公共活动,例如集会、祭祀、游行、体育比赛等。

其次,和古希腊城市广场的"无序"相比,古罗马的广场空间更加追求规则和秩序。在形成初期,古罗马广场也和希腊的城市广场一样,呈现出某种"自由生长"的状态:广场没有明确的轴线;神庙、会堂等公共建筑的布置没有一定的规则;广场建筑物彼此在形式上不甚协调,如此等等。但是随着罗马的逐渐强盛,广场的空间秩序越来越受到重视。作为罗马政治和军事势力的投射,罗马人在帝国版图内建设了数以百计的城市广场,而这些广场在空间形式上呈现出高度的一致性:它们都是矩形的,位于两条交叉的主街道的中心,同时也位于整个城市的中心。广场上林林总总的建筑物,包括神殿、庙宇、会堂等等,都按照轴对称的形式分布。维特鲁威指出建筑要讲究法式、布置、比例、均衡、适合、经营。③具体到广场,则其"规模大小要适应人数来建造";形状要像长方形,"当长度分成三个部分时,以其两个部分限定为宽度"。在建设柱廊时,"上层柱子应当规定比下层柱子小四分之一"。广场内的大会堂选址"应当规定在尽可能温暖的地方。……它的宽度要定为不少于长度的三分之一,不大于长度的二分之一"。④在广场的

---

① [古罗马]维特鲁威:《建筑十书》,高履泰译,中国建筑工业出版社1986年版,第3页。

② [美]刘易斯·芒福德:《城市发展史——起源、演变和前景》,中国建筑工业出版社1989年版,第170页。

③ [古罗马]维特鲁威:《建筑十书》,高履泰译,中国建筑工业出版社1986年版,第10—11页。

④ [古罗马]维特鲁威:《建筑十书》,中国建筑工业出版社1986年版,第102—103页。

外围，"国库、监狱和元老院都应当比邻广场，但是它们的均衡的尺度要和广场相适应。特别是元老院要建成优先适合自由城市或国家的威严。因此，如果它是四方形的，那么高度就要定为宽度尺寸加上它的一半；如果是矩形的，那么便把长度和宽度相加合计，以其一半作为框格顶棚下端的高度。"①从维特鲁威的意见，可知至迟在罗马帝国时期，关于广场的空间秩序已经形成了成熟的理论。

再次，对比于古希腊，古罗马的城市广场由柱廊、神殿、会堂三大建筑元素组成。柱廊是罗马广场上最引人瞩目的建筑。他们把柱廊修得富丽堂皇，既用之作为空间的装饰，也用之对不同功能的空间进行区隔。奥古斯都做皇帝的时候，特别喜爱用柱廊来美化城市，据说在他统治时期建设的"柱廊街道的总长达13英里以上"。②在古希腊，神殿集中在卫城之中，而古罗马人把它们搬到了广场上。"广场作为社区生活的中心，象征社区守护神的神殿位于广场之中，控制全场。作为全城中心的广场布设有'国家主神神殿'。与希腊神殿相比，罗马神殿坐落于一高台之上，使之具备更强的纪念性与崇高感。神殿位置也比希腊有所固定，多位于广场的长向中轴上，形成广场的视觉焦点。"③会堂是供公众活动的空间，呈长方形，内部两侧也修建有柱廊。许多重要的政治、司法会议在会堂召开；有时在广场露天举行的演讲也会搬到会堂举行。

位于庞贝城的庞贝广场被后人看作罗马广场的典型。这是"由一座圆柱式廊院串接必需的民生设施组成的一个功能齐全的运作机构，带动了全城公共生活的转轮。庞贝广场蕴含了南欧广场的基本结构与精神，而西方广场文化也于此定型"。④庞贝广场位于庞贝城的西南角，长106米，宽32米，

---

① ［古罗马］维特鲁威：《建筑十书》，中国建筑工业出版社1986年版，第106页。

② ［美］刘易斯·芒福德：《城市发展史——起源、演变和前景》，中国建筑工业出版社1989年版，第171页。

③ 曹文明：《城市广场的人文研究》，中国社会科学院研究生院博士学位论文，2005年，第27页。

④ 王维洁：《南欧广场探索——由古希腊至文艺复兴》，台北田园城市文化事业有限公司1999年版，第17页。

面积0.34公顷，基本上南北走向，呈严格的狭长矩形，位于广场北端的朱庇特（丘比特）神庙控制着广场的北边及整个广场空间，其余三边均由形态完整、严格对称的各种公共建筑围合。尽管围合广场的各种建筑物大小不同，轴线方向各异，但它们都以一条边对广场空间进行严格的限定，只有东南角的建筑后退统一的边界，形成建筑前区。另外，广场内有一围绕周边的台阶，进一步加强了空间的严整性；广场内还有各种设置物线形地分布在台阶旁。[①]

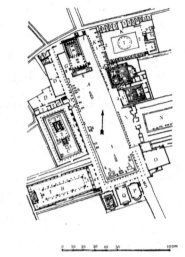

莫乌著《庞贝》一书中所载庞贝的广场（转引自维特鲁威《建筑十书》）

　　罗马共和国时期的广场比较注重突出公共的需求，而进入帝国时期后，从凯撒建设凯撒广场开始，新建的广场更加注意突出皇权的至高无上和丰功伟绩，广场的纪念意义与政治气氛非常浓厚。体现在空间布局上，这一时期的广场已经从早前的开放式转变为封闭式，同时空间规模更加宏大，建筑物的布局更加严谨和对称。一般的，在广场的入口处会建有凯旋门，广场中央则建造皇帝高大的铜像，主要侧面建造为皇帝歌功颂德的神庙，图拉真广场后院还有专门的记功柱。各广场都有明确的中轴线贯穿主建筑及广场。相应的，共和国时期广场所具有的市场功能——这是促使早期罗马广场形成的直接原因——则受到明显排挤，用于贸易的建筑被挪到了两侧的小院子内。此外，不同皇帝建设的不同广场之间通过柱廊被直接联系起来，以多个彼此相交的垂直轴组成一个完整的整体，从而使得历史相隔久远的建筑物之间建立了内在的空间秩序。

---

　　① 蔡永洁：《城市广场 历史脉络·发展动力·空间品质》，东南大学出版社2006年版，第22页。

3. 基督教影响下的中世纪城市广场

西罗马帝国灭亡后的大约五六个世纪之中，西欧陷入了长期动荡之中，社会和经济、文化都遭到了重大的破坏。直到大约十世纪之后，随着欧洲社会趋于稳定和城市的逐渐复苏，广场也才重新开始成为市民生活的中心之一。

中世纪是基督教的世纪，城市的形式深受修道院制度的影响。修道院类似于一种新型的城邦，它与其说是一座建筑，倒不如说是一种组织形式，那些希望获得精神净化和升华的人，摒弃了原先城市里的喧嚣和诱惑，他们把清贫和劳动视为接近上帝最好的方式，集体隐退到这些远离尘嚣的建筑里，全心全意做上帝在人间忠诚的仆人。在中世纪的城市里，如果要寻找一个关键的建筑物的话，那就是主教堂。主教堂的外面就是形形色色拥挤在一起的建筑，里面延伸着弯弯曲曲的狭窄道路。由于教堂总是有人群进进出出，有时几十人，有时甚至成百上千人，因此需要在前面有一个前院。为了方便，集市常常就设在这个前院或者附近，这些市场往往就兼有了广场的职能，所以中世纪的广场和市场常常是合二为一的。譬如威尼斯的圣马可小广场（Piazzetta San Warco），原先就是一个肉类市场。芒福德说："中世纪城市中的公共广场，即使是大的市场或教堂广场，也仅仅是些传统的广场。在自然发展起来的一些城镇上，市场的形状常常是不规则的，有时是三角形，有时是多边形或椭圆形，有时是锯齿状，有时是曲线状，这些广场的形状当初都是被武断决定的，原因是周围环境的需要占第一位，是它决定着广场的位置。"[①]这就是说，中世纪依托于大教堂的广场不是像罗马广场那样有意识地规划建设而成，而是根据周边环境自然地形成的。如果说罗马广场是政治权力规划下的"非自然的"产物和象征，那么中世纪的广场就是"自然的"，是沿着历史的脉络在长久的时光中以一种"自然而然"的方式积淀而成。以威尼斯的圣马可广场为例：这个广场一开始是圣马可教堂的苹果园；公元976年建起了供教徒们朝圣时住宿的一个客栈；12世纪时，客栈的附近

---

① ［美］刘易斯·芒福德：《城市发展史——起源、演变和前景》，倪文彦、宋俊岭译，中国建筑工业出版社1989年版，第233页。

建起了钟楼，周边范围逐渐扩大，发展为旅馆区。广场周围的建筑物是数百年里这种自然发展的见证：1176年改建圣马可教堂，1180年建起了老的钟楼，1300年开始建设总督府，1520年建起了旧市政大厦，1536年以后在老的面包房旧址上建起了公共图书馆，1805年连接新旧行政大楼的翼楼完工，整个广场终于成型。所以，"圣马可广场的形式和内容都是历史上积累起来的各种城市目的和意图的产物，同时还加上了历代环境、功能和时间的影响"。①此外，在中世纪，绝大多数城镇是由若干个几乎具有同样功能结构的小型生活片区或者"生活岛"组接而成，除了大教堂和市政厅相对突出外，这样形成的城市并没有一个绝对的中心。城市里最重要的那些建筑——修道院、修女院、救济院、医院、教区教堂等等，都很小而且分散在各处。也正是因为这样，所以大多数的广场很小，小到也许只是一条辗宽的街道，当然也有大的广场，大到可以供市民在上面游行、集会和举行盛典。

中世纪的广场是基督教的表现领域。广场里时常会搭起舞台，不同的同业公会在这里演出根据《圣经》中的故事编写的戏剧；如果有异教分子，或者有人犯法——这和违反教规是同义词，就在广场上接受教会的惩罚。这种

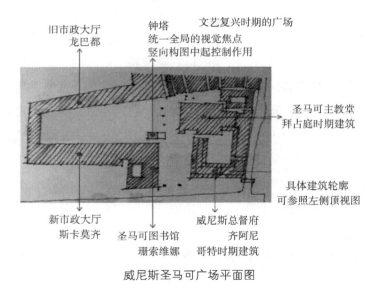

威尼斯圣马可广场平面图

---

① ［美］刘易斯·芒福德：《城市发展史——起源、演变和前景》，倪文彦、宋俊岭译，中国建筑工业出版社1989年版，第245页。

惩罚有时是非常野蛮的绞刑或者火刑。到了中世纪末期，体育运动也会在广场上举行。运动员们可以从一个广场出发，穿过狭窄而弯曲的小道到达另一个广场。

4. 资本主义逻辑支配下的近现代城市广场

从15世纪开始，随着文艺复兴运动的发展，一种新的文化特性在欧洲逐渐形成了，城市生活和城市建设都越来越多地受到了新文化走向的影响。17世纪以后，这种新的变化明朗起来，欧洲的所谓"现代世界"开始有了明显的轮廓。"现代世界"和"前现代世界"最大的不同，是原先受基督教思想支配的世界的"统一性"瓦解了，政治、商业、文化都在摆脱宗教的束缚。在城市建筑上，新的建筑师们在中世纪城市的基础上，添加了许多具有时代风格的东西，好像是在已经画好的画布上再画上新的线条。中世纪时的旧的矮小的房屋被拆掉了，弯弯曲曲的小道被改造为宽阔笔直的大道或者长方形的开阔的广场，新建的房子不再像中世纪那样"没有章法"而具有了相同的外观和装饰风格等等。发生在西欧16—18世纪时期的这种艺术风格的变化，人们称作巴洛克时期。

理解巴洛克的城市建设，要从理解巴洛克的社会变化入手。这一时期，欧洲在经济上是商业资本主义崛起的时期，在观念上是在经典物理学进步影响之下的科学思想的抬头时期，在政治上则是君主集权制度压制、消灭自治城市的时期。当基督教以自我禁欲为主的道德观瓦解以后，原先被视为罪恶的东西现在却变成了美德。掠夺和炫耀财富，攫取和扩张独裁权力，官僚机构的形成，种种社会变化都在建筑和对城市的改造上表现出来。巴洛克的城市建设，就其形式而言，是当时宫廷显贵中流行的种种奢靡、夸张、烦琐、享乐、放荡和繁文缛节的礼仪等等风气的反映。在宫廷的影响下，市民生活发生了极大的改变，从道路到居住的房屋，各种游乐和享受设施的兴建，博物馆与美术馆、动物园的出现，生产、消费和销售场所的分离，家庭内部空间的功能区分，房屋的家具摆设，乃至人们之间的交往方式等等，都处在脱离旧世界而向"现代世界"的转变之中。

和以往相比，巴洛克广场在功能上的最大变化，就是它现在用于居家了。广场不再是集市、集会、表演等等群众性活动的舞台，不再属于平民阶层的公共生活。这些将广场围起来的新住宅属于上层阶级，广场属于他们，为他们的生活服务，是他们宽阔气派的住宅的一个构成部分，那些影响他们生活的乱糟糟的东西，例如小杂货店等等都被清理掉了。这样就形成了一个类似于权贵者社区的广场。在中世纪，穷人和富人，高贵者和低贱者，常常混合住在同一座楼里，现在这种情况发生了变化。广场成为新生的上层阶级联合阵线的象征体，能住在这里的人，就获得了高人一等的地位。法国最早的巴洛克式广场是著名的巴黎皇家广场，或者叫孚日广场。这座广场兴建于1605年到1612年，长宽为140 m×140 m，起初是国王的行宫，后来上层阶级纷纷汇聚于此，成为巴黎的贵族社区。在伦敦，据芒福德所说，1827以前市中心就建起了20多个新式广场，一座广场的面积大约5英亩左右，广场的形状有长方形的、半圆的、圆形的、椭圆形的。[①]一般而言，广场的中间是绿地，四周是围栏，边缘是街道，宽敞的房子整齐地排列在广场的边上，房子各种功能设施齐全，外观和装饰呈现出统一的风格，显出一种深思熟虑的秩序感。

17世纪以后，重商主义在欧洲崛起，这是资本主义兴起的重要标志。从那以后，改变城市的力量就不再是宗教，也不再是王权，而是商人、财政金融家和为他们服务的地主，或者直接说就是资本。资本的力量是如此之大，以至于历史上没有任何其他力量可以和它相提并论。在资本的冲击下，城市变成了一个有形市场和无形市场的总和，只要是资本所到之处，一切都是可以攫取利润的市场。城市面貌在资本的作用下以前所未有的速度改变：各种各样的交易场所、金融场所普遍地建立起来，为了提高效率而修建了四通八达的交通系统，因为阶级分化加剧出现了大片的贫民区和富人区，城市开始急速向郊区扩张等等。广场作为城市结构的主要组成部分，也跟着发生了变化。

首先，许多广场通过与交通系统的连接变成了城市的节点，有一些还是主要节点。广场与交通系统相连接，从巴洛克时代就已经开始了，资本主义

---

① ［美］刘易斯·芒福德：《城市发展史——起源、演变和前景》，倪文彦、宋俊岭译，中国建筑工业出版社1989年版，第297页。

的兴起进一步加速了这一趋势。资本主义时代城市建设的一个巨大的变化，就是交通系统的改造，这是由对于效率的追求引起的。汽车的大量生产是一个重要的因素，汽车要发挥出它在提高运输能力和效率上的作用，其前提是有适合的道路系统，这不但迫使城市道路必须变得越来越宽敞，而且必须建设四通八达的道路网。汽车延长了交通的距离，也由此使得城市规模的扩张大大加速。在城市越来越大的情况下，节点的作用就突出了，因为不同的道路需要被一个个的节点链接为网络，这些节点同时也具有了区域划分的功能。广场因为本身在空间结构上的特征，很容易就充当了交通节点的功能。譬如洛杉矶的珀欣广场。这是始建于1867年的一个公共广场，1870年时更名为洛杉矶公园，第一次世界大战后更名为珀欣广场。珀欣广场的几何形状呈矩形，广场内有植物、雕塑、水池和运动休闲区。从交通上讲，该广场位于洛杉矶市第五、六街之间，希尔街和奥利佛街分布于广场东西两侧，广场有六个入口和停车场的入口，是一个城市意象特征鲜明的节点。巴黎的戴高乐广场又称星形广场，该广场因为其深厚的历史积淀而成为巴黎最富有历史纪念意义的空间之一；广场中心方形高耸、造型宏伟的凯旋门和墙上的浮雕，与整个广场的空间结构相配合，形成了极为鲜明的城市意象。在巴黎这样的巨型都市，戴高乐广场是十二条主要道路的交汇点，广场东南有通向协和广场的香榭丽舍大街，左面有巴黎的另一象征埃菲尔铁塔，旁边是塞拉河，这样的空间构造和交通枢纽的地位，使其成为巴黎的主要城市节点。

戴高乐广场俯瞰图

其次，广场的商业功能被大大地开发了。因为处于城市的交通节点，周边或者被居民区所环绕，或者易于达到，许多广场同时也被建成了各种类型的商业中心。比如美国泽西城的乔纳尔广场，既是巴士汽车站的中转站，又集中了许多商店。位于纽约曼哈顿第42街区的纽约时报广场，又称时代广场（times有"时代"的意思，后一译名更为中国人所熟悉），是全世界知名度最高的商业广场之一。该广场的前身是朗埃克广场。1883年，因纽约大都会歌剧院迁至百老汇与40街口的三角区，带动了这一区域内服务业的蓬勃发展。1904年，《纽约时报》发行人阿道夫·奥克斯将该报的总部迁到第42街的一座新建大楼里。奥克斯成功游说了时任市长的乔治·麦克莱伦在当地设立地铁站，并在1904年4月8日将朗埃克广场正式更名为时代广场。此后，时代广场成为纽约娱乐业的聚光焦点，也被视为美式资本主义经济的晴雨表。从1929年的大萧条时代起，时代广场在很长时间内充斥着大量的情色产业，代表着纽约社会灯红酒绿的奢靡和颓废形象。1990年以后，经过纽约市政府的整顿，时代广场的色情业基本退场，取而代之的是高级的商业活动，广场区域内集中了美国最有名的新闻节目《早安美国》的直播现场、数间电影院、一系列具有代表意义的专业商店和餐厅，并吸引了一些大规模的财金、出版、媒体企业在该区设立总部。

除了这些由传统广场转型而来的大型商业广场，一种新的"广场"——商业综合体也在二战后逐渐兴起。所谓商业综合体，就是将城市中商业、办公、居住、旅店、展览、餐饮、会议、文娱等多种具有不同功能的空间进行组合，从而形成一种多功能、高效率、复杂而统一的大型公共空间。商业综合体一般具有高可达性，也就是交通非常便利；同时建筑物的密度大、建筑风格统一、功能上互相依托互相补充。在当代城市，大型商业综合体往往成为城市的标志，如新加坡ILuma娱乐零售综合体、法国昂热的L'Atoll购物中心、英国Morelondon广场、德国波茨坦广场、日本六本木新城、意大利威尼斯Jesolo商业中心等等。

（二）中国城市广场空间的发展

历史的背后是文化。中华文明探源工程揭示，中国在远至七八千年前就已经形成了自己独特的文化传统。从商周到十九世纪中叶三千五百多年的时间内，中国的历史在内在的逻辑上表现出高度的一致性、稳定性，虽然有外来文化的进入，但是最终这些外来文化都中国化了。鸦片战争以后西方文化的强势进入，对传统的中华文明造成了巨大的冲击，"西方化"成为一股至今仍然强大的力量。从文化的发展脉络来说，中国城市广场的建设也可以分为两个阶段：一个是近代以前，这个阶段的广场建设和使用主要受传统文化的支配；一个是近代以后，这个阶段的广场建设和使用主要受西方文化的支配。

1. 中国古代的城市广场

中国城市的发展历史，从考古发现来看，早在新石器时代晚期即已开始。到了商周时期，中国人已经建筑了规模庞大的城市，有了成熟的城市制度，城市里的人口多的可能达到了数十万人。

从西方的标准来看，中国古代并没有如古希腊那样融政治集会、宗教祭祀、节日庆典、市集贸易等多项功能为一体的"市民广场"，对于政治集会和宗教祭祀的空间尤其有着严格的管理制度，但这并不能说中国人没有创造自己的广场，从广场作为城市中人类社会生活的特殊环境载体这一本质规定出发，古代中国人也有自己的广场和使用规则。只是传统中国式广场走在和西方式广场不同的历史轨道上，不符合西方中心主义视角下的"城市广场"概念而已。

广场是人造的特殊建筑，广场的建造和使用反映着时代精神，是政治、社会、文化等等多种因素综合作用的结果。在长期的历史发展过程中，中国传统广场的类型变得很复杂，不同类型广场出现的文化背景和时间不同，承担的功能也不同。叙述中国广场的历史，应该按照类型史来叙述。总的来说，中国的传统广场可以分为两大类：一类是具有神圣性、以祭祀功能为主的封闭式广场。这类广场大小不一，祭祀的对象地位越高则广场的规模越大，其建筑格局一般是模仿中式的宫殿式建筑群。祭祀广场在性质上属于官建、官管、官用的神圣空间，追求肃穆、安静的氛围和高度的秩序感，一般不允许普通平民随意进入。另一类是向平民开放的日常生活类广场。这类广场的代表是交易市场；寺庙广场虽然在初创时具有宗教的性质，但不久就演化为以贸易、表演等民间活动为主的生活型广场。和祭祀型广场不同，生活型广场是向所有民众开放的公共空间，广场所执行的主要是与民众日常需求关系密切的交易、交往、文化娱乐、节日庆典等功能，常常充斥着热闹而嘈杂的人群。

（1）具有神圣性的祭祀广场

祭祀广场是最早形成的广场。在古代中国，最重要的广场都是为了祭祀的目的而建设的。祭祀广场早在原始社会即已出现；国家产生以后，随着皇权对重大祭祀活动的垄断，祭祀广场的建设、管理和使用被纳入国家政治制度之中，成为礼制的重要组成部分。

中国古代的祭祀主要有祭神、祭祖两大类，相应的祭祀广场也有两大类。

祭祀神灵的广场在氏族社会就已经出现了。陕西临潼的姜寨遗址是大约6000多年前的人类遗址，属于仰韶文化的组成部分。考古发现，姜寨人的生活空间分为三个部分，一个是活人的居住区，一个是制作陶器的生产区，一个是墓地区。这三个区距离很近，实际上是连在一起的。生活区和墓地区紧密相连，说明在古人的观念里，"生"与"死"之间其实并不是彼此断裂，而是互通互达的。此外，姜寨人的聚落布局是"向心式"的：在居住区的核心，有一个大约4000平方米的核心广场，围绕着广场是五座方形大房屋，每座大房屋附近又分布着十几到二十几座方形或圆形的中小房屋，形成以大房屋为中心的五个建筑群，而五个大房屋都是面向广场开门。姜寨人这种以公共广场为中心的"向心式"空间布局具有普遍性，有理由相信这样的中心广场极有可能是当时的公共活动场所——部落大会、节日庆祝、宗教活动的场所。这种围绕公共广场而居住的空间布局方式，反映了阶级分化尚未明显化以前人类社会共同体各成员之间相对平等的关系："仰韶文化集团性聚落的特征是在中央设广场，房屋门道朝向广场的向心配置。……此外，在大地湾遗址内也能看到房屋门道面向中央广场向心配置的现象。北首岭遗址由大、中、小型房子构成的居住群，被分为北、西、南三群房屋，与半坡期聚落将广场作为中心，向心配置的特点是相同的。这种大型房子带有公共性的特点，强烈反映了集团内部维持共同社会协作的必要性，是一种阶层分化不明显较为平等社会特征的聚落结构。"①

阶级社会出现以前，人人都享有与神灵沟通的权利，这就是所谓的"民神杂糅，不可方物。夫人作享，家为巫史"。阶级社会出现以后，与神灵沟通的权利成为少数人所垄断的特权，所以有了"颛顼受之，乃命南正重司天以属神，命火正黎司地以属民"②的历史变化。现今发现的中国最早有文字记载的祭祀活动始于商代。商人祭祀的神灵，排在首位的是帝（亦称上帝）；其次是和天象有关的神祇，如日、月、风、云、雨、虹等；再次是和大地有关的神祇，如各类河神和山神。三者之中，帝的权威最大，所以是最重要的祭祀对象。虽然从现有的文献，还没有发现专门祭祀"帝"和自然神灵的场所的名字，但是从其祭祀先祖已经有了固定的场所宗庙来看，祭祀帝和自然神灵也应该有固定的场所。周代因为文献资料更加丰富，所以人们对其祭神情况的了解要比对商人的了解详细得多。葛兆光先生认为周人和商人一样极端重视鬼神，那种认为周人已经从殷人"残民事神"转变到"敬天保民"的观念是不对的，周人实际上基本继承了殷人的祭祀传统，《礼记·曲礼下》说的"天子祭天地、祭四方、祭五祀，岁遍"，③不是周代的新制，而是殷代的旧制。④周人祭天地的地方，文献的记载有圜丘、方丘、明堂、社稷等处。这些地方的建筑格局，来源于人们对所想象的宇宙秩序的模仿。祭祀的时候，天子在中间高坛执祭，大臣们在周围低处陪祭。这有着中间高坛的开阔空间，其实就是祭祀广场。春秋之后，特别是汉代以后，因为儒家尊崇《周礼》，所以定型于周代的祭祀天地仪式也作为国家最重要的典章制度之一延续下来。只不过随着社会的发展，各个时代在具体的祭祀流程、祭祀器物等细节方面有所差异而已。譬如，在东汉以前，祭祀天地的圜丘是郊外的一片空旷的场所，只是中间建设祭坛；从东汉开始，圜丘外面建设了

① ［日］冈村秀典：《仰韶文化的聚落结构》，姜宝莲、秦小丽译，《考古与文物》2001年第6期，第90—91页。

② 《国语》，［三国吴］韦昭注，商务印书馆1935年版（1958年重印），第204页。

③ 陈戍国：《〈礼记〉校注》，岳麓书社2004年版，第26页。

④ 葛兆光：《七世纪前中国的知识、思想与信仰世界》，复旦大学出版社1998年版，第104—107页。

"壝"（围墙），原先没有固定边界的"祭祀广场"被围了起来，有了固定的边界。明太祖洪武十年（1377年），改变圜丘礼制，定每年孟春正月合祀天地于南郊，建大祀殿，以圜形大屋覆盖祭坛。这是此类祭祀广场中第一次有了固定建设的宫殿形制的房屋。

北京天坛的圜丘

其次要注意的是祭祖的广场。中国人讲究"敬天法祖"，"天"和"祖"具有同样重要的地位。就祭祀来说，祭祀祖先和祭祀天地的仪式出现得同样早，也得到人们同样的重视。殷墟卜辞显示，自祖甲之后，殷商人就用一种十分盛大和漫长的祭礼来祭祀先公先王，祭礼的内容十分烦琐复杂，持续时间长达一年。祭祀祖先的地方，固定在宗庙之中。按照《礼记·曲礼下》的说法，君子要营建宫室的时候，首先要建宗庙，其次要建厩库，最后才建居室。宗庙的建筑有固定的制度，《尔雅·释宫》云："室有东西厢曰庙，无东西厢有室曰寝，"无室曰榭"，"庙中路谓之唐，堂途谓之陈"。可见周代宗庙应有室，即宗庙的主体庙堂，有东西厢房，庙中有路等建筑。陕西岐山凤雏村曾发掘出一大型的西周宫室建筑群基址，研究者认为这座建筑群是周武王灭商前的西周宗庙，它的使用下限可能已到西周晚期。该建筑群坐北面南，正门居中，正门两旁有对称的东西门房，门房之前有一道影壁，门房之北是一个大的中院。院正北是前堂，前堂是建筑群的主体和中心，坐北朝南。前堂之后，有左右对称的东西两个小院。两小院之北是后室，面朝南。凤雏村的西周建筑群遗址，所反映的就是西周宗庙的形制和规模。[①]从中可以看出，宗庙建筑不是单间的房屋，而是一个类似于院落的建筑群，其中院子中由正门和前堂间隔所形成的大型露天的空地，也就是类似于现在院落中庭院的地方，实际上就是一个小型的封闭式广场。

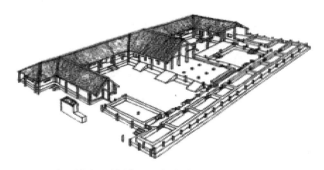

陕西岐山凤雏村西周宗庙建筑群轴侧剖面图

（2）面向市民的生活广场

生活型广场的出现，最早可以追溯到"市"的形成。"市"是专为商业贸易而设置的空间。"市"的设置，很可能在氏族社会时期就有了，所以《易经·系辞下》说神农氏不但教人民"斫木为耜，揉木为耒"，而且制定了"日中为市，致天下之民，聚天下之货，交易而退，各得其所"的制度。[②]至迟在周代，中国的城市就已经是"城"与"市"的有机结合。"市"的位置，依照《周礼·考工记》"左祖右社，面朝后市"的说法，应该在王宫的后边，也就是城市的北边。王孝通在《中国商业史》中说，"周制市在王宫之后，方各百步……其地分为三：中为大市，日昃而市，百族为主，东偏为朝市，朝时而市，商贾为主，西偏为夕市，贩夫贩妇为主"。[③]这说明周代已经有了比较严格的市场管理制度。除此之外，周代的市场管理制度还包括了管理机构的设置、对交易时间和交易产品的规定、交易纠纷处理办法等。

---

① 陕西周原考古队：《陕西岐山凤雏村西周建筑基址发掘简报》，《文物》1979年第10期，第27—37页。

② 《周易》，上海古籍出版社1987年版，第64页。

③ 王孝通：《中国商业史》，商务印书馆1998年版，第22页。

制度是适应着需要而出现的，制度的完整严密反映了当时市场交易的规模应该是比较大的，由此也可推知市场所占据的空间应该不会小。

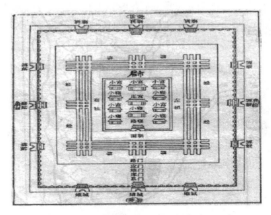

西周都城复原图

东汉"市"的情况，从银雀山汉简《市法》中可见一斑。《市法》在谈到"市"的时候常常提到"肆"（摆卖商品的屋子，类似于商店），这说明"肆"已经是"市"的主要空间附属物了。徐坚《初学记》"市第十五"云："市巷谓之阛，市门谓之阓，巷谓之闳（见颜延之《纂要》）；市中空地谓之廛（见郑众《周礼》注。一云，市宅也），市楼谓之旗亭（张衡《西京赋》云：旗亭五里。薛综注云：市楼立亭于上）。其市名，有九市、四市、三市（《三辅旧事》曰：长安有九市。《丹阳记》曰：京师有四市。《洛阳记》曰：洛阳有三市。一云，《周礼》曰：侧朝夕之市，则三市）、方市（见《三辅黄图》）、金市（《洛阳记》云：金市在大城中）。苑市、斗场市（《丹阳记》曰：苑城市谓之苑陵，于陵有斗场市）、都市（《列仙传》曰：玄俗卖药于都市）、京市（见王肃《景福殿赋》）。"[1]从市有市门（阓）、巷道（闳）、空地（廛）、市楼（旗亭）等建筑可以看出，在唐代以前，市虽然是开放型的公共空间，民众可以自由进出，但其在建筑上却应该是封闭的空间，有围墙和大门。此外，九市、四市、三市可能是说城

---

① ［唐］徐坚：《初学记》，《四库全书·子部》卷二十四，第40页。

中"市"的数量；而方市、金市、苑市等则说明出现了分化很细的市场。"市"的这些特征，应该是从西周以来就有的传统。换言之，"市"虽然是开放的空间，但是并不是自由的空间，"市"的位置、开放时间等都受到政府的严格管理。这一点从唐代的坊市制上就可以看出来。坊市制的最大特点，就是将居住空间"坊"和交易空间"市"隔离开。所谓"坊"，指由城内的南北直道和东西直道相围合而形成的封闭的矩形区域，类似于棋盘上的方格。坊的四面建有围墙，围墙上开四门或两门，门定时开关。同"坊"一样，"市"也用四面围墙封闭，每面墙上开两门，定时开关。长安城内有东西两市，每市各占两坊之地。

以封闭型公共空间为特征的市场在唐代中后期已经逐渐破坏。《唐会要》卷86记贞元四年二月敕曰："京城内庄宅使界、诸街坊墙有破坏，宜令取两税钱和雇工匠修筑。"[①]又，同书太和五年七月记左右巡使之奏文，云："伏准令式，及至德、长庆年中前后敕文，非三品以上及坊内三绝，不合辄向街开门，各逐便宜，无所拘限。因循既久，约勒甚难。或鼓未动，即先开；或夜已深，犹未闭。致使街司巡检，人力难周，亦令奸盗之徒，易为逃匿……"。[②]此外，市外也出现了买卖交易场所。如《唐阙史》卷下"王居士神丹"条，有延寿坊内卖金银珠宝的记述；《北里志》有宣阳坊彩缬铺及平康坊南曲内卖草刿姜果的记述；沈既济《任氏传》有升平坊的坊门旁开设饼家的记述；段安节《乐府杂录》有崇仁坊内造卖乐器赵家铺的记述。上述几坊除升平坊距东市相隔两坊以外，其余皆紧接着"市"。这些记载，说明唐后期坊市制已渐遭破坏。

宋代，坊市制已经彻底破坏，市场空间变成了不受约束的"自由空间"。日本学者加藤繁在《中国经济史考证》第一卷《宋代都市的发展》中，利用街鼓制的废除时间考证出坊市制的崩溃当在宋仁宗中期以后。他说："宋代开封的街鼓制度，从开国以来到仁宗的中期还继续存在，以后就废掉了，到神宗的熙宁年间已经完全不用了。街鼓制度，也就是随着街鼓而

---

① ［宋］王溥：《唐会要》，中华书局1995年版，第1576页。
② ［宋］王溥：《唐会要》，中华书局1995年版，第1576页。

开闭坊市的制度。坊制既经破坏,在坊的周围住家的已经谁都可以朝街开门,那么,坊门的开闭已经没有以前那样的重要意义,因此,开闭也没有一定的规则,这样,街鼓的制度也自然只有废弛下去了。"①

坊市制的破坏大大促进了"市"的发展。到了北宋中期,原先封闭的"市"已经彻底为开放而且多样化的"市"所取代:还带有传统色彩的"行市"是以货物的类别相区分的专业市场,而新兴的"街市"则是渗入街道的自由市场,"瓦子"则是专门的文艺演出市场;总之,更加开放、活跃的都市生活方式开始形成了,"街市"以及"瓦市"等成为承载市民日常生活的重要空间载体。北宋的首都汴京是当时世界上最繁华的大都市,汴京城地处黄河与汴河的交汇处,人口在百万以上,有店铺大约6000余家。宋人所撰的许多笔记、野史、小说中多有记述汴京城市繁华的段落,其中尤以孟元老《东京梦华录》、吴自牧《梦粱录》、金盈之《新编醉翁谈录》和罗烨的同名笔记《新编醉翁谈录》等多为后人引征。《东京梦华录》中提到的商业空间,有城门、河道、街巷、楼边空地、寺观、瓦子等场所。如宣德楼是位于汴京城中心的皇宫南门楼。如果在过去,在皇宫外开设商行是不可想象的,但是现在,宣德楼周围已经成为繁荣的集市,众多的商行集中在这里,买卖之兴隆让人叹为观止。从《清明上河图》可以看出,当时的市场已经完全可以称得上是没有边界和全面开放的公共空间。

元、明、清三代,"街""坊"逐渐成为城市中主要的市场空间,以至于"逛街"成为休闲和购物的代名词。街道市场化的历史趋势说明市场空间与日常生活空间的融合度不断加深,而这是社会生活日趋世俗化和国家对城市生活的管控不断松弛的结果。自西周就有的按照"前朝后市"格局建立的"市"依然存在,但其作为交易空间的功能已经大大退化,转而成为颇具政治象征意义的空间——政府经常在这里处决犯人,以此作为对市民须遵守政府法令的警示。

生活型广场的另一最主要构成是寺庙广场。"南朝四百八十寺,多少楼台烟雨中"。南北朝开始,佛教信仰已经渗透到了社会各阶层之中。在上

---

① 转引自赵伯陶:《市井文化与市民心态》,湖北教育出版社1996年版,第63页。

层阶级的大力支持下，寺院建设遍及大江南北。一些寺院占地广大，寺内浮屠高耸，百里之外即可遥遥见之；寺内则殿宇千间，雕梁粉壁，青琐绮疏；不但佛像金碧辉煌，做工奇巧，就是护法力士和门口狮子，也饰以金银珠玉；又兼栝柏椿松，扶疏檐霤，丛竹香草，布护阶墀，园池鲜花，举步皆是，可谓极尽奢华之能事。这样一种既具有神圣色彩的宗教空间，同时又具有园林色彩的游览休闲空间，在以前是从来没有过的。由于寺院对广大民众开放，民众到寺院不仅可以烧香祈福，还可以休闲游乐，所以迅速发展成为新兴的公共文化空间。

《洛阳伽蓝记》是记述北魏洛阳佛寺的一部书。书中所录城内外的佛寺有七十余处之多。其中说宝光寺："园中有一海，号咸池，葭菼被岸，菱荷覆水，青松翠竹，罗生其旁。京邑士子，至于良辰美日，休沐告归，征友命朋，来游此寺。雷车接轸，羽盖成阴。或置酒林泉，题诗花圃，折藕浮瓜，以为兴适。"①由此可见当时寺院的华美程度及游人如织的情况。为了更多的吸引士女来寺，许多寺院到了每年的"行像"或"六斋"节日，还会用"角抵奇戏"以及表演音乐和舞蹈来吸引大众。如洛阳长秋寺每年四月四日"行像"："辟邪狮子，导引其前；吞刀吐火，腾骧一面。彩幢上索，诡谲不常；奇伎异服，冠于都市；像停之处，观者如堵"。②洛阳的宗圣寺，"此像一出，市井皆空；……妙伎杂乐，亚于刘腾（指刘腾创立的长秋寺），城东士女多来此寺观观看也"。③又如每逢佛教"六斋"节日，景乐寺"常设女乐，歌声绕梁；舞袖徐转，丝管寥亮，谐妙入神"。④因为景乐寺是尼寺，最初禁止男子入内观看，后来也向男子开放，且更增加了化装舞蹈和幻术表演。南北朝时期佛寺的这种融宗教传播于大众文化娱乐之中的方式，深得古人所谓"寓教于乐"的精髓。而因为大量的通俗性、大众性文

---

① ［北魏］杨衒之：《洛阳伽蓝记》，周振甫释注，学苑出版社2001年版，第122页。

② ［北魏］杨衒之：《洛阳伽蓝记》，周振甫释注，学苑出版社2001年版，第34—35页。

③ ［北魏］杨衒之：《洛阳伽蓝记》，周振甫释注，学苑出版社2001年版，第54页。

④ ［北魏］杨衒之：《洛阳伽蓝记》，周振甫释注，学苑出版社2001年版，第38页。

化表演活动的展开，使寺院在普通民众的心目中作为公共文化空间的色彩越来越浓，许多人到寺院去的次要目的是烧香拜佛，主要目的是游乐休闲。同时因为人流密度大，寺院的门前逐渐聚集了许多摊贩，成为新兴起的交易空间。

唐宋两代崇信佛教的风气并不亚于南北朝。唐代长安居民有踏青春游之风，像南北朝时期一样，既有园林美景又可寻找到精神寄托的寺院成为市民们的出行首选之地。南北朝时的寺院，还只是在佛教节日里表演节目和歌舞吸引观众，唐宋时的著名寺院则在平日里也会有各种演出活动。如宋初钱易《南部新书》说唐代"长安戏场多集于慈恩，小者青龙，其次荐福、永寿"。当时慈恩寺的戏场对观众很有吸引力，不只是对于平民百姓，甚至有万寿公主在小叔子得危病时，仍在慈恩寺看戏，因此惹恼唐宣宗，将之"谴归郑氏"。宋代的寺庙广场，以东京（开封）相国寺最有代表性。这里是一个非常繁华热闹的开放性多功能空间，可以容纳的人数超过万人，在后代的文学作品或者笔记类作品中，大相国寺已经成为东京繁华的一个象征性的空间符号。孟元老《东京梦华录》有一段专记开封相国寺的盛况，其文云：

"相国寺每月五次开放，万姓交易。大三门上皆是飞禽猫犬之类，珍禽奇兽，无所不有。第二三门皆动用什物，庭中设彩幕露屋义铺，卖蒲合簟席、屏帏洗漱、鞍辔弓剑、时果腊脯之类。近佛殿，孟家道院王道人蜜煎，赵文秀笔，及潘谷墨占定。两廊皆诸寺师姑卖绣作，领抹、花朵、珠翠、头面、生色销金花样幞头、帽子、特髻、冠子、绦线之类。殿后资圣门前，皆书籍玩好图画及诸路罢任官员土物香药之类。后廊皆日者货术、传神之类。寺三门阁上并资圣门，各有金铜铸罗汉五百尊、佛牙等。凡有斋供，皆取旨方开。三门左右有两瓶琉璃塔。寺内有智海、惠林、宝梵。河沙东西塔院，乃出角院舍，各有住持僧官。每遇斋会，凡饮食茶果，动使器皿，虽三五百分，莫不咄嗟而辨。大殿两廊，皆国朝名公笔迹。左壁画炽盛光佛降九曜鬼百戏，右壁佛降鬼子母揭盂。殿庭供献乐部马队之类，大殿朵廊皆壁隐楼殿人物，莫非精妙。"①

---

① ［宋］孟元老：《东京梦华录》，中华书局1982年版，第88—89页。

除了大相国寺，南京的夫子庙也是具有代表性的寺庙广场。可见在唐宋两代，寺院园林及其广场已成了不分阶级、不分贵贱的全民同乐场所，是当时承载着市民情怀、具有极为生动丰富内容的"城市公共文化广场"空间。

寺庙广场在唐宋两代形成的基本格局和基本功能，一直延续到清末鸦片战争以前，都没有发生实质性的改变。

2. 近代以来中国的城市广场

（1）作为"异质空间"的租界地广场

鸦片战争以后，西方文化开始伴随着殖民者的枪炮进入中华大地，"西化"的风气首先在沿海通商口岸兴起。"西化"的动力，既有来自殖民者的经济、政治和文化侵入，也有中国人为了改变落后面貌而自发变革、维新的原因。在短短的几十年时间内，"西化"在中国造成了两处差异极为明显的空间景观：一处是由广大的非开埠地区呈现出的尚处于"前现代"社会的空间景观。从经济上说，这些地区以落后的小农生产和地租经济为主；从社会制度上说，还是封建的政治专制主义和家族制度居于主导地位；从建筑风貌上说，茅屋和简陋的泥瓦屋以及破烂的土路是农村最常见的景象。经济落后、人民贫穷、社会封闭，这就是这个广大空间的基本特点。另一处则是由沿海、沿江的少数开埠城市所构成的呈点状分布、已经一只脚跨入"现代"社会的空间景观。从经济上说，这些开埠城市因为资本主义工商业的兴起而显得繁华热闹；从社会制度上说，这里并存着西方式的民主制度和传统中国的专制制度；从建筑风貌上说，这里已经有了林立的水泥高楼建筑群和宽阔的柏油马路，有轨电车穿梭在城市的中心区。经济畸形繁荣、阶级分化加剧、社会相对开放，这就是这些率先"西化"的开埠城市的空间特征。

具有西方特点的城市广场也率先在这些开埠城市中发展起来，改变了城市的空间面貌。广场是自古希腊以来西方城市的"标配"要素，在市民生活中起着非常重要的作用。西方殖民者强行闯入并占有中国的土地后，不是要入乡随俗，而是用他们的文化来改造中国。这种改造行为，集中体现在殖民者对在华租界的管治和建设上。

租界是鸦片战争失败后清政府被迫开放给西人的特权之一，是对中国领土与主权完整的严重破坏。有了租界地，中国就变成了一个半封建半殖民地的国家。1842年，在英国侵略者的炮口下，清政府同英国签订了屈辱的《南京条约》，条约允许英人携所属家眷寄居广州、福州、厦门、宁波、上海五处通商口岸。第二年，《南京条约》附件《虎门条约》规定：在通商口岸，中英两国官员商定地方，准许英人租赁房屋或基地。这些不平等条约，构成了帝国主义者取得在华租界的法律基础。随后，美、法、俄、日、意、比、奥匈等帝国主义国家，竞相效尤。至1902年，帝国主义前后在中国据有27块租界，其中25块为单一租界国的专管租界，2块为公共租界。租界创设初期，中国政府尚对租界内的行政、司法有干预权，并保留有租界内的领土主权。但随着帝国主义对中国侵略的加深，侵略者巧取豪夺，使帝国主义在租界的地位日益巩固，租界的范围不断扩大，而中国在租界内保留的权利却逐渐被侵夺以至削除，租界沦为了事实上的"国中之国"。毫无疑问，租界是帝国主义侵略中国的据点和桥头堡，中国政府在租界是没有治权的，中国人在租界也是受歧视的二等公民，有些租界甚至不允许中国人进入。这是一方面。另一方面，因为帝国主义的资本和文化输出集中在租界，他们不但在此兴办工业和银行，而且建立教堂、创办学校、发行报刊、建设西式广场，全面推动对中国的经济和文化殖民，因此也造成了租界地经济和文化的相对繁荣，使之成为中国最早进入"现代社会"的少数地区。

在改造租界空间景观方面，具有西方特点的城市广场之兴建作用甚巨。晚清以后，几乎所有列强都在各自的租界内建设了或大或小的城市广场，如意大利在天津建设的马可·波罗广场、德国人在青岛建设的总督府前广场等等。其中比较有代表性的，是大连的中山广场。大连中山广场最早是俄国殖民者于1899年建设的尼古拉耶夫广场。1898年，沙俄通过《中俄旅大租地条约》及其《续约》取得了对于旅顺和大连两地的租借权。这两个条约规定，旅顺、大连及其附近水域租与俄国，为期二十五年。1899年，为了表达对沙皇的忠心，当时俄国派来管理大连的市长规划在大连的中心位置建设一座广场，并将其命名为尼古拉耶夫广场。广场的设计思路，是模仿巴黎广场，以直径213米的环形广场为圆心，在广场的周边建设市政厅、银行等重要的城市设施，并沿着圆边呈辐射形状修建10条道路，再以广场为圆心，按照同心圆的方式一圈圈修筑环绕着广场的圆形街道。尼古拉耶夫广场的主要目的，是作为全市的交通枢纽点和主要节点，而对于人文功能考虑甚少，因此广场虽然是开放性的，但是功能单一。广场周围的建筑大都为欧式，风格统一，体量相近，相互对照朝向中心布置。总体来看，整个尼古拉耶夫广场开阔、宏伟，空间协调，很重视构图形式。

1905年以后，因为俄国在日俄战争中战败，大连被让渡给日本，成为日本的租界。日本人接手大连后，又将日本文化带到了对城市广场的改造中。日本人在俄国人规划的基础上，继续扩张城市规模，使城区由原先的4.25平方公里剧烈膨胀到45平方公里。[①]日本人按照日式风格改造了尼古拉耶夫广场，他们将广场再次扩大，称之为"日本大广场"；又在广场中间分块进行绿化，通过绿化将广场与道路做了区分。同时，日本人还建设了敷岛町广场（现民主广场）、千代田广场（现二七广场）、朝日广场（现三八广场）、西广场（现友好广场）、东广场（现港湾广场）、长者町广场（现人民广场）、花园广场、大正广场（现解放广场）、国春广场（现五一广场）、吾妻广场、南广场共11所广场。这些广场的平面形态基本延续了环形广场组合放射型道路的平面形态。

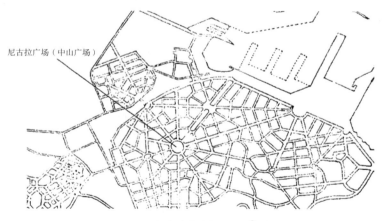

尼古拉广场（中山广场）

1900年大连规划平面图[②]

---

① 转引自苑军：《中国近现代城市广场演变研究》，中国艺术研究院博士学位论文，2012年，第42页。

② 资料来源：同济大学城市规划教研室编：《中国城市建设史》，中国建筑工业出版社2004年版。

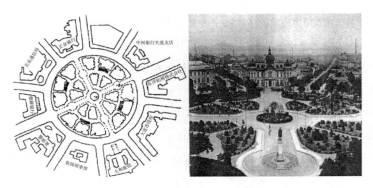

"日本大广场"平面图①

1905—1919					
	敷岛町广场 （民主广场）	朝日广场 （三八广场）	千代田广场 （二七广场）	西广场 （友好广场）	东广场 （港湾广场）

大连各城市广场形态图②

　　殖民者在租界的广场建设，客观来说改善了城市的环境和格局，将新的更为现代的城市理念带入到中国，实际上推动了中国城市建设从传统到现代的转型。就广场而言，传统中国的广场与西方广场建设无论在理念上还是实际操作上皆存在巨大的鸿沟。我们不能否认中国古代也在事实上发展出了具有中国特点的广场和广场生活，但也毋庸讳言，古代中国人实际上并没有广场的概念。除了市场之外，中国人使用的主要广场是其他空间（祭祀场所、寺院等等）衍生出来的，是自发形成的；而西方人的广场是作为城市建设的重要结构性要素在一开始就有意识规划而成的，在规划中提前考虑到了广场的功能、形状、附着物和周边环境建设等等问题。此外，专制时代的中国政府出于政治稳定的考虑，对于民众参与集会性质的公共活动一直持约束态

　　① 资料来源：董伟：《大连城市规划史研究》，大连理工大学硕士学位论文，2001年。
　　② 资料来源：周彦华：《大连城市广场形态研究》，大连理工大学硕士学位论文，2001年。

度，尤其是禁绝一切具有政治色彩的群众集会，这种思想极大地制约了广场的建设和发展。沿海沿江城市开埠以后，在近代工商业经济发展、政府管制能力松弛和部分新派人士观念转变等多种因素的综合作用下，西方式的广场才普遍开始在这类城市中发展起来。在这个历史过程中，应该说殖民者在租界的广场建设实践起到了主要的引领和推动作用。

　　但是，从政治叙述学的角度而言，殖民者在租界的广场建设行为无论如何属于文化殖民主义的范畴。这里的关键是，如果我们把广场建设——其实质是行使规划土地和空间的权力——看作一种特殊的文化叙述行为，那么是谁在叙述？又是根据什么叙述？萨义德（Edward Waefie Said）在《文化与帝国主义》中说，"正如一位批评家所说，国家本身就是叙事。叙事或者阻止他人叙事的形成，对文化和帝国主义的概念是非常重要的"，"文化不但不是一个文雅平静的领地，它甚至可以成为一个战场，各种力量在上面亮相，互相角逐"。[①]当帝国主义者在中国开始他们的广场建设时，他们是把一种异质文化强行地揳入到本土文化之中，而这种强行揳入拒绝了任何讨论协商和互相理解的过程。如果我们把广场建设理解为对公共空间的争夺，那么作为侵入者的文化是在被侵入土地上，以一种完全排斥本土文化的霸权的方式，将自己的意志表现在对于空间的改造上。大连中心广场不同时期的建设历史证明了这一点：在成为俄国人的租界之前，清政府统治下的大连是尚未开发的地区，也可以说是自然发展的地区。但是，在沙俄侵占之后，大连不再被视为"自然之地"，而是被视为需要改造的"蛮荒之地"。俄国人希望取法巴黎的设计理念规划大连，因此建起了一个类似于红场的尼古拉耶夫广场作为城市的中心节点，[②]这个广场及其周边建筑排斥了任何中国文化元素的注入，完全是侵略者的"独白"。日本人接手之后，又按照日本文化来

---

　　① ［美］爱德华·W. 萨义德：《文化与帝国主义》，李琨译，生活·读书·新知三联书店2003年版，前言第3—4页。

　　② 苑军曾经引用过一位莫斯科大学的留学生亚·阿列克谢耶夫的话，这位留学生对于大连中山广场的感受是，"置身中山广场，我仿佛回到了熟悉的莫斯科，典雅的欧式建筑，放射状的广场和街道都让我想起了红场"。（苑军：《中国近现代城市广场演变研究》，中国艺术研究院博士学位论文，2012年，第41页）

改造广场，将日本元素注入俄国人已经形成的叙事空间中，从而使得所谓的"日本大广场"成为日本文化和欧洲文化并存的"双声调"叙事空间。1945年日本投降后，中国人恢复了对于大连的主权，"日本大广场"又改名为"中山广场"，至少在广场命名上结束了殖民主义。

（2）追求"民族文化形式"的国人自建广场

1911年辛亥革命爆发，1912年中华民国成立，中国开始进入了一个迅疾的旧秩序瓦解和新秩序建构的转换过程之中。这是一个夹杂着激烈的思想冲突的过程，各种各样的思想和学说都渴望在这一过程中确立自身的地位。1915年发轫的新文化运动，将清末以来学习西方的维新思想向前再推一大步。新文化运动倡导以引自西方的"新文化"彻底改造传统的"旧文化"，而复古主义者则极力反对过分西化，大力倡导"国粹"以保持"国本"。二十世纪二十和三十年代，思想界就中国"现代化"究竟应该走何种路径的问题发生了激烈的文化论战，在客观上促进了人们重新审视中西方文化之争，也为民族主义的文化思想开辟了一条道路。值得注意的是，从二十年代起，一批以中国人为主的建筑师、工程师已经崛起成为建筑界的中坚力量，打破了外国人垄断中国建筑的一统天下局面。这些中国建筑师虽然受到了西方建筑理论的极深影响，但却积极主张"复兴中国建筑"，探索建筑中的"中国民族形式"，推动了中西建筑文化的深入融合。由吕彦直设计的中山陵，是这股建筑思潮的一个典型案例，也是民国时期广场建设的代表。

中山陵是为了安葬和纪念孙中山先生而建设的，因此在性质上属于开放性的纪念型广场，但是因为这是中国民主革命的先行者孙中山的安身之所，所以它又具有特别的政治和文化符号意义。孙中山先生一生为了民族独立和民族解放事业而奋斗，他领导革命党人结束了二千多年的帝王政治，缔造了中国历史上第一个现代意义上的共和政府。尽管他所创造的中华民国就其历史作用而言只是从封建的旧中国到社会主义的新中国之间的一个过渡，整个中华民国三十八年的短暂历史上充满着不断的分裂和内斗。所谓中华民国政府实际上是一个半封建半殖民主义的政权，处处可见其对人民的残酷镇压和面对列强时的丧权辱国，但是这并不能抹杀孙中山作为近代中国第一人的伟大贡献。中山陵的设计，应该将孙中山的历史地位、思想来源和思想内涵通过建筑表现出来。在修建中山陵的时候，丧事委员会向海内外征求陵墓建设方案，并对陵墓图案提出了以下要求：一，祭堂图案须采用中国古式而含有特殊与纪念之性质。或根据中国建筑精神特创新格亦可。容放石椁之大理石墓，即在祭堂之内；二，墓之建筑在中国古式虽无前例，惟苟采用西式，不可与祭堂建筑太相悬殊；三，祭堂应建在水平线175米高坡上；四，祭堂虽欲采用中国式，惟为永久计，一切建筑均用坚固石料与钢筋混凝土，不可用砖木之类。[1]经过对几十份应征方案的仔细评比，青年才俊吕彦直的方案最终胜出。

吕彦直一开始打算模仿法国拿破仑的墓地来设计，但很快就转向了使用中国建筑的传统形式。他关于建筑的理解，在他去世不久之前撰写的《规划首都都市区图案大纲草案》中有所表露。他说：

夫建筑者，美术之表现于宫室者也，在欧西以建筑为诸艺术之母，以其为人类直达审美意趣之最大作品，而包涵其他一切艺术于其中，一代有一代之形成，一国有一国之体制，中国之建筑式，亦世界中建筑式之一也。……故中国之建筑式为重要之国粹，有保存发展之必要。

他认为现今采用"中国固有之形式"的意义与古代不同：

"彼宫殿之辉煌，不过表示帝王尊严，恣其优游之用，且雕费国币，而森严谨密，徒使一人之享受。今者国体更新，治理异于昔时，其应用之公共建筑，为吾民建设精神之主要的表示，必当采取中国特有之建筑式，加以详密之研究，以艺术思想设图案，用科学原理行构造，然后中国之建筑，乃可作进步之发展。……有发扬蹈厉之精神，必须有雄伟庄严之形式，有灿烂绮丽之形式，而后有尚武进取之精神，故国府建筑之图案，实国民建设上关系至大之一端，亦吾人对世界文化上所应有之供献也。"[2]

---

[1] 郑晓笛：《吕彦直：南京中山陵与广州中山纪念堂》，张复合主编：《建筑史论文集》（第14辑），清华大学出版社2001年版，第179页。

[2] 赖德霖：《"科学性"与"民族性"》。转引自郑晓笛：《吕彦直：南京中山陵与广州中山纪念堂》，张复合主编：《建筑史论文集》（第14辑），清华大学出版社2001年版，第178页。

中山陵的设计，就是建筑上"中国固有之形式"的一次成功的实践。其主要表现包括以下几点。

陵墓的几何造型展示了孙中山先生的理想。整个中山陵的整体图案，从空中俯瞰，像一个"中"字的字形，也像一口"钟"的形状。时人对此极为赞赏，以为其寓示了孙中山"革命尚未成功，凡我同志，务须……继续努力，以求贯彻"的警世之语，称其"尤具木铎警世之想"。①

用皇陵的布局来凸显孙中山的历史地位。在当时人的思想中，孙中山结束清朝的统治，与朱元璋结束元朝的统治具有相似性，都是"驱逐鞑虏，恢复中华"。事实上，清帝刚刚退位，孙中山就亲率数万将士，赴明孝陵举行盛大谒陵典礼，②当面称颂朱元璋"驱除光复"之伟勋。1925年孙中山逝世，范龙光挽联的下联云："建业实肇基民国，创造生前，流芳死后，与明帝孝陵同寝，古今革命两英雄"。③中山陵选址时，葬事筹备处包括孙科、宋庆龄等，都强调墓址地点应高于明孝陵。④确定中山陵碑石的大小时，也度量过明孝陵神功圣德碑。⑤中山陵依山为陵，就含有按照帝王规格下葬孙中山之意。吕彦直设计的中山陵在整体布局上吸取了中国古代皇陵的特点，陵园气魄宏大，占地规模达2000亩，有着明显的中轴对称结构，沿着中轴线按空间序列依次有博爱坊（类似于牌楼）、神道（用逐级而上的台阶代替）、中央广场（类似于明堂）、陵门、碑亭、祭堂和墓室。仿帝陵的建筑布局体现了孙中山的历史地位。

以中国元素为主，同时融汇了西方的诸多建筑元素。祭堂的外观，是西方古典主义"三段式"立面造型加中国传统的歇山顶；⑥内顶为斗形藻井，并用瓷片砌成中华民国国旗的青天白日形状；地面上铺红色炼砖，象征着中

---

① 总理奉安专刊编纂委员会：《总理奉安实录》，1930年版，第41页。

② 见《民立报》1912年2月16号"南京电报"。

③ 刘作忠：《挽孙中山先生联选》，兰州大学出版社2000年版，第434页。

④ 南京市档案馆、中山陵园管理处：《中山陵档案史料选编》，江苏古籍出版社1986年版，第55页。

⑤ 南京市档案馆、中山陵园管理处：《中山陵档案史料选编》，江苏古籍出版社1986年版，第98页。

⑥ 赖德霖：《吕彦直和中山陵及中山堂（上）》，《光明日报》1996年10月23日。

华民国国旗中的满地红。墓室的外观为弯窿式圆顶，内顶也装饰成青天白日的形状。陵墓的碑、亭、堂、门、殿、室等建筑物的设计，无论在整体还是细部处理上都吸收了传统建筑的许多典型的符号，如琉璃瓦顶、斗拱、额枋、雀替、壁柱等等，具有浓烈的中国传统文化风格。由392级台阶构成的神道，宽40米，长700米，地面铺装采用条石砌筑，气势磅礴，蔚为壮观。墓道两边与广场的周围，则是西方式的风景园林设计；所用的建筑材料，也不是中式的砖木，而是西方建筑使用的石料和钢筋混凝土。

体现了传统的风水观念。风水理论是传统文化的重要组成部分，从帝王到普通百姓，在选择墓址时没有不讲究风水的。中山陵的建设是模仿帝陵的，不可能不考虑到风水的问题。中山陵建在小茅山南麓，它是钟山主峰；陵前一大片平地，后面还有高山作为依仗；在中山陵东面是灵谷寺，西面临着明孝陵，所以是一块适合建造陵寝的风水宝地。中山陵陵外的中央广场，建在山坡上一块开辟出来的开阔地上，相当于古代的"明堂"。总体来看，整个陵区山环水绕、风景绝佳，具备"藏风得水"之地穴必备的山形、水形和门前有开阔的广场空地等地理环境特征。

中山陵总平面图①

　　① 资料来源：卢洁峰：《大钟与十字架的叠加——中山陵新解》，《建筑创作》2011年第11期，第235页。

中山陵的设计，在整体上强调继承总理遗志，"但实际建成以后的中山陵，对于参观谒陵者来说，空间布局上最强烈的感触，并非'木铎警世'这一寓意，而是陵墓的开放特征"。[①]国民党人虽然按照帝陵的规格安葬孙中山，希望以此突出其历史地位，但是又把他和帝王区别开来。孙中山一生追求以民族、民权、民生为核心的三民主义，所以他的陵园是直接面对民众的。民众从到山门开始，仰头就能看见陵园全貌。瞻仰者拾级而上，不但陵园中的主要建筑——尽收眼底，而且能直达墓室，看到中间下沉安放的灵柩。这种既有高高在上的威严但是又全面开放的建筑格局，和封建帝王陵墓所营造的封闭、神秘、深邃的空间，显示出完全不同的价值导向。在实际使用上，中山陵也是一个开放的公共空间。陵园管理当局于1929年9月颁布了《谒陵规则》，规定中山陵祭堂每天都对游人开放，3月至10月每天开放9个小时，11月至2月每天开放7个小时；每逢1月1日（元旦）、5月5日和10月10日（中华民国国庆）、3月12日（孙中山忌辰日）、6月1日（孙中山奉安纪念日）和11月12日（孙中山诞辰日），还开放墓门，让谒陵者进入墓室瞻仰。由此，中山陵成为南京的一大新景观，前往参谒、游览者络绎不绝。据"总理陵园管理委员会警卫处"的不完全统计，从1929年9月到1931年5月，谒陵人数即有3.5万多人，最多的月份达6700人，最少的月份也有2000人。1932年谒陵者6.5万人，1933年11.5万人，1934年19.7万人，1935年24.9万人，1936年16.4万人。[②]国民党对于中山陵极为重视，赋予它代表中华民国和中国国民党的符号意义，承载着国民党人的集体认同和集体记忆。为了强化这一集体认同，国民党当局将谒陵行为仪式化，每逢重要的节日，如元旦、国庆、孙中山忌辰日、孙中山奉安纪念日、孙中山诞辰纪念日或其他重要的时间点等，都举行集体谒陵仪式。除了当局之外，民国时期的各个社会团体和个人也常常到中山陵举行谒陵活动，中山陵在其实际的使用与呈示中已经在一定程度上超越了国

① 李恭忠：《开放的纪念性：中山陵建筑精神的表达与实践》，《南京大学学报（哲学·人文科学·社会科学）》2004年第3期，第93页。
② 以上数据转引自李恭忠《开放的纪念性：中山陵建筑精神的表达与实践》，《南京大学学报（哲学·人学科学·社会科学）》2004年第3期，第94页。

民党所营造的"政党空间"而走向"国民空间"，成为一段时期内中国人国家认同、民族认同的重要承载地。中华人民共和国成立之后，由政治人物和政治机关举行的谒陵活动逐渐减少，中山陵演变成了一个带有公共公园性质的纪念性广场式陵园。

除了中山陵之外，当时在表现民族风格方面比较有代表性的，还有同样是吕彦直设计的广州中山纪念堂。在1929年的"首都计划"中，国民政府明确提出，"政治区之建筑物，宜尽量采用中国固有之形式，凡古代宫殿之优点，务当一一施用"；商业区建筑"外部仍须有中国之点缀"，"外墙之周围皆应加以中国亭阁屋檐之装饰"；住宅区建筑中"中国花园之布置，亦复适用"。同时期公布"上海市中心区规划"，1931年开始兴建中心区主体市政府、博物馆、图书馆和江湾体育场，也明确要求采用民族形式。[1]于是相继出现了一批具有或多或少民族风格的建筑作品，如仿辽代木结构大殿的南京中央博物院、仿清代庙宇殿阁的南京中山陵藏经楼和国民党党史陈列馆、仿宋代八角楼阁式塔的南京灵谷寺阵亡将士纪念塔等，以及北京协和医院和医学院、北京图书馆、辅仁大学、国民党中央研究院、南京国民政府外交部、上海中国银行等等。

第二节　1949—1978 年中国城市的广场空间建设

从二十世纪五十年代到七十年代末、八十年代初的三十年中，中国城市广场建设的唯一主体是各级政府。受高度集中的政府组织体系和"政治挂帅"的社会文化氛围影响，城市广场虽然大小不一，但却具有极高的同一

---

① 王世仁：《中国近代建筑的民族形式》，《古建园林技术》1987年第1期，第9页。

性。这种同一性既表现在广场建设的风格上，也表现在对广场的功能定位和使用上。总体而言，在这个漫长的时期，城市广场作为有组织的政府行为的一个组成部分，被赋予了政治宣示和群众集会两大功能。广场的设计和附着物建设，首先不是为了满足普通民众审美、休闲、贸易和交往的需要，也不是作为城市的节点，而是为了实现其政治展演功能。

（一）作为范例的天安门广场改建

因为特殊的地理位置，天安门广场从最初开始修建的那时起，就注定要承担起作为"政治样板空间"的功能。新中国成立后的五十年代，以天安门广场改造为起点，全国各地的绝大多数省会以上城市，包括少数中等城市，掀起了一个广场建设热潮。这些广场建设的主要效仿对象就是作为中华人民共和国人民政权象征的天安门广场。因此剖析天安门广场建设这一典型案例，将十分有助于了解新中国成立后三十年的城市广场建设。

1. 1949年前的天安门广场

让我们先从天安门广场的历史说起。1267年，元世祖忽必烈听从巴图鲁的建议，决定在金朝故都中都城废墟的东北，规划并建造元帝国的新首都。1271年命名新城为大都，1276年新城建成。大都城是传统中国完全按照《周礼·考工记》的规制建设的最完备的封建都城。它的建设奠定了北京旧城的基础，也确定了长安街的位置。大都城的南城墙中间的正门丽正门，就是天安门的前身。1368年朱元璋北伐大都，8月克城，改大都为北平府。1370年朱棣封燕王，驻北平府。1403年朱棣继位，1404年改北平府为北京，北京的名称由此而始。1406年朱棣下诏营建宫阙城池，1420年建成紫禁城、皇城和明北京城的内城，明王朝正式迁都北京。朱棣新建的北京城比旧城扩大，他将内城的南城墙向南推移了一公里，这样原来的城墙线就变成了街道，这就是最早的长安街。在长安街的正中位置新建了皇宫的大门，称作承天门，也就是今天的天安门。这次改建，在南面扩展的地区内用黄瓦红墙和廊子圈出了一个"T"字形的前院，在"T"字的三个尖端上各建造了一座三个券洞的门。"T"字竖线的两边，就形成了两片狭长、封闭的前院。从设计上看，天安门高大雄伟，两片院子组成的整体空间方正阔大，而院子中各衙门的办公房都比天安门低得多，将两片院子分割开的中轴线（"T"字的竖线）又长又直，将天安门衬托得极为威严壮丽，可以说是尽显皇权的至高无上。

明清两代将近五百年间，以天安门为中心的这一大片空间都是封建王朝的心脏所在。明清两代皇帝在此举行"金凤颁诏"的仪式，天安门平时大门紧闭，只有在新皇登基、大婚、祭天地等重大庆典活动以及皇帝进出紫禁城才会启用。天安门左边的东长安门（长安左门）外有所谓"龙棚"，殿试后中进士者的名字会悬挂其内，故东长安门又被称为"龙门"。天安门右边的西长安门（长安右门）则是审判犯人的场所，犯人被带入西长安门以后，如羊入虎口，很难再活着出去，故西长安门又称虎门。天安门外中轴线的东西两侧，遵循文东武西的排列规则，分布着封建国家的主要统治机构。如明代，广场之东为宗人府、吏部、户部、礼部、兵部、工部和翰林院；之西为中军、左军、右军、前军、后军的五军都督府和锦衣卫等。因为天安门前的空间在明清时期实际用作朝廷军政和司法机关的办公场所，从其功能而言，只可以说是附属于紫禁城、由高厚的红墙围划出来的"皇宫大门前院"，所以还不能将其称为真正的广场。

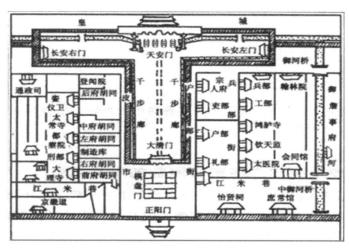

清代的天安门广场

1912年中华民国建立，民国三年（1914年）五月，北洋政府内务总长朱启钤启动改造旧都城计划，他开放了天安门前的长安左门和长安右门，将东西长安街的交通打通，同时也将原本封闭的宫廷"广场"变成了可自由穿行和逗留的半开放空间。此外，中轴线边上的千步廊被拆除，与百官办公、上朝的房屋等设施也拆掉了，天安门前变成为一个狭长而空旷的荒芜之地。在靠近中华门的北部，仿照欧洲风格种植了一排排的树，前门周围建设了西方式的装饰性喷泉等。因为东西长安街打通，形成了新的东西主干线，使得作为皇权象征的紫禁城和原先附属于紫禁城的"皇宫大门前院"被大街和人流隔断了，所以这一举动实际上代表了天安门广场从"皇权空间"向"人民空间"转型的开始。民国期间，这里举行了多次政治集会，如1919年5月4日，成千上万广大爱国学生在此集会，抗议帝国主义和卖国的北洋政府，掀起了中国革命史中著名的"五四运动"，改写了中国的现代史。1928年蒋介石北伐胜利，7月，北平军政各界组织7万人在天安门前举行祝捷大会。8月24日，孙中山遗像被挂上天安门城楼，这是天安门城楼首次挂个人画像。从1919年起到中华人民共和国成立，北京无数次大大小小的政治运动大多数是在这里举行的。

朱启钤改造过后的天安门广场

2. 解放初期对天安门广场的改建

1949年开国大典前，经过多年的战乱，天安门广场已经面目全非。由于疏于护理，广场杂草丛生，地面坎坷不平。广场中垃圾成山，到处是一派荒芜衰败的景象。新生的人民政府需要新的建设来展示其新的气魄和新的志向。面对天安门广场的景象，人民政府迅速开展了广场整治、清运垃圾的行动。1949年8月，北平市召开第一届各界代表会议，毛泽东、周恩来到会。为了建设一个人民的首都，这次会议上做出了修整天安门广场的决议。整修的内容包括：清除广场内的地面障碍物，开辟一个能容纳16万人的大广场，修缮天安门城楼作为主席台，安装22.5米高的电力控制的大旗杆，修补沥青石渣路面，进行绿化，植树、种草、种花等等。1949年9月30日，毛泽东率领全体政协代表来到天安门广场，隆重地举行了人民英雄纪念碑破土奠基典礼。10月1日，中华人民共和国开国大典在广场举行，毛泽东主席在天安门城楼上庄严宣告中华人民共和国成立，并亲手升起第一面五星红旗。在大典上，毛泽东和全体政协代表在天安门上检阅了象征着全中国人民力量的雄壮的游行队伍。1952年8月，在经过两年多的讨论后，东西两座长安门被拆除，天安门前成为通衢大道。1955年，因为原先的围墙妨碍了群众的大规模集会，所以把沿公安街和西皮市的东西两道红墙也拆掉了，天安门广场成为没有围墙的开放式广场。1958年，为迎接十周年国庆，天安门广场开始了史上最大规模的一次扩建。拆除了中华门、棋盘街及广场上的红墙，一系列重要的政治性建筑开始建设。1959年，梁思成自豪地写到对天安门广场大规模改建的结果：

今年十月一日当人们走到天安门广场的时候，他们会看到中国的建筑师、工程师和建筑工人的献礼——一个新的天安门广场。广场的西面是全国人民代表大会大厦。它的主体是一个一万座位的人民大会堂；会堂的北面，面向长安街的是一个五千人的宴会厅；会堂的南面是人大常务委员会的办公楼。广场的东面是一个巨大的博物馆，由中国历史博物馆、中国革命博物馆和一个广大的庭院组成。广场的中部屹立着人民英雄纪念碑。碑以南的部分是一个巨大的绿化地带。

他总结了这次大规模改建所具有的重大的政治意义：

这两座新的纪念性建筑和广场（以及在城市别的地方的其他五座大建筑）是全国的建筑工作者在党的领导下，共同努力，以十一个月的实践设计并建造完成的。这样大的建筑（单是人民大会堂的房屋面积即超过17万平方米，比天安门北面的故宫的房屋面积总和还多2万平方米），包括其中极其复杂的采暖、通风、卫生、照明、交通、声响、通讯、广播、电视、服务等等的机械设备，在这样短的时间内胜利完成，是中国建筑工作者的共同努力的成果。

天安门广场在建筑的形式上创造了独特的具有"推陈出新"特点的新风格：

在建筑形式上，这些建筑也创造了一种独特的风格，它们不是外国的形式，也不是中国建筑传统形式的翻版。它们采用了一些中国传统的特征，特别是大量用廊柱的手法。此外，中国传统喜爱的琉璃，也在这些建筑物上用作檐部装饰。

这种形式是按照今天社会主义中国人民的需要和喜爱，以我们所掌握的材料、技术在传统的基础上革新、发展而创造出来的。

从各个方面说，作为巨大的具有象征意义的政治空间，新改造完成的天安门广场创造了一种新的建筑尺度：

这些建筑和广场的巨大尺码也为我们带来了新的"尺度感"。一方面这些建筑不能脱离平均身高1.80米的人的尺度，另一方面它们更不能忽视五千、一万乃至百万人集体活动的尺度。它们也不能忽视天安门的尺度。在这些之间存在着巨大的矛盾，我们自己只能说，我们在这方面做了巨大的努力，一次大胆的、打破了传统概念的尝试。

梁思成指出，天安门广场的建设首要的目的是满足其政治功能："十年来的事实证明五百年前皇宫的前院已无从满足今天中华人民共和国首都的最主要的广场的需要。广场终于得到了彻底的改建。这是历史发展必然的结果，是说明城市规划和建筑必须为政治服务的生动范例。新的天安门广场就是为社会主义共产主义的政治服务的。"①除了其政治功能外，广场还具有其他的功能：它在平时是一个交通广场，是北京东西主干道和南北轴线干道的交接点。广场的绿化部分还是市民游客休闲的好去处。

---

① 以上有关梁思成的话全部引自他的《天安门广场》一文。该文载《前线》1959年第19期，第27—29页。

新中国成立时的天安门广场

1959年改造后的天安门广场

（二）天安门广场改建所确立的基本规范

　　由于天安门广场在中国所具有的特殊的象征地位，二十世纪五十年代对它的建设就形成了一个重大的导向，也在事实上树立了新中国城市中心广场建设的基本规范。概括而言，这些规范包括：

1. 城市中心广场作为"人民广场"的性质定位

天安门广场改建最大的政治意义，如同差不多所有论者所指出的，是将代表着封建皇权威严的封闭型"皇宫前院"，改成了象征人民当家做主的开放型公共广场。天安门广场改建为新中国其他城市广场建设树立的第一个规范，就是城市中心广场应该是、必须是具有政治象征意义的公共空间，广场建设的核心是要通过建筑语言突出新中国不同于旧中国的伟大之处。

1949年10月中华人民共和国成立，建立了中国第一个人民当家做主的人民民主专政政权，中国的面貌从此焕然一新。新中国和旧中国的最大不同，就是前者是代表着最广大劳动人民的政权，而后者是代表着少数人的政权。广场是一个城市的窗口和客厅，如何通过广场空间建设来反映新中国的人民政权性质和它不同于旧中国的伟大，是城市建设者们必须要考虑的因素。为此，首先要在思想上批判建筑是纯技术的、与政治无关的错误观点，用阶级的观点、政治的观点来看待城市建设和改造。在二十世纪五十年代，被新中国所认可的建筑指导思想被表述为"社会主义现实主义"的建筑观。所谓"社会主义现实主义"，本来是苏联文艺界在三十年代正式提出的关于文学创作和文学批评的基本原则，其核心思想是文学创作应该站在社会主义的立场上并运用现实主义的方法。其后，这一思想扩张到了其他知识领域，建筑学界也出现了要运用"社会主义现实主义"创作的问题。1932年苏维埃建筑师协会第一次大会召开，指出"在建筑领域，社会主义现实主义意味着将思想动力和艺术形象的真实性与最完整地回应技术、文化和功能等方面的要求的建筑物相结合，应用最经济的手段和最先进的技术方法"。[①]1950年，《中苏友好同盟互助条约》签订，苏联的教科书被大量引入到国内，苏联的技术和经验被奉为圭臬和范例，城市建设自然也不能例外。1952年9月，政务院财政经济委员会建筑工程部设计处召开群体布置技术研究座谈会，苏联专家穆欣在发言中提出"建筑艺术在人民思想感情上起很大的教育作用，

---

① 转引自苑军：《中国近现代城市广场演变研究》，中国艺术研究院博士学位论文，2012年，第81页。

提高人民觉悟，告诉人民社会主义时代的光明伟大"的观点。^①1953年10月14日《人民日报》发表社论《为确立正确的设计思想而斗争》，指出"在近代的企业设计中，有两种指导思想，一种是资本主义的设计思想，一种是社会主义的设计思想"，"要提高设计水平，改进设计质量，克服设计中的错误，就必须批判和克服资本主义的设计思想，学习社会主义的设计思想，特别是向苏联专家学习，向苏联帮助我国所做的设计文件学习，从检查我们设计的错误、总结我们设计的经验中学习。"^②可以看出，在当时的政治-文化语境中，资本主义的设计思想和社会主义的设计思想是对立的双方，建筑界的任务就是要批判、克服资本主义的设计思想而转向社会主义的设计思想。社会主义设计思想的导师和代表是社会主义国家的榜样苏联，其建筑思想的核心是展示社会主义的伟大并借此教育人民。1953年10月23—27日，中国建筑学会第一次代表大会在北京召开，梁思成在会上作了《建筑艺术中社会主义现实主义的问题》专题发言，汪季琦作了《改进建筑设计工作为完成和提早完成国家第一个五年经济建设计划而斗争》的专题发言，这表明当时的建筑学界通过思想改造运动已经基本上落实了"社会主义现实主义"建筑观。

如果我们回溯这一思想的发展历史，就会发现它并不是偶然形成的，而是在长期的斗争中形成并一步步强化的。马克思在他著名的《〈政治经济学批判〉序言》中，已经非常经典地阐述了包括意识形态在内的上层建筑与经济基础之间的关系，提出"不是人们的意识决定人们的存在，相反，是人们的社会存在决定人们的意识"。^③在《德意志意识形态》中，马克思根据社会存在决定社会意识的"原理"，深刻地指出"统治阶级的思想在每一时代都是占统治地位的思想。这就是说，一个阶级是社会上占统治地位的物质力量，同时也是社会上占统治地位的精神力量。支配着物质生产资料的阶

---

① 佚名：《中国现代建筑历史（1949—1984）大事年表》，《建筑学报》1985年第10期，第10页。

② 佚名：《中国现代建筑历史（1949—1984）大事年表》，《建筑学报》1985年第10期，第11页。

③ ［德］马克思：《〈政治经济学批判〉序言》，见《马克思恩格斯选集》（第2卷），人民出版社1972年版，第82页。

级，同时也支配着精神生产的资料，因此，那些没有精神生产资料的人的思想，一般地是受统治阶级支配的"。①其后，列宁在《党的组织和党的出版物》中，将马克思意识形态与阶级密切相关的思想发展成为意识形态的阶级性问题，提出了"文学的党性原则"这一概念。列宁认为"非党性""超阶级"和"客观主义"的文学是不存在的，文学写作具有阶级性，因此"写作事业应当成为整个无产阶级事业的一部分，成为由整个工人阶级的整个觉悟的先锋队所开动的一部巨大的社会民主主义机器的'齿轮和螺丝钉'"，"对于社会主义无产阶级，写作事业不能是个人或集团的赚钱工具，而且根本不能是与无产阶级总的事业无关的个人事业"。②在《关于民族问题的批评意见》中，列宁提出了"两种民族文化"的理论，明确指出"每个民族文化，都有一些民主主义的和社会主义的即使是不发达的文化成分，因为每个民族都有被剥削劳动群众，他们的生活条件必然会产生民主主义的和社会主义的意识形态。但是每个民族也都有资产阶级的文化（大多数民族还是黑帮的和教权派的），而且这不仅表现为'成分'，而表现为占统治地位的文化"。③列宁"两种民族文化"的思想，为此后社会主义国家在文化艺术领域内开展阶级斗争和思想改造运动提供了经典的理论依据。毛泽东关于文学艺术的思想继承和进一步发扬了列宁的思想。在1942年发表的《在延安文艺座谈会上的讲话》中，毛泽东说："一切文化或文学艺术都是属于一定的阶级，属于一定的政治路线的"④，对于文艺从属于政治的性质做出了更进一步的阐释和规定。在1949年7月给中华全国文学艺术工作者代表大会的贺电上，毛泽东说："人民革命的胜利，人民政权的建立，是决定一切的。……

---

① ［德］马克思、［德］恩格斯：《德意志意识形态》，见《马克思恩格斯全集》（第3卷），人民出版社1960年版，第52页。

② ［苏］列宁：《党的组织和党的出版物》，见《列宁选集》（第1卷），人民出版社1995年版，第663页。

③ ［苏］列宁：《关于民族问题的批评意见》，见《列宁全集》（第24卷），人民出版社1990年版，第125—126页。

④ 毛泽东：《在延安文艺座谈会上的讲话》，见《毛泽东文艺论集》，中央文献出版社2002年版，第69页。

人民革命的胜利和人民政权的建立，给人民的文化教育和人民的文学艺术开辟了发展的道路。"①新中国成立后，毛泽东特别注意思想路线的斗争和对知识分子的思想改造问题，1951年他就电影《武训传》专门为《人民日报》写了社论，指出对于电影《武训传》的歌颂竟至如此之多，"说明了我国文化界的思想混乱达到了何等的程度"，他提出应当重视电影《武训传》的讨论，要通过讨论使文化艺术工作者有正确的思想，明白什么是应该歌颂的东西而什么是不应该歌颂的东西。②1952年他在中共中央统一战线工作部起草的一个文件上批示，指出"中国内部的主要矛盾即是工人阶级与民族资产阶级的矛盾"。③1954年9月，他在中华人民共和国第一届全国人民代表大会第一次会议的开幕词上发出了"为建设一个伟大的社会主义国家而奋斗"的口号。④列宁和毛泽东的思想，虽然所讲的直接对象是文学艺术，但他们的思想是作为一般性的指导原则而提出的；没有直接讲到建筑问题，不意味着建筑就可以不受这些基本原则的指导，因为建筑说到底也是一种主观意识指导下的创造性行为，属于广义的艺术的一个分部。因此，就逻辑而言，建筑艺术当然也和其他所有艺术门类一样具有政治性，也必须表现政治和为特定的阶级利益服务。城市广场作为城市建筑的一个核心要素，其设计和建设不但应该，而且必须把政治要求摆在第一位。天安门广场从明代开始设计和修筑起，就是一个纯政治性的建筑组群。经过新中国的改造，它由为封建皇帝服务的"皇宫前院"，彻底变成了体现"社会主义中国六亿人民广阔的胸襟和顶天立地的英雄气概"⑤的"人民广场"，如梁思成所说，天安门广场的改建"是说明城市规划和建筑必须为政治服务的生动范例。新的天安门广场就

①　毛泽东：《中共中央给中华全国文学艺术工作者代表大会的贺电》，见《毛泽东文艺论集》，中央文献出版社2002年版，第129—130页。

②　毛泽东：《应当重视电影〈武训传〉的讨论》，见《毛泽东文集》（第6卷），人民出版社1999年版，第166—167页。

③　毛泽东：《现阶段国内的主要矛盾》，见《毛泽东文集》（第6卷），人民出版社1999年版，第231页。

④　毛泽东：《为建设一个伟大的社会主义国家而奋斗》，见《毛泽东文集》（第6卷），人民出版社1999年版，第349—350页。

⑤　梁思成：《天安门广场》，《前线》1959年第19期，第29页。

是为社会主义共产主义的政治服务的"。①

2. 政治原则指导下的城市中心广场空间设计

在"建筑为政治服务"思想的指导下，为了要表现新中国广大人民群众新的精神风貌和国家社会主义建设事业所取得的伟大成就，从鼓舞人民、教育人民、服务人民的原则出发，城市广场的空间设计应该具有新的风格和新的尺度感。

这些新的风格和尺度感主要有：首先，作为具有政治象征意义的人造空间，广场尤其是主要广场要位于城市的心脏地带。这里的心脏地带，可以是城市的地理中心，也可以因为历史和地形等的原因而不是城市的地理中心，但必须是城市的政治中心。也就是说，它必须和城市的主要的政治机关在空间上具有密切关系，一般来说，政治建筑群和中心广场两个空间是相连接的。政府是人民的政府，广场是人民的广场，这两者之间是不应该隔离开的。其次，广场是完全开放的空间，而且在面积上一般应比较大，可以容纳数千、数万甚至百万的群众举行集会。新中国是人民当家做主的国家，不是少数特权阶级的国家，所以城市广场不能像旧中国那样封闭起来，不让群众进入。天安门广场在封建时代就是完全封闭的，群众要从东到西，要么需要绕道前院南面的大明门（明代叫大明门，清代叫大清门，民国叫中华门）前，要么需要绕道皇宫北面的地安门后。朱启钤的改造打通了东西长安街，但是仍然不贯通，广场的围墙还在，群众还没有得到真正的重视，因为这广场并不是为了群众的需要而存在的。新中国是人民当家做主的社会主义国家，人民当家做主要以一定的方式表现出来，群众集会就是其中的一种。大规模的群众集会需要场所，从城市的发展历史来看，这个任务需要广场尤其是中心广场来承担。为了达到这个目的，就要为群众的利益让路。天安门广场为什么要拆掉以前的东西长安门？为什么要打掉以前的红墙？因为这些建筑阻碍了群众集会，也就是妨碍了人民利益的实现。1949年9月，为了迎接开国大典，对天安门广场进行了突击整治。大典结束后，解放军同志有不满意的地方，因为东西两座长安门，刚好横亘在游行的路上，城门非常厚实，

---

① 梁思成：《天安门广场》，《前线》1959年第19期，第29页。

上面只开着三个不大的门洞，所以"军旗过三座门不得不低头"；加上门洞之间相距又比较远，严重阻碍了游行队伍通过，"游行群众眼巴巴盼着到天安门看看毛主席，但游行队伍有时直到下午还过不了三座门，看不着毛主席"。①以后这样阻碍游行的情况大大小小又发生了数起。这是群众集会游行时的情况。此外，因为天安门前的人流和车流越来越多，三座门的存在造成了严重的拥挤情况，有时还会造成交通事故。在这种情况下，经过两年的激烈争辩，到了1952年，终于决定把这两座城门拆掉。红墙的拆除也是这个原因，因为每年的"五一""十一"之夜，大量的群众来到广场欢庆，但是红墙圈划定的范围有限，群众在里面拥挤得转不过身来，"在这些节日之夜，成百万的男女老少都一心向往着天安门，不到天安门，节日是不够完美的。"可是红墙的存在成了最大的障碍，所以"到了1958年，围墙终究不能再存在了。事实上等于成百万的欢乐人群把这些围墙'挤倒'了"。②天安门广场已经为了群众的利益拆除了城门和围墙，成为完全开放的人民的广场，那么其他广场有什么理由不是完全开放的呢？有什么理由不在场地面积上满足群众大集会、大游行的需要呢？再次，广场在平面几何构图上一般是长方形。从1949年到1976年，天安门广场经过了三次大规模的改建，专家们提出了多种方案，但是最后的结果，是每一次改建都扩大了广场的面积，同时也保留了广场长方形的几何形状。1976年第三次改建结束后，天安门广场形成了今天的形状，它的南北长880米，东西宽500米，面积达44万平方米，可容纳100万人举行盛大集会，是世界上最大的城市广场。天安门广场长方形的几何形状也为其他各个城市广场所仿效。如果一名游客走在全国各个省会城市的中心广场上，他就会发现几乎没有一个广场不是长方形的！将中心广场设计成长方形，是为了从各个方面满足政治功能的需要：从实用的角度说，这样可以使得广场的面积最大，因为边边角角都被纳入到了广场的空间之

---

① 所引的两句话出自清华大学土木建筑系1965年编印的《教学思想讨论文集（1）》第65页。转引自苑军：《中国近现代城市广场演变研究》，中国艺术研究院博士学位论文，2012年，第100页。

② 梁思成：《天安门广场》，《前线》1959年第19期，第28页。另，东西红墙拆除的实际时间是1955年。

中，适于较大规模的群众集会。从文化的角度说，中国历代的官方广场，从周代"左祖右社，面朝后市"的城市空间设计开始，全都是长方形的。宽阔方正的长方形广场，在数千年的历史发展中，已经积淀成为正统政治秩序的象征性符号。从心理学的角度说，长方形广场会给人一种开阔、开朗、大气的感觉，它的竖直的边线让人觉得公正无私、光明正大，而中轴对称的线条之间既简单又合适的比例则体现了一种严整、严肃、严谨的秩序感。天安门广场在改建时充分考虑到了民族文化的继承性，这种继承性不但表现在大家都已经意识到的房屋等建筑物上，还表现在许多人并没有注意到的广场的几何形状上。我们可以设想一下，假如作为政权之象征性空间的中心广场不是长方形的，而是圆形、椭圆形、菱形或者三角形的，那么上述的心理效果将荡然无存，因为这些形状都不能给人造成一种严肃、稳定和有秩序的感觉。

3. 政治原则指导下的城市中心广场附着物设计

同样是从突出广场的政治功能出发，结合广场在空间设计上的特点，新中国成立后城市中心广场在设计附着物时，以天安门广场为参照，一般都只建设很少的几样具有政治符号意义的附着物，而基本不会建设其他可能影响突出其政治功能的附着物。仅有的少数几件附着物中，观礼台一般是必需的，另外会有一或两件具有政治宣传功能的石碑或者雕塑。

我们必须明白，建筑空间不是一个纯然物理的存在，我们使用的绝大多数空间是经过专业的设计师、规划师等设计的，它隐含着自己想要达到的目的，会以一种沉默的方式向每一个走进它、与它打交道的人"讲话"。建筑空间本身是一种语言，它的单词是空间里的各种人造建筑物，它的语法是这些建筑物之间在空间上所形成的关系。布莱恩·劳森说："无论在世界上的任何地方，只要有人聚居，你就能发现使用空间的支配规则。这些规则中的一部分，可能纯粹只和当地的社会习俗有关，但更多的既反映了我们心理最深层的需要，又反映了人类的特点。"[1]作为以政治功能为主的城市中心广场，在附着物的设计和选择上自然也有其深入细致的考虑。如果附着物过

---

① ［英］布莱恩·劳森：《空间的语言》，杨青娟等译，中国建筑工业出版社2003年版，第4页。

多，那么就会占用广场的面积而使广场能够容纳的人数减少，所以对于以群众集会为主的广场，附着物是不能多的。在附着物的选择上，那些最具有政治意味的因素会被优先考虑，这些因素包括了附着物主题的确定、附着物的外观设计、建筑附着物应该使用的材料、附着物之间的空间关系等等。一般而言，政治性的广场都需要承担起一个重要的任务，那就是通过某种方式的历史叙述，努力向进入者展示、证明政权的合法性及其伟大。换句话说，广场空间的附着物，需要承担起向观察者、使用者从政权所有阶级的历史观出发阐释历史的作用。附着物的建设必须符合这一功能要求。

天安门广场在附着物建设上也为政治类广场做出了示范。从性质上讲，天安门广场是"人民的广场"，因此它必须要向人民开放；"忘记历史就意味着背叛"，因为人民政权的取得是无数革命先烈用生命奋斗而来的，因此要教育人民时刻牢记中国革命的悲壮历史；此外，还要考虑到虽然新中国不同于历史上任何一个旧政权，但它仍然是中国历史的一个组成部分，因此不能割断它和历史的联系。这些要求汇聚起来，就对天安门广场附着物的建设提出了基本要求：首先，作为人民广场，它要满足大规模群众集会的要求和向全体民众开放，这使得它的附着物不可能很多，因为过多的附着物会影响集会和开放度。其次，新中国代表着中国历史发展的一个新的阶段，为了和这个具有无限美好未来的新阶段相适应，要建设的天安门广场将是全世界最大的广场。这个"大"，代表了新政权的气势、气魄和它的雄心壮志。为了让广场在视觉效果上显得阔大，同时为了保证广场在视觉上的完整性，那些具有视觉隔断效果的附着物当然不能过多。再次，从传承文明和展示新政权的根本性质出发，必须对附着物的建设进行精心选择，使每一样建筑都代表着不同的意义。在广场的中心，高高竖立的是人民英雄纪念碑。碑的位置，恰好在从天安门到正阳门的南北中轴线的中心点上。这样的安排是经过认真研究的：人民英雄纪念碑是为了纪念公元1840年以来，为反对内外敌人、争取民族独立和人民自由幸福，在历次斗争中牺牲的人民英雄们而兴建的。纪念碑正面碑心镌刻着开国领袖毛泽东题写的"人民英雄永垂不朽"八个鎏金大字，背面碑心为毛泽东起草、周恩来书写的150字碑文。任何人来到纪念碑前，仰头看见碑上遒劲雄浑、仿佛蛟龙起舞的大字，再看到纪念碑上的一幅幅浮雕，就会想到：从1840年以后，在内外敌人的压迫之下，中国逐步陷入了深重的灾难之中。虽然从那时起，就有一代又一代的英雄为了国家和民族的未来奋起斗争，但是他们都失败了。直到中国共产党成立，中国人民才找到了自己真正的领路人，中国革命的面貌才焕然一新。中国共产党领导中国人民经历了二十八年的艰苦奋斗，终于打败了国内外敌人，建立了人民当家做主的中华人民共和国，彻底实现了民族解放和国家独立。纪念碑的意义，就是要向所有人叙述这一段波澜壮阔的历史，并让人们永远铭记它。而这一段历史，也是中国共产党和它建立并领导下的中华人民共和国的历史合法性之源——历史选择了中国共产党，只有中国共产党才能领导中国人民实现人民解放、民族独立和国家富强。纪念碑的一切，从它的石材、高度、题字、外观，都在诉说着这一段庄严的历史。因为它是这个新生国家最重要的象征之一，所以它位于广场的正中，由毛泽东亲自题写碑文；在它周围的其他建筑，都不能离它太近，都不能影响它的雄伟，不能在气势上压倒它。严格地说，在1976年毛主席纪念堂建设以前，面积达44万平方米的天安门广场上就只有人民英雄纪念碑这一座建筑物，它傲然肃立在空旷辽远的广场上，气势恢宏，直插云霄，统领着周围的一切。处于广场外围，可以视为广场的边界的建筑物，东边是中国国家历史博物馆，西边是气势庄严的人民大会堂，北边是天安门城楼。中国国家历史博物馆是中华文明史的象征，在这里展示着中华民族辉煌的过往。把中国国家历史博物馆放在广场的侧面，意味着新中国在继承了优秀民族文化的同时，正在奋力开创更加美好的未来。人民大会堂是国家最高权力机关全国人民代表大会召开的地方，代表着全国人民的人大代表们在这里共商国是，它是新中国人民民主专政政权性质的直接体现，是最高政治机关的象征。天安门城楼是中国古代最壮丽的城楼之一，它原先是封建皇权的象征，现在经过改造，成为党和国家领导人检阅群众、和人民互动的地方，起着观礼台的作用。天安门城楼功能的转变，正是华夏大地"换了人间"的象征。中国国家历史博物馆、人民大会堂和天安门城楼三栋建筑，以半包围的形状环绕、拱卫着纪念碑，这样的建筑布局，无论是从四者之间的空间布局，还是从它们所代表的意义方面讲，对于一个以政治功能为主的巨型开放性广场来说，都堪称完美。

二十世纪五十到七十年代末期建设的其他城市中心广场，虽然在面积上没有也不可能超过天安门广场，但是作为本区域内具有代表性的政治公共文化空间，其建设基本上都仿效或者遵循了天安门广场建设的三个规范，尤其是第一和第二个规范，也就是突出广场的政治象征功能，尽可能将广场设计为开放性的长方形，并且尽量靠近当地最高政治机关的建筑。在附着物的建设上，观礼台是通常都有的，大部分也都建有与本地革命史紧密相关的纪念碑或者代表性英雄人物、革命事件的塑像。

（三）其他主要城市中心广场的建设与使用

1. 租界地广场的"人民化"改造

帝国主义以不平等条约为依据在中国境内划定租界的权利始于上海。1843年10月底，上海正式宣布开埠通商后不久，英国驻上海第一任领事巴富尔到任。巴富尔到上海后，四处查看地形，并以《虎门条约》为依据向清政府提出土地绝卖的要求。在遭到拒绝后，巴富尔又提出租界土地的要求。1845年，清政府被迫接受了英人的无理要求，上海道台宫慕久用告示形式公布了他同巴富尔签订的《上海土地章程》。章程规定将洋泾浜以北、李家场以南之地租与英国商人，作为建筑房舍及居住之用。[①]这样，英人在上海建立了中国的第一个租界。

为了攫取更多的利益，一些英国人依托租界，开始巧取豪夺建设具有商业功能的公共广场。由霍格等人建立的上海跑马厅广场，是其中一个具有代表性的例子。

霍格先后在旧上海建过三个跑马厅。第一个跑马厅建于1850年，占地81.744亩；第二个跑马厅建于1854年，占地171.476亩；第三个跑马厅最大，建于1862年，占地530.245亩。[②]第三个跑马厅实际上从1861年就开始圈地建设，其土地由三个外侨组织万国体育会、跑马总会有限公司、跑马总会场地有限公司所有。跑马厅的土地来源，大部分系由上列三个组织以本身名义

---

① 《上海公共租界史稿》，上海人民出版社1980年版，第44页。

② 熊月之：《从跑马厅到人民公园人民广场：历史变迁与象征意义》，《社会科学》2008年第3期，第5页。

自置（永租权），一部分系由外侨永租后转让与跑马厅，一部分系由租界工部局转让与跑马厅，一部分直至1950年仍由外侨私人所有，或已由外侨转让与中国人。土地永租权的取得时间，大部分地块在1861及1863年，其余则自1881年至1917年间零散取得。跑马厅的土地，有的已经从原所有者手中收回原始的土地产权证，也就是买断了土地；还有的根本没有买断，而是直接由当时的清政府联合英领事发给跑马厅土地契约，也就是等于强行占有了原住民的土地。土地的租金也不一致，一般越先取得的土地价格越低，越后取得的土地价格越高。跑马厅的土地来源和产权情况、地租价格之所以复杂不一，和殖民主义者的霸道密切相关。其情况有三：一是1861年由工部局、跑马厅、外侨地产商构成三位一体，强迫征收当时尚在租界范围以外的土地，其中工部局取得的土地除筑路外，又转让与跑马厅；外侨私人土地除大部分陆续转让与跑马厅外，还有一小部分保持个人持有，或者转让与中国人持有。二是在征收土地时工部局首先驱逐当地居民，然后才分别与业主谈判，以此压迫业主低价成交；而业主因为缺乏法律或外交的援助，加之失去祖居土后生活受到威胁，不得不忍痛接受低价补偿。三是1863年时业主曾奋起反抗，迫使当时的中国政府出面交涉，会同英领事宣布跑马厅土地只能用于公用事业而不得用于商业，并规定跑马厅应付地价六分之一，即每亩价银25两，如日后改作商业之用，须补偿其余六分之五的地价，即每亩125两。有关土地补偿的协议虽然由跑马厅署券，并由四洋行担保，但业主并不信服，多数业主拒绝缴出田契领取价款。此种情况下，万国体育会（即万国运动会）将10750两价银通过中国政府发给原土地持有者，但是即使这些价银业主已实际取得，仍然有53750两价款未付，这未付的余款就作为土地不得用于商业或建筑的保证条件。1889年中国政府要求给付余款，但跑马厅方面敷衍塞责，只付了很少，大约5500两，就要求撤销当时制定的限制土地使用条件。①

跑马厅的土地来源和赎买情况，是殖民主义者经济侵略的具体表现，所

---

① 上述有关跑马厅土地的情况来源于《1951年收回上海跑马厅史料选》，《档案与史学》2001年第2期，第21—22页。有关跑马厅如何强取豪夺中国人土地的过程，以及如何利用赌马戕害中国人和搜刮中国人钱财的事情，还可以参看陆杳清的《上海跑马厅轶事钩沉》（《上海企业》2016年第2期）。

以跑马厅从一开始就是一块被烙上了殖民主义色彩的空间。不仅如此，跑马厅建成后，这一空间的使用也逐渐发生了变化。跑马厅一开始是以建设"公游之所"也就是公共休闲空间的名义而驱逐居民强行占据土地的。正因为有这个名义，跑马厅方面才仅仅付给原住民六分之一的地价，并且承诺不将土地专做商业之用。但是，大概在1873年至1875年之间，跑马厅就开始发售赛马彩票，用跑马进行赌博。1876年后，赌博与赛马更是如影随形，密不可分。在跑马厅这块典型的殖民空间，中国人受到了严重的歧视：跑马总会规定，除了总会雇佣的马夫和杂役之外，任何华人都禁止入内；跑马总会接受任何国籍的外国人，唯独不接受华人入会。不但如此，洋人们还禁止跑马场周围的华人居民在房子上任意开设窗口，规定面向马路的一面墙可以开设窗户，其他三面一律禁止。直到1909年，跑马总会才在跑马场西边增加了一个看台，允许华人购票进入观看赛马，但华人还是没资格成为跑马总会正式成员。1911年之后，由于江湾跑马厅成立，跑马总会才吸收少数中国人为名誉会员和聘请会员，但是所颁发的证件和正式会员却有差别，仍旧不允许华人会员参加正规比赛。此外，因为跑马厅中央场地是租界最大的准公共广场，所以也成为殖民主义者举行公共政治活动和炫耀武力的场所。1893年11月17日，英美公共租界举行上海开埠50周年庆典，在跑马厅举行阅兵式；1900年9月20日，八国联军总司令、德国陆军元帅瓦德西，在结束对中国北方的侵略战争以后，访问上海并在跑马厅举行阅兵式，检阅各国驻沪军队和租界万国商团；1918年11月21日至23日，协约国军队在跑马厅举行大会庆祝第一次世界大战结束；1922年3月，第一次世界大战期间的法国军队总司令霞飞上将访问上海，在跑马厅检阅万国商团的操演。[①]总之，作为典型的殖民地空间，跑马厅广场以一种扭曲的方式开始了上海公共娱乐空间的建设。其接近九十年的生存史，催生了上海社会生活的变化，甚至重塑了上海的政治生活空间；但同时，它也是中国人被歧视、被侮辱、被损害的活生生的历史样本，是一块铭记着耻辱的文化与政治空间。

---

① 关于跑马厅被殖民者使用的有关事件来自熊月之《从跑马厅到人民公园人民广场：历史变迁与象征意义》，见《社会科学》2008年第3期，第6—7页。

上海解放以后，经过认真的调查，并经请示中央，1951年8月27日上海市军事管制委员会发布了收回跑马厅土地的命令，"决定将南京西路以南，西藏中路以西，武胜路以北，黄陂北路以东，原由上海跑马总会有限公司、上海跑马总会场地有限公司及上海万国运动会所经管之土地（计新成区十号二丘、三丘、四丘、五丘、六丘、七丘、八丘、九丘）全部收回，作为市有公地"。1951年9月5日，上海市新城区人民政府根据8月6日中共上海市委宣传部所提具体处理建议，提出将跑马厅广场改建为公园及人民体育场的报告。①值得注意的是，中共上海市委宣传部1951年8月6日《关于外交部同意收回跑马厅特提出具体处理建议致潘汉年函》中是这样建议的：

第一步：横贯东西设立五十公尺阔的示威游行跑道，建立检阅台。争取国庆节使用。

第二步：在跑道南段设立永久性的阶梯式群众露天会场，与跑道联成一气，（一场两用），以供本市五万～十万人群众大会之用。

第三步：利用跑马厅钟楼部分及东部马路边沿，设立本市文化宣传的某些固定场所。

第四步：保存跑马厅北部、中部及南部中央为大草坪，并开辟一两条垂直的林荫道。②

可以看出，中共上海市委宣传部的最初建议，是将跑马厅广场改造为一个举行大型的群众政治性游行或者政治性集会的空间。在此背景下，1951年9月6日，上海市政府决定"先在场地南部修筑上海人民广场，以供将来游行及举行群众大会之用；其余场地之绝大部分，则将逐步修建，辟作文化休息及其他有益市民之用途"。③改造工程1951年9月7日开始，1952年10月人民公园对外开放，1954年人民广场建成。从建成到"文革"结束，人民广场多次举行大型的游行和群众集会活动，成为上海市最重要的开放型政治公

---

① 范根娣选编：《1951年收回上海跑马厅史料选》，《档案与史学》2001年第2期，第26页。

② 范根娣选编：《1951年收回上海跑马厅史料选》，《档案与史学》2001年第2期，第24页。

③ 《解放日报》1951年9月7日。

共空间。由于受到原先跑马场空间形状的制约，人民广场并不是长方形，而是类似于半椭圆形，但是中间的主体部分则被设计为长方形，并且建设了检阅台。

北京和上海是中国非常重要的两个城市。在上海，代表着殖民主义的跑马厅广场被改造为人民公园和人民广场；在北京，代表着封建专制主义的天安门"皇宫大前院"也被改造成了天安门广场。跑马厅广场基于民族歧视不对华人开放，"皇宫大前院"基于等级身份不对普通的中国人开放，两者都不是真正意义上的公共空间。经过人民政府的改造，两处具有象征意义的空间都改变了它们的性质，成了向全体中国人开放的真正的公共空间，普通中国人可以在这里通过游行、集会、示威等活动来行使自己的政治权利。虽然在大多数情况下，这种政治权利的行使都带有表演性质，可以被视为一种有组织的集体政治狂欢行为，但是无可否认，原先被殖民主义者和封建贵族剥夺了的基本公民权利被人民政府归还给人民了。人们也许可以怀疑有组织的庆祝性游行或者集会在意愿表达上的真实性，但却不能否认这是公民行使政治权利参与公共生活的一种重要方式，而这种方式他们在新中国成立以前是没有的。

1959年的上海市人民广场

除了上海市人民广场外，其他各个原先租界地中的主要广场，都被改造成用于群众游行和集会的人民广场，如青岛市人民广场。

2. 具有政治功能的人民广场建设

从二十世纪五十年代开始，许多主要城市掀起了一股广场建设的热潮。"文革"期间，国民经济遭受了严重的挫折，但是广场建设在少数城市中还有新的发展。到了七十年代末期，可以说全部省会城市和计划单列市都建设了城市中心广场。由于禁止民间开展自由贸易，以及对于传统文化中的祭祀等活动持全面的批判态度，这一时期的广场在功能呈示上比较单一，基本上就是供举行集体性的政治集会时使用。在"政治挂帅"的文化语境下，这些广场或者常在名称中冠以"人民"字样；或者常以曾经发生的重要革命事件的纪念日为名，如郑州"二七广场"、南昌"八一广场"、长沙"五一广场"、武汉"二七广场"等。此外，如"东风""新华""东方红"等具有政治意涵的词汇也常用以命名广场。

如前所述，这类政治集会性质的广场在平面格局上讲究整体上的轴对称，一般为长方形；为了显示政治气魄，广场追求空间尺度的开阔宏大，占地面积通常都比较大；广场上的附着建筑很少，一般只有主席台（观礼台）和少数纪念性建筑，但没有多少绿化，也没有供民众休息、娱乐或者从事体育活动的基本设施。

中外城市广场面积比较[①]

广场名称	面积 / 公顷	广场名称	面积 / 公顷
普利也城集会广场	0.35	大同红旗广场	2.9
庞贝城中心广场	0.39	太原"五一广场"	6.3
佛罗伦萨长老会议广场	0.54	天津海河广场	1.6
威尼斯圣马可广场	1.28	南昌"八一广场"	5.0
巴黎协和广场	4.28	郑州"二七广场"	4.0
莫斯科红场	5.0	北京天安门广场	44.0

太原"五一广场"。其前身是明太原府城"承恩门"故址。城内晋王

---

① 宛素春：《城市空间形态解析》，科学出版社2004年版，第53页。转引自苑军：《中国近现代城市广场演变研究》，中国艺术研究院博士学位论文，2012年，第90页。

府的府门越过红四牌楼与承恩门相对，皇帝的诏书圣旨由承恩门传入，而城中朱氏王族亦多由此门出入。清代中叶，因山洪冲毁承恩门关城及箭楼，政府拨款新修城门，称新南门。清代承恩门及其月城共有垛口902个，是太原城防的主要门户之一。辛亥革命中，山西新军与新南门守军里应外合，不费一弹，巧夺新南门，一举拿下太原城。为纪念太原辛亥义举，遂改新南门为"首义门"，新南关为首义关。太原解放战役中，中国人民解放军强攻首义门，使这座雄壮的古城楼重创于炮火。太原解放后，1951年"五一"国际劳动节前，政府将难以修复的旧城垣并首义门、城楼及关城拆除，辟建了宽阔的广场。由于广场的建设是为了迎接"五一"节的到来，遂取名为"五一广场"。五十年代后期，几经增建、扩建和修整，广场的中心建起了坐北朝南的检阅台和观礼台，台前有穿场而过的太原市标志性大道迎泽大街。在太原，全市性的群众政治集会基本上都在这里举行。同时，因为位于市中心，"五一广场"也是重要的交通节点，以广场检阅台为中心，周围有八条道路在此汇集。

天津海河广场。海河广场原名中心广场，位于海河北岸，西起北安桥，东至广场桥，北依海河东路，南临河边，核心部分为民族路至民生路一带约1.6公顷的一块不规则长方形地带。海河广场的旧址为始建于明代的马家口，明崇祯十二年在此建有拱卫天津城的炮台。马家口还设有官窑五座用于烧造城砖，至清康熙年间窑废。窑废之后，此地居民渐多，往来于南北两岸，遂形成渡口。清末至民国初年，这里是连接意租界与法日租界的交汇渡口。中华人民共和国成立后，为了为天津的大型群众集会建设相应的场地，天津市政府决定在渡口建设一座中心广场。据记载，1959年"五一"节前的周六下午和周日，天津市出动了一万五千名干部进行义务劳动，他们靠锹挖筐抬，把坑洼不平的土地垫实夯平。广场于1959年"五一"节前建成并正式投入使用，成为天津市集会庆祝的中心会场。因为广场建成，每年国庆节的临时检阅台也由原来胜利公园临近和平路的地方迁移到此。因为游行检阅台每年都要临时搭建，用后拆除，每搭一次需要花费十万元左右费用，所以天津市决定在中心广场兴建一座永久性检阅台。1965年，市政府在十二种应征方案中通过了天津工艺美院的观礼台设计方案。按照方案，观礼台总建筑面积为5065平方米，投资110万元。台总长125米，中央主席台高为18米，两侧台高为15米，均为三层建筑。中央主席台可供200人观礼，每排并站50人；两侧观礼台每侧可容500人观礼，总计可容纳1200人观礼。中央主席台正面有两处进口，为献花、献礼人员入口。在建筑风格上，布局采用对称式，中部主席台突出，墙头用传统琉璃瓦贴面，继承了中国建筑的传统，又突出了苏联建筑的风格特色。

从广场建成到二十世纪八十年代初期，海河广场经常召开各种具有浓厚政治意味的游行庆典大会。对于天津人来说，海河广场沉淀了数十年间众多有关群体性公共活动的集体记忆。其中最重要的有两次：一次是1960年5月1日，毛泽东主席在这里和天津军民一起度过劳动节。当时天津市各单位的游行队伍共计五万余人，当毛主席在《东方红》的乐曲声中微笑着出现在检阅台上时，引起了游行队伍的极大兴奋，民众的鼓掌声和欢呼"毛主席万岁！"的口号声响彻云霄。毛主席则频频向游行民众挥帽和招手致意。当日毛主席不仅检阅了由工人、农民、学生等各界人士组成的游行队伍，观看了业余文艺队伍表演的文艺节目，还接见了劳动模范张士珍、李兆珍、萧德训、刘长福等人。另一次是1984年新中国成立35周年国庆大典。当年10月1日中共中央和国务院在天安门广场举行了盛大的阅兵式，天津市也在海河中心广场举行了盛大的庆祝活动。海河广场于1994年拆除。

南昌"八一广场"。八一广场原名人民广场，位于江西省南昌市东湖区，是江西省最大的全开放型城市中心广场。明清时期，该地域是顺化门外的护城河和沼泽地。光绪年间，清政府在沼泽地开辟出训练新兵的大校场。1911年，国民革命军于大校场整集，推翻了清政府在江西的统治，建立中华民国江西政府。1912年10月28日，孙中山亲临大校场检阅了李烈钧部的江西革命军。1928年，南昌城市改造，拆去顺化门，填塞护城河，修建绕城公路（今八一大道），使之具备了广场的雏形。1956年，人民政府在城建工程中，正式将广场命名为"人民广场"，并加以扩充拓展，广场作为城市中心的地位得到确定。1969年，对广场进行了第一次改造。1977年8月1日，广场上开始兴建"八一南昌起义纪念塔"，同时广场进行大整修，将"人民广场"改名为"八一广场"。1979年1月8日，八一南昌起义纪念塔建设落成。塔呈长方体，总高45.5米；塔身正北面刻着叶剑英题写的"八一南昌起义纪念塔"九个铜胎鎏金大字，①下嵌"八一南昌起义简介"花岗石碑。其他三面是"宣布起义""攻打敌营""欢呼胜利"三幅大型花岗石浮雕。塔身两侧各有一牌翼墙，嵌有青松和万年青环抱的中国工农红军旗徽浮雕。塔顶由直立的花岗石雕步枪和用红色花岗石拼贴的中国人民解放军军旗组成。八一南昌起义纪念塔建成后，和八一广场一起，成为南昌的标志性建筑。八一广场从1956年起，就是江西最重要的纪念性广场。逢重要的政治性节日或者遇到重大的政治事件，广场还是民众举行大型集会的地方。

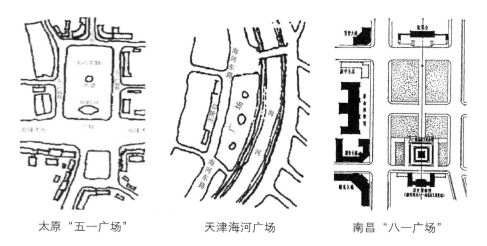

太原"五一广场"　　　　天津海河广场　　　　南昌"八一广场"

西方模式下的政党政治以政党作为参与政治的基本单位。政党是由具有同一政治价值观的人所集合而形成的组织。政党的力量在根本上决定于支持者的多寡。为了扩大政党的群众基础，进行大规模的政治宣传和政治动员成为现代政党政治的一大特征。中国共产党历来重视政治动员和政治

① "八一"南昌起义纪念塔工程指挥部设计组所撰写的《"八一"南昌起义纪念塔设计》一文中说："'八一'南昌起义纪念塔是经华主席、党中央批准兴建的。华主席为纪念塔亲笔题了字。""华主席亲笔书写的'八一南昌起义纪念塔'9个大字，用铜胎鎏金制作，镶嵌在塔身正面宽2.2米、高13.4米的碑心石上。华主席的书法遒劲庄重，起到画龙点睛的作用，并具备了中国纪念性建筑与题刻相结合的民族特色"（《建筑学报》，1979年第3期，第1、第4页）。

宣传。举行群众大会，则是党进行政治动员和宣传的一个主要的方式。改革开放以前各城市中的广场建设，其主要目的甚至唯一目的就是举行具有政治动员和宣传性质的群众集会或者游行。如果说这一时期城市广场在功能呈示上是单一的，就是指除了举行政府所组织、允许的群众集会或游行外，这些广场几乎不承担任何其他功能。城市广场举行政治集会的情况，除了上文中提到的一些例子外，曹文明根据《人民日报》的有关报道做了较仔细的统计：[①]

1946—1980年《人民日报》所报道的国内集会性广场一览表

广场名称	城市名称	活动报道	报道名称及时间
体育广场	邯郸	1946年9月13日军民4万余人举行拥护西北民主联军38军成立、庆祝前线我军自卫反击胜利大会	《邯市四万余人狂欢庆贺民主联军三十八军成立》，1946年9月17日
市府门前广场	邢台	1946年9月25日全市民兵举行阅兵，25日、30日，全体市民两次举行爱国示威大游行	《邢市举行"爱国运动周"市民热烈支援前线》，1946年10月10日
南关广场	延安	1946年10月10日万人汇集南关广场，举行延安各界响应美军退出中国运动暨保卫陕甘宁边区动员大会	《延安万人举行大会要求美军退出中国去要求蒋军退出侵占区》，1946年10月14日
民园广场	天津	各界十四万人于1949年2月13日举行盛大集会游行，庆祝平津解放	《天津十四万人集会热烈庆祝平津解放》，1949年2月22日
中山广场	沈阳	1949年10月2日，50万人以该广场为中心举行集会和检阅式的游行	乐夫：《记沈阳人民的狂欢》，1949年10月11日
中山公园广场	武汉	1949年10月2日，15万群众集会庆祝新中国成立	金沙、林晰：《狂欢在武汉》，1949年10月6日

---

① 曹文明：《城市广场的人文研究》，中国社会科学院研究生院博士学位论文，2005年，第130—132页。

（续上表）

广场名称	城市名称	活动报道	报道名称及时间
自治政府门前广场	乌兰浩特	1949 年 10 月 2 日内蒙古蒙汉人民及机关干部举行盛大集会，庆祝新中国成立	《乌兰浩特盛大集会》，1949 年 10 月 5 日
新街口广场	南京	1949 年 10 月 4 日 50 万人举行庆祝新中国成立与保卫世界和平示威游行，该广场为游行队伍的集中地点	《南京五十万人庆祝示威游行队伍长达一百五十华里》，1949 年 10 月 5 日
跑马厅广场	上海	1949 年 10 月 8 日举行庆祝新中国诞生和保卫世界和平的百万人示威游行，"是中国人民有史以来最大的一次示威游行"	《庆祝新中国诞生，保卫世界和平上海百万人大示威》，1949 年 10 月 10 日
革命公园广场	西安	1949 年 10 月 12 日各界 20 万人举行集会，庆祝新中国成立	鸣天：《狂欢的西安城》，1949 年 10 月 16 日
太和殿前广场	北京	1950 年 9 月 24 日北京五万青年举行了盛大的欢迎大会，热烈欢迎世界民主青年联盟代表团代表	《北京五万青年昨日盛大集会欢迎世界青联代表团》，1950 年 9 月 25 日
烈士塔广场	哈尔滨	1950 年国庆，在广场前举行 18 万人参加的盛大庆祝会	《全国人民欢度国庆解放军驻各地部队举行盛大阅兵式各城市数百万人举行大会游行示威》，1950 年 10 月 4 日
逸园广场（今文化广场）	上海	中共华东局暨上海市委 1951 年 6 月 30 日召开庆祝中共成立 30 周年大会，1700 余人到会	《纪念中国共产党成立三十周年上海武汉等地举行庆祝大会》，1951 年 7 月 2 日
布达拉宫前广场	拉萨	1951 年 10 月 1 日 6000 余人举行西藏历史空前的集会，庆祝国庆节	《藏族僧俗人民及人民解放军欢欣鼓舞拉萨举行空前盛会庆祝国庆》，1951 年 10 月 6 日
		1953 年藏历春节军民联欢大会，西藏军区各文艺工作团用藏语向市民表演了歌舞和短剧	《拉萨市春节景象》，1953 年 2 月 18 日

（续上表）

广场名称	城市名称	活动报道	报道名称及时间
扎什伦布寺广场	日喀则	1957 年 2 月 1 日日喀则附近十多个溪卡的寺庙喇嘛与 1500 多农牧民，为欢迎班禅归来，齐集一起，举行欢乐的歌舞	《日喀则各界连日热烈欢迎班禅额尔德尼》，1957 年 2 月 5 日
水窖口广场	北京	1951 年 11 月 5 日 3000 多名群众在位于德胜门外的该广场举行大会，控诉骡马业六名恶霸的罪行。宣布废除骡马业的封建把持制度，成立新交易市场	《北京市德胜门关厢三千群众集会控诉骡马业恶霸》，1951 年 11 月 8 日
五一广场	太原	1967 年 3 月 19 日太原军民 30 多万人集会，庆祝山西省革命委员会成立	《太原三十多万军民集会游行欢庆山西省革命委员会成立》，1967 年 3 月 24 日
人民广场	上海	1967 年 10 月 14 日 10 万多人集会，欢迎越南南方民族解放阵线代表团	《上海十万人集会热烈欢迎越南南方同志》，1967 年 10 月 15 日
海河广场	天津	1967 年 12 月 6 日 25 万军民集会游行，庆祝天津市革命委员会诞生	《天津市革命委员会在革命风暴中胜利诞生》，1967 年 12 月 7 日
东风广场	长沙	1968 年 4 月 8 日 30 万人的盛大集会，隆重庆祝湖南省革命委员会诞生	《湖南省革委会在阶级斗争风浪中胜利诞生》，1968 年 4 月 10 日
东方红广场	无锡	1976 年 4 月 1 日群众在广场上举行悼念周恩来的自发活动	江锡民：《无锡东方红广场上》，1979 年 4 月 4 日
新华广场	呼和浩特	1977 年 8 月 1 日 15 万人民集会游行，庆祝内蒙古自治区成立三十周年	《呼和浩特各族人民隆重集会热烈庆祝内蒙古自治区成立三十周年》，1977 年 8 月 2 日

　　在结束本节之前，我们想特别指出，我们并不赞成以一种基本否定或者负面的态度看待改革开放前近三十年的广场建设与使用。诚然，这一漫长时期的广场建设因为过于强调其政治性而具有种种在今天看来难以忍受的弊端，比如千篇一律的长方形或者类似构图所带来的审美疲倦，在空间构造上缺乏基本的人文关怀，广场除了政治性的集会和游行外几无他用等等。这些

批评不能说没有道理，但是显然过于片面和偏激了。哈罗德·普罗珊斯基说过，"我们建造的物质环境既是物质现象又是社会现象"。准确地说，应该是以物质的外观表现出来的社会现象。既然是社会现象，就应该以一种历史主义的态度来对待。在这里，发展的观点和阶级的观点并不是无足轻重的。仅仅从发展的观点来看，至少在中国的广场发展历史上，与古代社会对于广场的理解相比，这是一种新的空间构造和使用方式。其核心特点，就是强调广场作为民众意见表达之合法空间的政治功能。就此而言，这一广场实践在性质上不但不是极权主义的，反而是民主主义的，是人民主权观念的一种反映。古代政治的最大特点之一就是在政治生活中将人民排斥在外，而广场恰恰相反，它是一种吸引人民参与政治生活的设施。所以，作为社会现象的广场不能是与政治无关的，谁在使用以及如何使用就已经构成了它的政治指涉。这里又涉及阶级性的问题，古代的封闭型广场是展示统治阶级权威和神秘性的空间意象符号，是极少数人的领地和密室政治的隐喻符号，而新兴的人民广场则是民众力量的展示空间，广场的开放性不但意味着人人平等，也完全消灭了神秘主义。在这个意义上，新中国成立后的广场建设与实践是中国城市广场史上具有转折意义的巨大的、伟大的进步，因为它不仅仅是城市格局的变化和物质环境的变化，更重要的是借助于这种从西方借鉴而来的公共空间建设，广场建设第一次有意识地将"人民"作为建设与使用的基本原则，而这种原则指导下的广场实践为最广大的普通民众参与国家政治生活提供了一种可以感觉到、经验到的空间机制，并借此大大增强了他们的国家认同。因为在这种哪怕是带有狂欢性质的政治集会中，人民也会获得一种作为当事者的感觉；也就是说，他们会真切地体验到自己和这个国家、和所处的社会是密切联系在一起的，他或她正在成为建构历史的一个积极的因素。当然，我们也应该承认在这里，人民具有某种被动性，因为空间的规划、建设和使用都被政府所控制。这些开阔、整齐的空间是用来展示某种力量的，这种力量虽然借由民众呈现，但它在根源上属于国家而不是任何其他机构。一方面是类似于"傀儡"的民众，一方面是民众在这种集会或游行中所真实体验到的类似于主人翁的参与感，两者是否矛盾呢？答案是否定的，因为广场并不是一个决策的场所，民众从一开始就不会期望作为决定者而存在于此；

他们离开家庭和劳动的车间来到这里，只是为了以某种方式参与到公共生活之中，并在这种参与中和他人一起展示自己，而人民广场满足了他们的这一意愿。

此外，我们还可以从一个"更高"的层次去理解这类政治动员型广场普遍兴建的意义。新生的中华人民共和国不同于历史上的任何政权，因为它明确地将来自西方的马克思列宁主义作为自己的指导思想，明确地将过去的被压迫阶级——工人和农民——作为政治上的领导阶级。这两个方面，都难以从对中国历史的传统阐释中获取到充分而坚实的合法性支持。因此，需要从马克思列宁主义的视角重新阐释历史，其用于阐释的理论框架被约化为"阶级斗争理论"；同时需要改造传统的社会与文化基础以使之适应并服务于新的政权。这是一个融政治、社会、文化于一体的综合性的社会改造工程，它是新中国成立后新政权所必须完成的基本任务。这个任务完成的程度，直接关系着新政权的未来。在诸多的为完成这个基本任务而被动员起来的因素中，广场是其中之一。这是新中国成立后各大城市积极改造旧广场和兴建新型的"人民广场"的核心驱动力。通过广场，人民政府向全社会传递出一个非常直观、可被所有人感觉到的信号，即一个新的以人民为国家主人的时代来临了。不仅如此，广场还是社会变革和建设新社会的舞台，一切需要群众参与、具有重要的社会象征意义的政治活动都在广场上进行，广场变成了一个散发着某种魔性色彩的重要的政治场域。让我们以一位学者对"十七年时期"广场使用情况的观察来结束本节吧：

"在1949年到1966年的时间里，城市广场在中国社会变革中至少充当了以下角色：延续广场集会的反帝作用，国内多次组织大规模的反对帝国主义侵略、支持亚非拉人民斗争的游行集会，展示了中国人民的愿望、力量和斗志。展示新中国的新形象，密切了党和人民、领袖与人民的关系，广场集会上党和人民水乳交融的关系成为新社会的生动体现。少数民族的同胞出现在广场的游行队伍中，促进各民族的大团结，反映了人民政权的民族政策，受到了少数民族的衷心拥护，为建设国内平等团结的新型民族关系做出了贡献。在历次政治运动中广场集会充当了教育群众、引导群众的手段，正是在这种火热的气氛中，许多人作出了不由自主的重大选择，轰轰烈烈的社会主义改造之所以能够以和平的形式在短时间内完成，除了广大工商业者的深厚爱国报国情怀以外，新社会的气息和大规模群众集会的影响也当是重要原因。"[1]

第三节　1978年以后中国城市的广场空间建设

（一）促成转变的主要因素

1. 急速城市化带来的空间调整

将现代社会和前现代社会区别开来的最重要标志是工业技术的广泛使用。要将在实验室里诞生的技术转化为生产资料和消费资料，需要制造业作为中介，而对制造业的广泛需求推动了工厂的建设。工业时代的工厂规模和组织方式、运转方式是农业时代的手工业作坊无法想象的。首先，一些较大型的工厂可能汇聚了几万甚至数十万的工人；其次，为了提高生产效率，分工和专业化成为趋势，而这意味着为了生产一件产品需要建立越来越多的互相配套的工厂。这种需要推动了大量的农业人口或主动或被动地涌入城市，而人口规模的迅速增加又对城市建设提出了要求。"城市化"这个概念概括了人们对这一历史进程的认识。

发生在西方国家的这一幕也以类似的方式发生在二十世纪八十年代以后的中国。虽然动力机制有所不同——在西方，政府对于城市化的主导作用完全不能和中国相比拟，但是其结果是同样的，那就是城市在面积和人口两个规模上的急速膨胀。在近四十年的城市化历史中，政策和管理制度的调整、政府执政理念的变化、市场经济的发展程度几个因素起到了最主要的作用。从政策方面来说，虽然改变了中国历史发展方向的改革起始于

---

[1]　曹文明：《城市广场的人文研究》，中国社会科学院研究生院博士学位论文，2005年，第146页。

农村和农业，但是很快就被有意识地转移到了城市和工业领域中。经过几年的认真调查和研究讨论，1980年8月26日，第五届全国人大常委会第十五次会议决定，同意在广东省的深圳、珠海、汕头和福建省的厦门四市分别划出一定区域，设置经济特区，批准了《广东省经济特区条例》。经济特区的诞生在当代中国城市建设和发展中具有极其重大的意义。它意味着一个和其他城市不同的城市发展模式开始正式起步。设计这一模式的初衷，是在一个相对特殊的政策环境下，尽可能利用境外的先进技术、管理经验和资金促进经济的发展。但是，一旦经济发展起步，就必然要求其他方面跟着发生相应的变化，而城市建设是这种要求之一。譬如，1983年国务院批准将珠海特区的范围从1.06平方公里增加到15.16平方公里，新增特区面积达14.10平方公里；1984年，厦门经济特区扩大到全岛，实行自由港的某些政策；同年，经国务院批准，大连、秦皇岛、天津、烟台、青岛、连云港、南通、上海、宁波、温州、福州、广州、湛江、北海14座城市被定位为首批对外开放的沿海城市；1985年国务院批复营口市享受沿海开放城市某些特权；1987年，威海市从烟台市分离并于翌年被国务院批复为沿海开放城市；1988年，广东省海南行政区独立建省并成为全国唯一的省级经济特区。这些沿海经济开放区、经济特区，加上后来的上海浦东新区，构成了我国沿海自南到北的对外开放前沿地带，同时也是城市化发展的领先地区。一方面是沿海经济开放区和经济特区所取得的成就，一方面是开放地区的发展和内地非开放地区的发展之间形成的越来越大的差距所造成的压力，促使中央下决心要扩大更多的开放城市。1992年建设社会主义市场经济的发展战略确定后，增加开放的力度成为推进市场经济建设的一个有力举措，除了沿边地区之外，内陆地区的对外开放步伐大大加速。到了九十年代末期，全国几乎都已对外开放。

城市对外开放吸引了巨量的资金投入到经济开发中来，随着经济建设的发展，城市的面貌也在不断地改变之中。从二十世纪八十年代一直到目前为止，这种改变尚处于加速发展之中。在八十年代，受制于"有计划的商品经济"这一概念的约束，全国的大部分城市还处在缩手缩脚的阶段。其直观表现，是新工厂的数量很少，而老工厂里的职工规模处于非常稳定的状态，既不会明显扩大也不会明显缩小。但是，在被赋予特别政策的经济特区和经济开放城市，情况则有所不同。新工厂的建设差不多每天都在发生。因为多种所有制的企业并存，至少在非公有制企业中，员工的规模变化很快——在很长时间内，都处于急速扩张的状态。对工厂工人的需求量是如此之大，以至于数以千万计的内地青年涌入到以深圳为代表的沿海少数城市之中寻找工作机会，"民工潮"是当时人们对于这种情况的一个非常贴切的概括。结果很明显，大量的工厂和数不清的人口涌入使这些城市的规模像吹气球一样在很短时间内就膨胀起来，[①]"城市化"在这些经济发展先行一步的地区率先发生了。据国家统计局的数字，按居住地来计算，2012年中国城市化率已达52%，[②]这就意味着至少有6亿多人生活在城市。到了2017年，中国城市化率是57.96%，城市人口已经接近8亿。

　　城市人口的增加和城市经济的发展是互相促进的正相关关系。从二十世纪七十年代末以来，以第二产业和第三产业为绝对主体的城市经济在中国经济结构中所占的比例就一直在持续增长，2010年中国的GDP总量超越日本成为世界第二，同时中国的城市化率突破了50%。城市是经济、社会和空间的三元体，经济和社会的变动必然引起城市空间形态的改变。从宏观尺度而言，除了城市面积的急速扩张之外，城市群落开始逐渐形成，"各国在城市化率超越50%后，城市空间发展的主要标志是形成'大都市区'，后期甚至

　　[①]　王桂新、黄祖宇在《中国城市人口增长来源构成及其对城市化的贡献：1991—2010》指出："20世纪90年代初期，在城市人口增长中区划变动增长规模最大，迁移增长最小，自然增长居中，但总体上均规模不大，差异较小。经济改革的不断深化及其所带来的城市的快速发展，使城市三大来源的人口增长规模均呈增大趋势，特别是迁移增长规模迅速增大，1996年一跃成为城市人口增长的第一来源和提升城市化率的第一因素。到2010年，城市迁移增长人口对城市化发展20年的累计贡献度迅速提高到15.24个百分点，已接近城市增长人口累计贡献的56%，分别是同期自然增长人口及行政区划变动增长人口的4.27倍和1.80倍。"（《中国人口科学》2014年第2期，第2页）

　　[②]　贺雪峰：《论中国式城市化与现代化道路》，《中国农村观察》2014年第1期，第5页。

发展成为'大都市连绵区'"。①从微观尺度而言,城市内部的空间布局也在进行相应的调整。城市内部空间的调整主要有:首先,为了满足经济发展和大量增加的城市市民的需要,新的城市区域不断形成。在中国,二十世纪八十和九十年代各级政府规划的各种类型的经济开发区、二十一世纪以来流行的各类以追求产业特色和产业集中度为目的的园区,以及在房地产市场化的推动下如雨后春笋般兴起的新的居民区、交通系统不断改善而引起的居住中心的变化,都在推动城市空间不断调整。其次,为了满足上述"块状空间"调整的需要,新的公共空间需要被创造出来。这些新的公共空间包括了许多个方面,其中能够直接观察到的,如街道的增加和改造、购物和消闲空间的建设、区域性城市广场和主题公园的兴起等等。在城市内部空间的调整中,广场因为其所具有的"城市客厅"和"城市节点"的作用,也许还要加上新出现的"露天市民中心"的作用,其综合性功能的发挥越来越重要。

2. 世俗化思潮影响下的欲望合法化

在对西方近代以来所谓"现代化转向"的研究中,学术界所观察到的一个重要的现象,是"现代社会"的形成与社会主流意识形态的变化具有密切关系。不管是像马克思那样把意识形态的变动作为社会经济基础发展的结果,还是像韦伯一样强调意识形态改变在推动经济变革方面所具有的先导作用,观念所具有的重要性已经日益受到人们的关注。事实上,从系统论的角度而言,美国社会学家帕森斯很早就指出了政治、经济、社会和文化(意识形态)四个子系统虽然在功能上有所区分,但是作为社会系统的组成因素,依靠一定的途径,四者之间存在着密切的互相影响。在帕森斯的模型中,提供主观性价值准则的文化子系统甚至具有最终的决定性作用。促进西方"现代社会"形成的文化因素,也可以说西方"现代社会"的观念基础,是以满足现世的需要为中心而形成的世俗化思潮。所以,伴随和推动从"前现代社会"向"现代社会"转向的文化转型,被理解为具有统一性的基督教神圣意识形态的解构和世俗化观念的兴起。

---

① 李璐颖:《城市化率50%的拐点迷局——典型国家快速城市化阶段发展特征的比较研究》,《城市规划学刊》2013年第3期,第47页。

在改革开放以前，中国社会思想的高度集中和同一虽然带来了动员上的高效，但是严重抹杀了社会的活力。在此情况下，邓小平倡导的改革开放需要而且必须首先从观念领域起步，这就是二十世纪七十年代末期和八十年代初期"思想解放"运动的社会背景。"思想解放"运动首先从破除"两个凡是"开始，1978年在全国开展的真理标准大讨论动摇了从"大跃进"以来已经根深蒂固的"极左"文化思潮的统治地位。而随着统一世界观的瓦解，新的社会思潮开始形成。在当时，学术界更倾向于将新思潮建构为躲藏在"民主""科学""人道主义""主体性"等旗帜之下，实际上逐渐向西方看齐的"新启蒙主义"；政治领导集团则一方面强调中国作为社会主义国家在国家指导思想上仍然必须坚持马克思主义的基本原则，一方面强调改革开放的目的是实现以"四个现代化"为目标的国家现代化。政治领导集团的这一理念，被邓小平总结为"四项基本原则"。可以说，在当时最高层的政治领导人的心目中，改革开放不是为了将中国全面西方化，而是为了在经济发展上且仅仅是在经济发展上追上西方。改革开放即使被作为国策，其在性质上也只是为了实现"现代化"而被选择出的一种政策路径。虽然有这种巨大的歧异，但是毕竟，以破除"极左"意识形态的束缚为目的的"思想解放"是当时能被全社会普遍接受的概念。

世俗化既是用来瓦解"极左"意识形态的有力工具，同时也是"极左"意识形态瓦解后的直接结果。二十世纪八十年代社会思潮的世俗化是由多种力量同时推动的。文学在这里扮演了"开路先锋"的角色。"伤痕文学""反思文学"从人道主义的角度控诉"极权主义"对人性的戕害；朦胧诗潮流展现出对于神圣意识形态的怀疑与对"人的生活"的渴望；吸收了西方现代文学创作手法的文学创作新方法不断地刷新着批评家和读者的视野。对于普通读者影响最大、在世俗化过程中起到主要作用的，是港台文学的引入。言情小说和爱情诗歌没有革命文学所具有的崇高感，武侠小说则将中国读者久违了的侠义精神重新带回人们的精神世界。总之，文学的政治色彩被消解了，新的文学潮流更加贴近人的日常情感，也更容易引起读者的共鸣。在二十世纪末一篇评论王朔的文章中，曾经担任过文化部部长的著名作家王蒙用"告别崇高"这样的句子来概括王朔的创作。实际上，这是整个二十世纪八十年代的思潮，只是在王朔这里以一种极端和玩世不恭的态度表现出来而已。这种对于旧意识形态的解构可以从意识形态主管部门不断组织的论战或者批评中表现出来：在八十年代初，邓丽君的歌被作为资产阶级的靡靡之音加以批评和禁止；紧接着，流行一时的人道主义思潮被定义为资产阶级精神污染的一部分而受到清算，甚至党的著名理论家周扬也因为发表有关人道主义与异化问题的言论而受到批评；进入九十年代，王朔则被冠以"痞子文学"的名义而受到口诛笔伐。但是，事情的另一面是，无论是邓丽君还是王朔都深受广大读者的欢迎。邓丽君的磁带是最畅销的磁带，大街小巷的录音机上都在播放着她甜美的声音，这种旋律优美而哀伤的声音所传达的审美感与高亢激昂的政治歌曲形成了两种截然不同的风格。王朔的小说则成为最好的畅销书，书店和街头书摊都摆着他的作品，甚至盗版书都大发其财。从这种巨大的反差中，我们能够窥见在经过了长达数十年的精神禁锢后，一般民众所需求的究竟是什么样的精神产品。世俗化的核心，是将关注的重点从远离日常生活的遥远的他方重新转回到对于日常生活和自身需求的关注上。在审美作品中，在一种相对的意义上，世俗化表现为对于脱离了宗教或者政治色彩的所谓"纯爱"的重视，对于人的隐秘的内心世界和"共同人性""普遍人性"的重视，以及对于小人物的现实生存境遇的关切。普通读者依靠自身直接的生活经验，就可以以一种"同情的态度"设身处地感受作品中的人物。法兰克福学派曾经批评文化工业所大规模生产的通俗文学产品缺乏批判性，也从不对读者的审美经验构成挑战。这种以迎合普通读者而不是"提高读者"为目的的文学潮流，在推动社会意识形态世俗化转向方面起到了极为重要的作用。除了狭义的文学之外，在更为宽泛的意义上，推动世俗化的还有新兴的文化市场所青睐的另外一些东西，譬如印着各种美女图像的挂历、各种类型的通俗杂志等等。它们尽可能追求给人感官上的享受，同时关注最凡俗的日常生活，"赏心悦目"和"贴近生活"构成了这类文化产品最突出的特点。当然，这一切都具有直接的经济目的，其生产者只是在印刷人们愿意出钱购买的产品而已。

除了文学/文化领域的变化外，推动世俗化的另一种力量更为直接有力，那就是金钱的刺激。在"以阶级斗争为纲"的时期，个人致富在理论上是禁区，在实践中也被禁止。现在，个人致富得到了前所未有的政策鼓励。在农村。"万元户"成为政府表彰的对象，受到人们的羡慕和追捧。在城市，企业实行了劳动奖励制度，员工的收入开始出现越来越大的差别。为了尽可能快地推动经济发展，政府甚至允许城市职工采取"停薪留职"的方式投身商海。一方面是像泉水一样不断涌现出来的物质财富，一方面是越来越大的收入差距，促使人们将注意力越来越多地集中在如何获取更多的金钱上，因为一个人的生活水平乃至于社会地位都取决于他拥有金钱的多少。以前，社会的主流意识形态或者鼓励人们献身于"上帝"，或者鼓励人们献身于"革命"，或者鼓励人们成为精神品格高洁的"君子"，无论如何，从不鼓励人们追求金钱。在西方，只是在资产阶级登上历史舞台以后，对于金钱的攫取才获得了其在伦理上的某种并不坚固的正当性，人们依然可以站在道德的高度对资本家的贪婪给予猛烈的攻击。在中国，从二十世纪八十年代以后，在政府的推动下，发财致富成为一件极其光荣的事情。作为一般等价物，金钱存在的意义是可以购买到任何物质产品以满足人们的欲望。所以，金钱在道德上的合法化意味着欲望的合法化，意味着享受的合法化。欲望和享受作为世俗化的两种交叉影响的精神力量，不但去掉了长期背负的污名，而且被作为积极的力量和人性的要求转化为上下阶层的共识，从而成为新的价值标准支配普通中国民众的生活，也影响到城市建设的发展。譬如，许多城市广场的政治功能逐渐被商业功能所取代，原先用于政治集会的空间现在则充斥着商业摊点；大型购物空间被不断创造出来；为了休闲和健身的需求，城市公园、游乐场所和健身广场都被创造出来并成为城市空间的重要组成部分。

（二）1978年以后中国城市广场的呈现及空间使用

1. 广场演进和广场类型

急速城市化、市民享受欲望合法化以及政府工作重心转移等多重因素的汇聚，使得城市广场的改造和建设从二十世纪八十年代初就成为一股热潮，历经九十年代而持续到今天。有论者指出，"改革开放几十年来，国内很多城市广场已经历了两次主要的改造，广场的主导功能发生了变化：即

1980年代的'公园化'改造和1990年代的'商业化'改造。"①从总的方面说,这种观察是符合广场发展的实际的。事实上,如果将视野拉到二十一世纪以来,我们还会发现广场建设目前正处于"特色文化化"的历史过程中。广场建设是政府主导、组织的工程,因而与政治生活重心的迁移具有密切的关系,也可以说是政治重心迁移在城市公共空间呈示上的表现。二十世纪八十年代尚处于改革开放的起步阶段,虽然商品经济的原则已经不再受到批判并在一定程度和一定范围内开始发挥作用,但是"有计划的商品经济"表明,市场经济的主导地位还没有得到承认。在此情况下,绝大多数城市在广场改造、新建的规划中并不会过多考虑其经济功能。同时,因为社会的主要矛盾被定义为"群众日益增长的物质文化需要与落后的社会生产力之间的矛盾",所以满足群众的"文化需要"就成为政治正确的表现,这是推动广场建设"公园化"的内驱因素之一。将原先用于政治集会的广场改造为以休闲、观光为主的"公园式广场",可以同时满足上述的内在诉求,因此在逻辑上具有必然性。进入九十年代,随着"社会主义市场经济原则"的确立,建设与市场经济相适应的体制机制成为改革的主要内容。市场经济意味着要发挥各种市场要素的积极作用,在这些要素中,资本的力量在当时尤其重要,因为彼时的中国正处于资本短缺而劳动力富余的时代,因此"招商引资"一度成为各级政府的主要任务。城市广场一般区位较佳,尤其是中心广场大多位于本区域的核心区,人流密集且交通方便,本来就是商业的"黄金地段",再加上其周边常有本区域的主要政府建筑物,两者之间具有某种若有若无的联系。对于广场进行商业开发,因为上述广场在地理位置与接受政治辐射方面的优势,很容易受到资本的青睐;对于政府而言,将广场商业化既可以吸引优质的资本从而促进本地经济的发展,也可以借助大型的商场、商业中心等等的繁华来集中展现本地在建设市场经济上的成就,当然乐于成全。当资本需求和政治诉求处于同一频道时,广场的商业化实属不可避免之命运。进入新世纪尤其是近五六年以来,由于中国经济和社会的发展已经在

---

① 苑军:《中国近现代城市广场演变研究》,中国艺术研究院博士学位论文,2012年,第126页。

整体上进入了新的历史阶段，唯GDP论英雄的指导思想和政绩考核制度因其缺点逐渐凸显而受到批评，与此同时，在"实现中华民族伟大复兴"的总目标下，传统文化受到了越来越多的重视。在广场这一特殊的公共空间上呈示与传统文化有关的内容，既符合"增强中国特色社会主义文化自信"的要求，还可以传播当地的"特色文化"，因此对于广场空间进行以地方特色文化为主要内容的改造，势必成为政府的又一个主要举措。广场的"文化化"主要表现在三个方面："首先是在注重场所精神和文化内涵方面进行探索，尤其是注重广场与历史建筑的结合。……其次是开始把民族文化形式尝试用于表达地方文化的内涵，中国的传统文化形式开始成为广场的一个要素而用于表述地方文化的浑厚与丰富。……再次是丰厚的地方文化内涵成为广场的主题与形式。"[①]就目前的情况来看，这种广场"文化化"的潮流正处于方兴未艾之中。当然，由于各城市的情况不同，这种阶段的演进性是前后交错的，有的城市可能会早几年进入下一个阶段，而有的城市可能会在新阶段已经来临后还不能马上做出反应。但这并不妨碍我们从宏观上来对其演进历程进行划分。

改革开放后广场发展的另一特点是类型分化。随着广场的数量愈来愈多，不同的广场虽然在功能上尚有彼此重叠之处，但是不同类型的广场在主导功能上出现了明显的差别。一般而言，建设在政府大楼前面、作为政府建筑物的一个附属部分的中心广场，往往被视作城市的"窗口"，因而更加注重将政治功能与景观功能相结合，商业功能只是作为附属功能而存在。通常，这类广场面积较大，视野开阔，构图富有秩序感，广场上建设与本地相关的历史人物雕塑或者重大革命事件的纪念碑，园林景观则以草坪、喷泉、鲜花等为主，较少高大茂密的树木。景观类广场是为了休闲和观光而建设的，其目的是满足身体和感官的舒适感，所以常常建在离居民区较远的开发区或者旅游观光区。这类广场往往会结合商业功能，除了餐厅等必要的商业服务设施外，最常见的是出售各类基于地方非物质文化遗产而制作的小饰品

---

① 曹文明：《城市广场的人文研究》，中国社会科学院研究生院博士学位论文，2005年，第175—178页。

和手工艺产品。通常，景观类广场的面积都很大，且常常与自然界原有的景观如山、海、林等连为一体；广场内除了常见的草坪、喷泉等之外，还会建设其他具有文化或者政治象征意义的建筑物，如具有传统文化风味的亭台楼榭、高大的华表、历史人物雕塑或者能表现本土文化特色的雕塑，以及假山、流水等等。景观类广场在空间构图上不像中心广场那样追求秩序感，而是追求灵活、变化，因此造型相对丰富多样，层次感较强。至于大型的商业广场，则会选择建设在人流密集和交通便利的市区，最好是利用传统的商业中心区。商业广场一般不承担直接的政治功能，少数的景观功能和文化功能也只具有附带和点缀的性质。为了追求人气和奢华的气派，除了少数为了保留传统而在建筑上有限制要求的特殊区域外，商业广场是一个充斥着欲望之挑逗的空间：环绕着广场的建筑物多数为高档的商贸中心大楼，这些大楼气魄不凡，装饰豪华，玻璃面墙令人目眩，各色广告和霓虹灯渲染出无尽的诱惑。商业广场是被资本所支配的空间，在这个空间内，资本的逻辑强大无比且无处不在。除了上述三类广场，近十多年来，各个城市又兴起了所谓社区广场建设。社区广场一般位于社区的中心位置，面积较小，会布置很少或者不布置景观设施，周边也没有具有政治符号意义和文化符号意义的建筑物。因为社区广场的主要功能是为社区居民服务，属于"公共服务均等化"潮流下的"亲民"项目，因而总会建有供居民进行体育锻炼的简单设施，如球场、人行步道和简易健身器材等。事实上，绝大多数社区广场都类似于公共健身场所，它们是老年人跳"广场舞"的地方，是小孩子玩耍游乐的地方，是青年人打篮球和乒乓球的地方。此外，因为社区广场的健身场所功能，往往会形成较小范围内的人流聚集效应，具有一定的商机，因而其周边也会有餐饮店和大型超市等服务性商业机构。在广场功能呈示上，除了供市民健身、游乐、交往外，也会不定期举行各类商业展销活动。总之，社区广场是一个新兴的邻里空间或者熟人空间，其使用者以广场周边的居民为主，这是他们日常生活空间的延伸，也是他们走出私人空间后融入公共生活的主要依托平台。

2. 中心广场的改造与景观广场的兴起

在经济发展、人口汇聚、欲望提振等多重因素的影响下，以"满足人民日益增长的物质文化需要"为旗帜，从二十世纪八十年代开始，广场的大小和美丽程度逐渐被政府视为城市的脸面，成为一件既关乎美化群众生活又关乎执政者政绩的事情。在某种情况下，甚至被用于显示地方官员是否具有改革开放精神和干事能力。于是，大小城市间"出现了一场轰轰烈烈的城市广场建设热潮，影响所及遍布全国的大江南北，甚至贫困地区的许多城镇举债也要建设广场"。①到了九十年代，广场建设的热潮有增无减，"90年代可以说是中国城市广场建设的'黄金时期'和转折点。这段时期中国正处于快速城市化与积极融入全球经济体系的进程中，城市发展政策和民间资本的推动下，从东部沿海发达地区到中西部欠发达地区兴起了城市广场建设热潮。"②

在城市大型广场的兴建热潮中，大连市起到了领风气之先的作用。早在二十世纪八十年代初期，随着人口激增和市区扩大，大连市政府就开始重视广场和公园的建设。1980年春，大连市投入130万元，对"黄沙地、大杨树，集会一身土"的人民广场（时称斯大林广场）进行改造，搬动土方1万立方米，从北京引来野牛草铺草坪4万平方米，还种植了百株龙柏、紫松、银杏树，建造了欧美风格、视野开阔、风格明快的现代城市绿化景观。到1980年7月初工程竣工，当时先后有200多个单位、1.6万人参加义务劳动，还铺设花纹方砖5257平方米。1991年又对人民广场进行草坪改造，1995年更大力进行广场环境的美化绿化，"最繁华的中山路东段，仅3公里多长，串缀了中山、友好、希望、人民四个广场的四大片常绿型草坪。四大广场经过改造扩建，草坪绿期延长4至6个月，面积从6万平方米增至9万多平方米。以树木造型为主的中山广场，改造成疏林绿地，视觉效果相当好。人民广场有6万平方米绿草，是市中心最令人心旷神怡的去处"。③改造后中山广场，外环人行步道用红色劈离砖铺路，内环铺设雪花面大理石，东西南北方向镶贴黑色磨光花岗石线条，将广场中心分隔成四块，中央用花岗

---

① 赵枫林：《把建草坪的钱用在教育上更好》，《人民日报》1989年7月12日。
② 苑军：《中国近现代城市广场演变研究》，中国艺术研究院博士学位论文，2012年，第120页。
③ 官建文、万秀斌：《大连看草》，《人民日报》1996年6月14日。

石砌成圆形舞台，四周用花岗石围成四个大草坪、八个小草坪，铺设美国冷绿式草地，栽种雪松、龙柏、紫杉等树木142种，绿地面积11000多平方米，形成通透式疏林绿地。中山广场还铺设了24个旋转喷头，安装了10组环绕音响、135组欧式庭院灯，每天定点播放音乐，形成了环形立体声音乐广场。1993年7月16日，大连市政府启动了星海湾改造工程，利用建筑垃圾填海造地114公顷，开发土地62公顷，在星海湾建设了大连市的城市标志之一，同时也是世界最大的城市广场星海广场。星海广场1997年6月30日完工，总占地面积176万平方米，外圈周长2.5公里，是北京天安门广场面积的四倍。星海广场的中央，是高达19.97米、直径1.997米的全国最大的汉白玉华表（已拆除）；华表底座饰面雕着8条龙。柱身雕1条巨龙；广场中心部分借鉴北京天坛圜丘的设计理念，由999块大理石铺装而成；大理石面分别雕刻着天干地支、二十四节气、十二生肖等图案，还雕有9只造型各异的鼎，每只鼎上各有一个魏碑体的大字，共同组成"中华民族大团结万岁"；广场周边的5盏大型宫灯，各高12.34米，由汉白玉柱托起。从星海广场沿中央大道北行500米左右是星海会展中心，南行500米左右是广袤无垠的大海，中央大道红砖铺地，两侧芳草如茵，小黄叶杨整齐组成图案，每隔不远就立有一支航标造型的石柱灯，环绕广场周围的则是大型音乐喷泉。截至1998年，大连市区共建成广场27所，一时之间风光无两，成为城市建设的榜样和典型。从1996年1月开始到1997年1月，一年时间内《人民日报》至少发表了5篇有关赞扬大连广场的文章。这些文章将大连的广场建设和社会主义精神文明建设、文明、都市的灵魂等等相联系，赋予了大连的广场建设以意识形态上的极大支持。①

在"文革"中，河南省焦作市和甘肃省兰州市都建起了大型的东方红

---

① 这些文章是：王永海的《用建筑装点城市》（《人民日报》1996年1月10日）；林庆民的《把精神文明建设提到更加突出的地位——大连社会主义精神文明建设的实践与思考》（《人民日报》1996年1月11日）；官建文、万秀斌的《大连看草》（《人民日报》1996年6月14日）；段存章、刘大保的《绿色的启示——走向文明的大连（上篇）》（《人民日报》1997年1月7日）；马利的《构筑都市的灵魂——走向文明的大连（中篇）》（《人民日报》1997年1月8日）。

广场。兰州市的东方红广场建于1968年，1981年开始第一次改造，增添了假山、喷泉及许多树木花卉；1993年广场进行了第二次扩建，拓建了集购物、娱乐、餐饮及其他服务于一体的地下商业娱乐城；1999年东方红广场开始第三次改建、扩建，新的广场东起平凉路，西至316号路，北起广场主席台观礼台，南至360号路，邻接统办一号楼、统办二号楼，东西平均长638米，南北最宽处155米，总面积92172平方米，其中草坪面积3.6万平方米，绿化面积占广场总面积的40.31%。广场中央是高高伫立的国旗旗杆；西边是兰州体育馆，体育馆旁边是一片近千平方米的树林；东边是兰州国际博览中心，博览中心周围绿树成林，绿色环抱。博览中心、广场主席台、兰州体育馆构成三足鼎立之势，又通过宽阔翠绿的广场连成一片，是兰州举行体育、文艺盛事及重大政治、经济、商贸活动的重要场所。在广场外围，北部上端是高档商住楼组成的生活区；北部中端是由三栋楼整体裙楼组成的商业区；北部下端为两栋对称建筑（一栋用作图书馆，一栋用作博物馆和城市规划展览馆）组成的文化区。在商业区和文化区之间另行规划了一个小型广场，通过主席台与原广场相连，扩大了休闲活动区。经过三次改造，原来以群众集会为主的政治空间，已经转化为以休闲、观光为主体、体育与商业兼顾的多功能公共空间。焦作市的东方红广场也是二十世纪六十年代开始建成，当时叫作焦作市中心广场。虽然叫中心广场，但是除了正对着文化宫的台阶铺了一条30多米宽的土红色六棱玻璃砖路面外，其他的地方都是庄稼地。改革开放后，广场原来的石子地面硬化水泥地面，在广场上栽种了树木，装了路灯。1983年开始，广场上有了群众的自发舞会，开始成为群众休闲、娱乐的聚集地。九十年代，广场上安装了体育器材供群众锻炼，将东方红影剧院改建并更名为"焦作人民会堂"。此后，广场周边陆续建起了青少年宫，开发了大型购物中心、图书城以及高档居民小区。

　　在各地纷纷兴起的广场改建、新建热潮中，上海市比较有代表性。二十世纪八十年代，因为大规模的政治集会已经不再举行，人民广场在很长时期内几乎处于荒废的状态。保存在上海市档案馆的两份资料《关于整顿改善人民广场面貌的报告》和《关于整顿改善人民广场面貌的报告的批复》，①提出了要整修人民大道、观礼台等内容，可以从一个侧面看出广场已经年久失修。1986年国务院批复上海市城市总体规划后，对人民广场的改造正式开始：首先是地下空间的改造。人民广场地下空间始建于二十世纪七十年代，是为了备战、备荒而建起的防空洞和指挥中心。按照上海民用建筑设计院提交给市政府的报告，现在计划在地下东南角建设变电所，在西南角建设车库，在南侧中轴线上南北向建设地下水库。②可以看出，这份改造计划还仅仅是出于修缮和更好用的目的，而没有考虑其他功能。但是很快，地下空间在功能上作了拓展，在博物馆西侧地下建起了迪美购物中心，在人民大道的南侧地下布置了香港名店街。上海市的地铁轨道交通建设开始后，人民广场担负起城市中心区交通节点的功能，地铁接驳点和多条公交接驳点都设在广场附近。浦东大开发的战略实施后，上海市政府开始大规模地改造广场地面空间：在中轴线北面和南面建起了市府大厦、博物馆两座分别代表上海政治与文化的标志性建筑；拆除了原先的体育宫看台，在其位置建设了上海大剧院，广场东侧建设了城市规划馆。整修了长600米、宽32米的人民大道，在大道两侧辟出了5.5米宽的绿化隔离岛和6.5米的非机动车道，并铺上彩色的人行道。武胜路上为原来的八个公交线路建造了起讫站点，勾勒出一个弧线形的"月亮岛"。进行了大规模的绿化建设，并将其与人民公园连为一体，成为上海市中心的两叶"绿肺"。改造后的人民广场，具有政治中心、文化中心、交通中心以及商业、休闲等多种功能。

一些论者认为经过八十年代以后的改造，新的城市中心广场已经不再发挥政治集会的功能，而转变为以休闲、观光为主的综合性广场。这种看法值得商榷：虽然政治集会消失了，但这些中心广场并不同于其他类型的广场，因为它需要通过建设时间、空间规划、附着物和周边建筑等等要素，展

---

① 《关于整顿改善人民广场面貌的报告》，上海市档案馆：B89-2-173-1；《关于整顿改善人民广场面貌的报告的批复》，上海市档案馆：B289-2-173-129。

② 上海民用建筑设计院：《上海市人民广场地区规划建设用地安排的请示报告》，上海档案馆：B289-2-893-4。

示出政治机关想要表达的某种理念。也即是说，广场的政治功能并没有消失，而是以一种隐蔽的方式体现出来。具体来说，这种隐蔽的政治性有两种常见的显示路径：一是作为向重大事件的"献礼工程"，如大连星海广场是为了向香港回归献礼，所以工程竣工时间定在1997年6月30日，广场的构图和附着物建设如华表、宫灯、大鼎等等，都体现出一定的寓意；上海人民广场的改建1994年10月1日竣工，则是为了向国庆45周年献礼。在二十世纪八十和九十年代，这样的"献礼性广场"建设非常普遍。二是作为地方执政者执政理念和政绩的展示。改革开放以后，党的工作重心转移到了经济建设上，同时执政为民的理念开始得到强调，广场的建设可以带动周边经济的发展，同时美丽的广场展示了执政者关怀群众审美和休闲需求的政治姿态，使得政治显得更加有亲和力。这种通过特定空间实践而传递出的政治信号，具有"润物细无声"的作用，因而被广泛仿效。大连市通过《人民日报》的连续文章来宣传城市广场建设在美化城市、提升群众生活品质、打造城市形象等方面的作用，就是这种政治诉求的直接反应。其他城市的跟进，在很大程度上是受到了大连的启发。有论者指出，"上海人民广场空间媒介生产或编码存在政治性和意识形态性。其前身跑马厅长久持续性地传递着殖民者的权力话语，……新中国成立后的人民广场被打造成为巩固和强化政党合法性权力的政治空间，……九十年代改建后的人民广场，由上海博物馆、上海大剧院、人民大厦以及城市规划展示馆等风格不一的标志性建筑拼贴共同组建的人民广场整体空间，被作为集中传播与展示上海改革开放、经济发展和城市建设新形象的窗口。"虽然在对广场空间的具体使用（实践）上，部分使用者可以立足于自身进行解码，但是广场空间消费、传播与实践的绝大部分，是"由支配性解码空间实践活动建构而成的再现空间，属于正式、主流的空间，符合权力的构想与定位。反之，挑战或对抗式的空间解码形成的再现空间则是边缘化的空间，并且仅有狭小有限的空间余地。"①总之，在广场的整体空间–权力运作中，体现出从政治化到去政治化的风格转变，但去政治

①　钟靖：《空间、权力与文化的嬗变：上海人民广场文化研究》，华东师范大学博士学位论文，2014年，第1—2页。

化并不意味着权力作用的减弱，权力是以一种更加隐而不显的方式进行着潜藏化运作，实则是去政治化的政治。

3. 商业广场的建设

"改革开放"的中心任务是搞好经济建设，而城市广场因为在位置、交通、人流、传统等方面的比较优势，具有极为明显的商业潜力，很容易得到资本的垂青。在广场的改造和开发中，商业广场作为可以有效拉动经济发展和改善城市空间面貌的重要抓手，也很快获得了城市主政者的重视。当资本与权力形成共识时，商业广场的建设就具有了不可阻挡之势。早在二十世纪八十年代初期，著名经济学家薛暮桥先生就提议，可以在故宫端门和午门之间的广场办庙会，一年搞它三次，春节、五一、国庆节，广场两旁的空了几十年的大约一百间厢房，也应当租出去，办小商店，甚至有人提出在天安门广场两侧的空地设立临时商亭和摊棚，夏季在天安门广场开办冷食夜市等建议。尽管这些建议并未被完全采用，但开发广场的经济功能已经提上了城市主政者的议事日程。

利用和改造传统商业空间是发挥广场经济功能的重要举措之一。上海的豫园、南京的夫子庙、北京的天桥、西安的鼓楼大街、广州的西关大街、苏州的玄妙观等等，差不多每一个历史悠久的大小城市都能找到这样的传统商业区。新中国成立后，因为计划经济的施行，这些商业区没落、消失了，但是现在它们又迎来了新的生命周期，政府和商人都把眼光投向了它，希望再度赋予它汲取金钱的魔力。

南京夫子庙在接近四十年的发展中，经历了从小商品市场——文化商贸中心——以步行街为中心的文化商旅区——夫子庙秦淮风光带的发展。夫子庙始建于东晋成帝咸康三年（337年），北宋仁宗景祐元年（1034年）改建为孔庙，在六朝至明清时期，世家大族多聚于附近，故有"六朝金粉"之说。因为历史悠久，夫子庙被誉为秦淮名胜而成为古都南京的特色景观区，是南京市民传统的聚集之地。早在1980年，夫子庙的东侧就建起了小商品交易市场，利用街边建设了各类摊点，还组织了定期的"周末夜市"。1984年，当地政府开始规划大规模开发夫子庙，"规划要求既充分体现古都的环境特色和传统文化特征，形成自身相对完整的传统公共活动中心，又要使之成为现代城市的一个有机组成部分，应用现代的市政设施和服务设施，创造更舒适的环境，以满足现代生活和公共活动的需求，逐步形成具有多功能开放型和浓郁传统气息的文化、娱乐、商业及游览中心。"①很快，夫子庙成为南京最具有市民文化气息的消闲与购物空间。有一首诗歌这样赞美在当时人的眼里代表着人间繁华的夫子庙夜市："天空的繁星，连接着夜市的街灯；夜市的街灯，映红了天空的繁星。繁星中，牛郎眨着羡慕的眼睛；街灯下，熙攘着闹夜宵的人群。银河冷宫，久不闻织女机杼唧唧；秦淮两岸，又听到商贩叫卖声声。琼楼玉宇，飘散出阵阵扑鼻异香；青年商场，吸引着时时忘归恋人。贡院街上，觅六朝胜迹，星月掩映；游乐场中，电子乐曲取代了商女亡音。月牙池水，嬉闹着满岸灯火；聚星亭旁，斗奕着几多寿星。夜色沉沉，更增添游人雅兴；军民学商，共度此良宵佳辰。天上的繁星，闭上了羞涩的眼睛；夜市的街灯，赤、橙、黄、绿，通明，通明……"②诗歌提到的空间，既有室内商场、游乐场、饭店，又有室外的街道、河岸、水池亭台。从这首小诗，可以看出在八十年代中叶，因为商业繁荣，夫子庙已经成为南京市民消闲与交往的重要空间了。1994年，夫子庙内已经"竣工各类项目240多个，形成了面积近1平方公里的商贸旅游区"。③同一年，南京市政府宣布将夫子庙改造为步行街，利用其庙市合一、文商交融的特点，"步行街产生了良好的经济效益。她容纳了1000多个经营实体，1万多人就业。1999年夫子庙步行街的商业旅游经营总额约20亿元，税收约7000万元，分别比开街时的1994年增长100%和79.5%，这条步行街的税收已占秦淮区政府财政收入的30%以上。"同时，步行街也"形成了展示南京形象的窗口。其魅力是每年吸引4000多万人次的中外游客。'上午去中山陵，下午逛夫子庙'

---

① 吴作育：《思考、比较、归纳——探讨传统商业街的条件和规划原则》，《城市规划》1990年第2期，第35—36页。

② 扬子东波：《夫子庙夜市抒情》，《江苏商论》1985年第5期，第40页。

③ 刘正彬、李绍明、杨俊：《南京夫子庙步行街》，《江苏统计》2000年第6期，第48页。

已成为来宁游客一日游的最佳安排。"①2000年后，随着中国经济发展进入新的阶段，纯粹的商贸关系已经不再流行，而以文化景观为依托驱动的新型发展模式受到青睐。南京市政府决定以"夫子庙秦淮风光带"的建设为契机重构夫子庙及其周边空间：首先，将空间的范围扩大，将原先簇状分布的文化景观纳入新空间统一规划，形成网络状的空间形态；其次，在空间功能定位上突出地域文化要素，将商业诉求与文化保护、环境美化融为一体。最后建成的"夫子庙秦淮风光带"以夫子庙建筑为中心，以秦淮河为纽带，将东起东水关淮清桥秦淮水亭，越过文德桥，直到中华门城堡延伸至西水关的内秦淮河地带都包括在其中。风光带中除了秦淮河两岸的街巷、民居、附近的古迹和风景点外，还有秦淮夜市和金陵灯会、民俗名胜、地方风味小吃等，等于造成了一个综合性、多功能的巨型文商空间。

比起让传统商业区"再度辉煌"，打造由大型商业机构聚集而成的"商圈"在改变城市空间格局和市民生活方面发挥的作用更大。南京新街口商圈以百货业最发达最密集、高中低档覆盖面最全著称；围绕着天河广场的广州天河CBD商圈以购物中心最发达、购物中心体量最大、业态最丰富著称；上海浦东陆家嘴CBD商圈有全国最大最发达的金融区；北京国贸大厦CBD商圈是规格最高的CBD商业区；杭州"武林商圈"以武林广场和西湖文化广场为中心，半径为1000米，总面积约2.65平方公里；等等。

徐家汇广场位于上海徐汇区的中心地带，原来是一个交通型广场，周边只有小微型的一些店铺。根据上海新编地方志和有关年鉴的记述，受浦东开发的刺激，上海市政府在改造市中心的人民广场之外，还决定将徐家汇广场改造为超大型的商业中心。1993年改造完成后，徐家汇广场成为直径数百米、占地3公顷的上海第二大广场。广场四周巍然耸立着东方商厦、六百实业公司、汇联商联等10大商业设施，广场中心是四条干道的视线交点、商城主要景点，设计成34米直径的圆形花台和喷泉"软雕塑"，并配置彩色灯光。环绕徐家汇广场又布置了徐镇中心、经贸中心、文化娱乐中心，三个中

---

① 刘正彬、李绍明、杨俊：《南京夫子庙步行街》，《江苏统计》2000年第6期，第48页。

心各自规划有自己的中心、路径、特色的广场空间，相对独立、相对闭合、又被有机组合在广场影响范围内，共同组成了徐家汇商圈的整体布局。

万达广场是在房地产大开发的背景下，由私人资本投资兴建的最具有代表性的大型商业广场。万达广场不是一处广场的固定称呼，而是由一个集团投资、在不同城市建设的同一模式的巨型城市综合体的统称，实际上已经具有了商标的价值。万达广场的投资者，是商业地产行业的龙头企业万达集团。迄今为止，万达集团已在全国开业了254座万达广场，持有物业面积规模全球第一，所建之处，往往都成为当地的地标性建筑。万达广场内容包括大型商业中心、城市步行街、五星级酒店、写字楼、公寓等，集购物、餐饮、文化、娱乐等多种功能于一体，形成独立的大型商圈。

4. 社区广场的广泛建设

城市广场有两个不同的层次。一个是由城市中心广场、景观广场和巨大的商业广场组成，具有某种标志性、象征性的空间，这类空间常常是政治话语霸权和资本话语霸权在空间生产上的直接体现。它们或者面积巨大、气势不凡，使进入者在心理上产生某种敬畏感；或者商厦环立、酒绿灯红，通过呈示"由不断增长的物、服务和物质财富所构成的惊人的消费和丰盛现象"，表现出典型的消费文化所具有的对于"物的形式礼拜仪式"。[1]普通市民虽然也可以自由进出这些空间，但是却很难产生平等、亲和的感觉。因为对于普通市民而言，只有他们可以在日常生活的层面按照自己的意愿使用的空间，才是在一定程度上属于自己的公共空间。这后一种广场空间，就是不断出现、数量巨大的社区广场。

社区广场的兴建自二十世纪九十年代就已经开始，在进入新世纪以后呈现出极为普遍之势头。行走在中国的城市中，从北京、上海、广州、深圳这些一线大都市，到甘肃或者贵州这些经济相对落后省份的小县城，都能找到社区广场。这些小型、简单、安装着简易体育器材的广场虽然缺少严格意义上的几何造型并无甚景观，但却具有大型广场所缺乏的平民化风格，其空间

---

① ［法］让·鲍德里亚：《消费社会》，刘成富、全志钢译，南京大学出版社2000年版，第1页。

也是完全开放的。对于周边居民而言，这些社区广场已然成为他们开展公共活动的最好空间，是他们参与社会生活的主要舞台之一。

"社区作为具有凝聚力和文化维系力的共同体，必须建立在居民对社区的归属感与认同感的基础上，即必须建立在社区公共性的基础之上。"①在迄今为止对社区广场空间的使用中，最多和最主要的是群众自发的广场舞活动。在当代中国城市公共空间实践所引发的关注中，恐怕没有什么可以像广场舞一样具有如此明显的矛盾和冲突，也如此引起人们的关注。当然，在引起讨论之前，广场舞就已经存在很长时间了，只是那时它还不叫广场舞，也没有因为对公共空间的争夺和"噪音扰民"等问题引起部分人的反感。广场舞的起源可以追溯到二十世纪六十年代红卫兵小将大跳"忠字舞"时期。批评者常常将"忠字舞"和政治愚昧联系在一起，但却忽视了在这种表达政治热情的集体舞蹈中所包蕴的合理化内涵，即青年人对于开放的政治生活的渴望和作为群体中的一员对于公共性的需要。集体舞蹈给予了他们群体的归属感，也提供了他们参与公共生活的有效途径。改革开放以后，忠字舞消失了，但交谊舞却流行起来。作为一种发源自西方的交际方式，在二十世纪八十年代国门初开的岁月里，交谊舞代表着时髦、开放和与世界接轨。和跳忠字舞的人相比，交谊舞的参与者年龄稍大，一般以二三十岁的青年为主；同时，两人一组的交谊舞具有一定程度上的私人性，也没有整齐划一的动作所造成的秩序感和力量感。因为缺乏合适利用的公共广场，交谊舞的活动场所一般选择在街头空地或者公园里。广场舞可以说是同时继承了忠字舞和交谊舞的特点。就前者而言，广场舞也强调动作的整齐一致，体现出很强的组织性和秩序感；就后者而言，广场舞一样不注重表演的政治性，对于广场舞的参与者而言，跳舞是一种必要的休闲方式和适当的交往方式。实际上，这三类舞蹈虽然出现在不同的历史时空中，但它们的主要参与者基本上是同一批人，这些人在读中学的时候跳忠字舞，在中学毕业参加工作后跳交谊舞，在退休后又跳起了广场舞。

---

① 曹志刚、蔡思敏：《公共性、公共空间与集体消费视野中的社区广场舞》，《城市问题》2016年第4期，第97页。

　　除了广场舞之外，社区广场还是周边居民进行体育锻炼的最佳去处。和欧洲、美洲城市的地广人稀不同，中国的城市普遍人口众多且建筑密度极大，导致单位土地上的人口密度远远大过欧美城市。人口密度大，加之以前因为经济发展相对落后而对于公共设施投入不足，所以城市公共空间非常不足。在不久以前，城市漫步者还可以常常看到沿着城市马路慢跑的人，或者要借单位的篮球场运动的人；走在城市里，几乎见不到公共体育设施。最近十年左右以来，随着社区广场的广泛修建，这种公共空间不足的矛盾得到了一定程度上的缓解。在社区广场，一般都设有简易的体育锻炼器材，也可能有篮球场、跑道和乒乓球台。在笔者所居住的韶关市武江区，离居处大约400米左右就有一处社区广场——韶关市西河健身广场。广场分为两大功能区，中间用抬升的办法隔开。位于上部的是公共体育区，建有四个标准篮球场，环绕着篮球场是四百米塑胶跑道，一边的跑道外还有固定的简易健身器材。位于下部的是由瓷砖铺成的表面没有附着物的平面广场。整个广场由道路合围而成，呈长方形。每天下午大约4点过后，广场就极其热闹，因为周边的社区居民会三三两两来到广场上锻炼，有几组跳广场舞的，有打篮球和乒乓球的，有在跑道上慢跑或者快步的，整个广场喧嚣而充满了活力，让人不由得想起阿兰·B.雅各布斯对于"伟大的街道"的呼唤。

　　因为地理位置一般较佳，加之人流密集，交通方便，所以社区广场还会承担商业的职能。仍以笔者所居处的西河健身广场为例：在广场上常年有人

韶关市西河健身广场俯瞰

摆摊，提供儿童游乐的小型设施；还有人贩卖儿童玩具，所以在事实上形成了一个小型的儿童乐园，常常有父母带领孩子来此玩耍。广场上还会不时举办商品展销活动。近几年以来，每年都会有数次汽车展销活动，另外韶关市每年一度的美食节也迁到了此处。除了正对主要交通干道的一面外，广场的另外三面，仅仅一路之隔，就是数十家中式或者西式的小饭店和一家沃尔玛大型超市。可以说，因为这些饭店、超市、体育设施的存在，这个不大的简易广场已经成为一个重要的区域中心，成为周边居民生活离不开的地方。

小　结

在欧洲，广场可谓城市的灵魂。城市无论大小，一定会有属于自己的广场。文艺复兴之前，欧洲城市广场大都以政治功能和宗教功能为主而以商业功能、休闲功能为辅；文艺复兴之后，随着资本主义的兴起，城市广场逐渐突出了商业功能和消闲功能而弱化了政治功能，至于宗教功能则已经随着"科学主义"的胜利而完全萎缩了。然而，尽管所承载的主体功能有所侧重，在欧洲，城市广场作为市民最主要的公共活动空间这一点却没有变化。如果要在欧洲的城市空间生产中寻找能最大限度地体现出"公共性"这一思想的地方，那么广场应该排在首位。对比而言，中国在近代以前并不存在类似欧洲那样的城市广场。早在先秦时期，中国具有宗教功能的祭祀型广场就已经和具有商业、消闲功能的生活型广场分离开来。祭祀型广场演变为专属于统治阶层、具有明显的权力属性的封闭型空间，所以谈不到具有普遍的"公共性"；生活型广场，无论是历史更为久远的"市"还是在佛教的影响下才形成的"庙会"，虽然被管控的程度总体呈现出不断松动之势，但因为始终处于国家权力的制约之下，还只能说具有有限的"公共性"。很显然，欧洲城市广场始终具有的、极为重要的政治功能，在古代中国城市广场的历史上一直是空白。这一点也很容易理解：古代中国历史上完全不存在多元化权力角逐之下的政治协商制度，依托于"深宫大院"的国家治理方式不需要欧洲式的"市政广场"。鸦片战争以后，中国城市的空间生产方式开始发生质的变化——出现了两种具有政治隐喻意义的广场建构类型：一种是在租借地涌现的西式广场，可以视之为殖民主义的空间宣示；一种则是在租借地之外出现的于中西结合之中又极力突出中国传统文化的纪念广场，可以视之为民族主义的空间抗争。

城市广场从来都不是空洞的、无意义的物理空间，而是社会制度以及与之相应的意识形态在空间生产上的直接投射。中华人民共和国成立后，在意识形态领域的一大任务是反对帝国主义、官僚资本主义和封建主义的影响而确立社会主义思想文化的主流地位。这是一个问题的两面，因为确立社会主义思想文化的主流地位，就必然要推翻帝国主义、官僚资本主义和封建主义这些旧的思想文化的主流地位。这个历史性的思想改造任务，体现在生产和生活的方方面面，对于城市空间的改造是其中之一，而改造城市广场又是城市空间改造中的主要任务之一。中央人民政府对于天安门广场的改造，对于这一时期在全国各地陆续展开的旧广场改造作出了示范。这个示范所包含的核心内容是：以突出"人民性"作为总的原则；在空间规划上一般与城市的政治中心相连或者遥相呼应；广场是完全开放的空间；广场的形制和附属建筑在风格上要简洁、严肃、开阔、有序，同时尽可能融入民族文化色彩。从1949底开始的接近三十年间的城市广场建设，虽然存在着过于政治化的倾向，但是站在历史的角度看，其伟大意义绝不能被无视或歪曲。新中国广场改造与建设的最伟大意义，就是确立了广大普通民众的空间享有权。所以，这一空间实践在性质上不但不是有些批评者所谓极权主义的，反而是人民主权的一种反映，其空间实践为最广大的普通民众参与国家政治生活提供了一种实实在在的情感及身体体验，而这是中国社会以前从未发生过的。

改革开放以后，驱动城市广场建设的动机逐步由单一的政治因素转变为政治与经济因素并存。从政治考量来说，广场要突出地方在改革开放方面取得的成就；从经济考量来说，广场建设要改变过去全部由国家财政投入的资金来源结构。这些因素在不同的时间段和不同的城市中，以不同的方式扭结在一起的，最后造成了城市广场建设的三个普遍特征：一是公园化。大型广场的空间建设在建筑、绿植、灯光、水体、铺装及艺术品等附着物等方面，普遍向公园风格靠近，少数经济发达城市的中心广场还进一步追求景观效果、园林效果。二是商业化。中心广场内部空间的设计使用以商业网点为主，周边建筑中商业建筑也大量出现。景观化的广场和各类商业建筑实际上构成了吸引、引诱消费者的"共谋"关系。同时，还出现了以特定空间——一般是有悠久历史文化积淀的街道、河流，或者是主要的交通节点——为依托，融商业功能、文化功能、景观功能、交往功能等为一体的大型公共空间——"商圈"。三是类型逐步趋于多样化。除了作为城市标志的中心广场、景观广场和几乎遍布每一座城市的"步行街""商圈"之外，集休闲、娱乐、体育、商业等等功能于一体的社区广场在进入二十一世纪后如雨后春笋般在各级各类城市中涌现出来，成为最具开放性、市民参与程度最高、最具有亲民特征的公共空间。

中华人民共和国成立七十余年来，城市广场的空间建设经历了从强调政治象征意义到强调展示"城市形象"，再到强调其作为普通市民共享的公共生活空间的不断转变。转变的基本趋势，是空间规划与建设越来越"亲民"，或者说越来越重视普通市民的生活需求。如果说城市广场是城市最大多数的普通市民所能享有的最主要、最重要的公共文化空间，那么其公共性的实现程度，就体现在这一空间以何种方式、在何种意义上，对于民众的公共生活造成了什么样的实质性影响上。广场空间的变迁，是一部刻在城市土地上的城市历史和城市治理纪录片。

参考文献

（一）著作文献

1. 马克思主义经典作家文献

［1］［德］马克思、［德］恩格斯：《马克思恩格斯全集》（第3卷），人民出版社，1960年。

［2］［德］马克思、［德］恩格斯：《马克思恩格斯选集》（第1、2、3卷），人民出版社，1972年。

［3］［德］马克思：《1844年经济学哲学手稿》，刘丕坤译，人民出版社，1979年。

［4］［苏］列宁：《列宁选集》（第1卷），人民出版社，1995年。

［5］［苏］列宁：《列宁选集》（第24卷），人民出版社，1990年。

［6］毛泽东：《毛泽东选集》（第2卷），人民出版社，1991年。

［7］毛泽东：《毛泽东文集》（第3卷），人民出版社，1996年。

［8］毛泽东：《毛泽东文集》（第7、8卷），人民出版社，1996年。

［9］毛泽东：《毛泽东文艺论集》，中央文献出版社，2002年。

［10］邓小平：《邓小平文选》（第2卷），人民出版社，1994年。

［11］邓小平：《邓小平文选》（第3卷），人民出版社，1993年。

2. 中国古代文献

［1］《周易》，上海古籍出版社，1987年。

［2］《诗经》，［宋］朱熹注，上海古籍出版社，1987年。

［3］《国语》，商务印书馆，1935年（1958年重印）。

［4］［周］庄周：《庄子》，燕山出版社，1995年。

［5］［晋］陈寿：《三国志·魏书》，［刘宋］裴松之注，中华书局，1959年。

［6］［晋］杜预等注：《春秋三传》，上海古籍出版社，1987年。

［7］［北魏］杨衒之：《洛阳伽蓝记》，周振甫释注，学苑出版社，

2001年。

　　［8］［唐］房玄龄等撰：《晋书》第八册，中华书局，1959年。

　　［9］［唐］徐坚：《初学记》，《四库全书·子部》卷二十四。

　　［10］［唐］崔令钦：《教坊记》，罗济平校点，辽宁教育出版社，1998年。

　　［11］［宋］王溥：《唐会要》，中华书局，1955年。

　　［12］［宋］孟元老等：《东京梦华录（外四种）》，文化艺术出版社，1998年。

　　［13］［宋］孟元老：《东京梦华录》，中华书局，1982年。

　　［14］［宋］朱熹注：《大学·中庸·论语》，上海古籍出版社，1987年。

　　［15］［明］张居正：《〈尚书〉直解》，九州出版社，2010年。

　　［16］［明］兰陵笑笑生：《全本金瓶梅词话》，香港太平书局，1982年。

　　［17］［清］陈梦雷等编；《古今图书集成·医部全录》（第12册），人民卫生出版社，1962年。

　　［18］［清］葛元熙：《沪游杂记》，上海书店，2009年。

3. 中国现代文献

　　［1］总理奉安专刊编纂委员会：《总理奉安实录》，1930年。

　　［2］刘锦藻：《清朝续文献通考》，台北新兴书局影印本。

　　［3］杜定友：《新图书馆手册》，中华书局，1951年。

　　［4］北京大学图书馆学系：《图书馆学基础讲义初稿》，北京大学图书馆学系编印，1958年。

　　［5］《上海公共租界史稿》，上海人民出版社，1980年。

　　［6］袁梅：《〈诗经〉译注》，齐鲁书社，1980年。

　　［7］李希泌、张椒华：《中国古代藏书与近代图书馆史料》，中华书局，1982年。

　　［8］陈学恂：《中国近代教育史教学参考资料》（上册），人民教育出版社，1986年。

［9］南京市档案馆、中山陵园管理处：《中山陵档案史料选编》，江苏古籍出版社，1986年。

［10］杨子竞：《外国图书馆史简编》，南开大学出版社，1990年。

［11］邵文杰等：《北京图书馆与俄美等国家图书馆》，书目文献出版社，1994年。

［12］李泽厚：《李泽厚十年集（第三卷·下）》，安徽文艺出版社，1994年。

［13］赵伯陶：《市井文化与市民心态》，湖北教育出版社，1996年。

［14］廖奔：《中国古代剧场史》，中州古籍出版社，1997年。

［15］葛兆光：《七世纪前中国的知识、思想与信仰世界》，复旦大学出版社，1998年。

［16］王孝通：《中国商业史》，商务印书馆，1998年。

［17］黄建国、高跃新：《中国古代藏书楼研究》，中华书局，1999年。

［18］张少康、卢永璘：《先秦两汉文论选》，人民文学出版社，1999年。

［19］袁行霈、罗宗强：《中国文学史》（第2卷），高等教育出版社，1999年。

［20］陆林：《元代戏剧学研究》，安徽文艺出版社，1999年。

［21］罗钢、刘象愚：《文化研究读本》，中国社会科学出版社，2000年。

［22］刘作忠：《挽孙中山先生联选》，兰州大学出版社，2000年。

［23］钱穆：《国史新论》，生活·读书·新知三联书店，2001年。

［24］张复合：《建筑史论文集》（第14辑），清华大学出版社，2001年。

［25］李德华：《城市规划原理》（第3版），中国建筑工业出版社，2001年。

［26］包亚明：《现代性与空间的生产》，上海教育出版社，2003年。

［27］廖奔：《戏曲文物发覆》，厦门大学出版社，2003年。

［28］陈戍国：《〈礼记〉校注》，岳麓书社，2004年。

［29］同济大学城市规划教研室：《中国城市建设史》，中国建筑工业出版社，2004年。

［30］蔡永洁：《城市广场　历史脉络·发展动力·空间品质》，东南大学出版社，2006年。

［31］金宏图：《传统节日与文化空间："东岳论坛"国际学术研讨会专辑》，学苑出版社，2007年。

［32］方千华：《竞技运动表演论》，人民体育出版社，2008年。

［33］仲红卫：《社会转型与文化重构：当代中国市民文化研究》，兰州大学出版社，2009年。

［34］谢灼华：《中国图书和图书馆史》，武汉大学出版社，2011年。

［35］李春敏：《马克思的社会空间理论研究》，上海人民出版社，2012年。

［36］吴忠、王为理等：《城市文化论》，海天出版社，2014年。

［37］王玲：《公共文化空间与城市博物馆旅游发展：以上海为例》，浙江大学出版社，2014年。

［38］秦红岭：《城魅：北京提升城市文化软实力的人文途径》，华中科技大学出版社，2014年。

［39］邱冠华：《追梦十年：公共图书馆服务实现均等高效的探索》，上海科学技术文献出版社，2014年。

［40］傅谨：《20世纪中国戏剧史》，中国社会科学出版社，2017年。

［41］杜艳华、贺永泰：《马克思恩格斯现代性思想体系及其影响研究》，上海人民出版社，2017年。

［42］吴晞：《营造"天堂"：深圳图书馆之路》，深圳报业集团出版社，2019年。

［43］廖奔：《廖奔文存》（古典艺术卷），大象出版社，2019年。

［44］王维洁：《南欧广场探索——由古希腊至文艺复兴》，台北田园城市文化事业有限公司，1999年。

［45］顾春芳：《戏剧学导论》，广西师范大学出版社，2020年。

［46］廖奔：《中国古代剧场史》，中国书籍出版社，2020年。

4. 翻译文献及外文文献

［1］［英］马凌诺夫斯基：《巫术、科学、宗教与神话》，李安宅译，商务印书馆，1936年。

［2］［苏］塞尔格叶夫：《古希腊史》，缪灵珠译，高等教育出版社，1955年。

［3］［古希腊］亚里士多德：《政治学》，吴寿彭译，商务印书馆，1965年。

［4］［古罗马］维特鲁威：《建筑十书》，高履泰译，中国建筑工业出版社，1986年。

［5］［美］刘易斯·芒福德：《城市发展史——起源、演变和前景》，倪文彦、宋俊岭译，中国建筑工业出版社，1989年。

［6］［美］M.H.哈里斯：《西方图书馆史》，吴晞、靳萍译，书目文献出版社，1989年。

［7］［英］艾略特：《T. S. 艾略特诗选》，查良铮等译，四川文艺出版社，1992年。

［8］［美］尹恩·P. 瓦特：《小说的兴起：笛福、理查逊、菲尔丁研究》，高原、董红钧译，生活·读书·新知三联书店，1992年。

［9］［法］米歇尔·福柯：《必须保卫社会》，钱翰译，上海人民出版社，1999年。

［10］［德］尤尔根·哈贝马斯：《公共领域的结构转型》，曹卫东等译，学林出版社，1999年。

［11］［法］让·鲍德里亚：《消费社会》，刘成富、全志钢译，南京大学出版社，2000年。

［12］［美］爱德华·W.萨义德：《文化与帝国主义》，李琨译，生活·读书·新知三联书店，2003年。

［13］［英］布莱恩·劳森：《空间的语言》，杨青娟等译，中国建筑工业出版社，2003年。

［14］［英］布赖恩·特纳：《Blackwell社会理论指南》，李康译，上

海人民出版社，2003年。

　　［15］［美］大卫·哈维：《后现代的状况》，阎嘉译，商务印书馆
2003年。

　　［16］［法］瓦诺耶克：《奥林匹克运动会的起源及古希腊罗马的体育运动》，徐家顺译，百花文艺出版社，2005年。

　　［17］［法］居伊·德波：《景观社会》，王昭凤译，南京大学出版社
2006年。

　　［18］［加］特雷弗·J.巴恩斯：《经济地理学读本》，童昕等译，商务印书馆，2007年。

　　［19］［德］汉娜·阿伦特：《人的境况》，王寅丽译，上海人民出版社，2009年。

　　［20］［美］阿兰·B.雅各布斯：《伟大的街道》，王又佳、金秋野译，中国建筑工业出版社，2009年。

　　［21］［美］罗伯特·戴维·萨克：《社会思想中的空间观：一种地理学的视角》，黄春芳译，北京师范大学出版社，2010年。

　　［22］［英］德雷克·格利高里、［英］约翰·厄里：《社会关系与空间结构》，谢礼圣、吕增奎等译，北京师范大学出版社，2011年。

　　［23］［德］诺贝特·埃利亚斯：《文明的进程》，王佩莉、袁志英译，上海译文出版社，2013年。

　　［24］［美］弗雷德·勒纳：《图书馆的故事》，沈英、马幸译，北京时代华文书局，2014年。

　　［25］［日］大谷幸夫：《城市空间设计12讲：历史中的建筑与城市》，王伊宁译，华中科技大学出版社，2018年。

　　［26］［加］简·雅各布斯：《美国大城市的死与生》，金衡山译，译林出版社，2020年。

　　［27］［法］亨利·列斐伏尔：《空间的生产》，刘怀玉等译，商务印书馆，2021年。

　　［28］Leonardo Benevolo：The history of the city，The MIT Press
（Cambridge，Massachusetts），1981.

［29］Manuel Castells：The urban question：a Marxist approach，Massachusetts：MIT Press，1977.

［30］Doreen Massey：Space，Place and Gender，Cambridge：Polity Press，1994.

［31］Sharon Chien Lin：Libraries and Librarianship in China，Westprot，CT: Greenwood Press, 1998.

［32］Nadai L：Discourses of Urban Public Space,USA 1960–1995 a historical critique，Columbia University,2000.

［33］Oxford Advanced Learner's Dictionary of current English With Chinese Translation， Revised Third Edition, Hong Kong Oxford University Press, 1984.

（二）期刊文献及学位论文文献

1. 期刊文献

［1］汪康年：《论中国求富强宜筹易行之法》，《时务报》第13期。

［2］佚名：《新图书馆的工作与任务》，《文物参考资料》1950年第7期。

［3］韩承铎、王宏钧：《谁说"今不如昔"？——我国图书馆事业概述》，《图书馆学通讯》1957年Z1期。

［4］郝瑶甫、李钟履：《"危机"从何说起？——驳光明日报"图书馆事业存在着危机"谬论》，《图书馆学通讯》1957年Z1期。

［5］王鸿：《决不容许右派分子诬蔑我们的古书保护工作》，《图书馆学通讯》1957年Z1期。

［6］张铁弦：《北京图书馆馆史二三事》，《文物》1959年第9期。

［7］图书馆事业史小组：《我国十年来的图书馆事业》，《北京大学学报（人文科学）》1959年第4期。

［8］梁思成：《天安门广场》，《前线》1959年第19期。

［9］黎文、石铭、佩华：《文化战线上的一支新军——上海街道里弄图书馆的成长和发展》，《学术月刊》1965年第6期。

［10］黄宗忠、彭斐章、谢灼华：《开展图书馆现代化的研究是新时

期图书馆学的重大课题》，《武汉大学学报（哲学社会科学版）》1978年第6期。

［11］张雁翎：《阅览室的科技图书必须开架》，《黑龙江图书馆》1979年第4期。

［12］王荣授：《谈小型图书馆半开架借书》，《图书馆工作与研究》1979年第3期。

［13］夏放：《浅谈图书馆的现代化》，《图书馆工作与研究》1979年第3期。

［14］汪恩来：《图书馆现代化问题初探》，《四川图书馆学报》1979年第4期。

［15］陕西周原考古队：《陕西岐山凤雏村西周建筑基址发掘简报》，《文物》1979 年第 10 期。

［16］陈世民：《建设现代化图书馆》，《图书馆学通讯》1980年第1期。

［17］佘峻南：《低造价能否做出高质量的设计？——谈广州友谊剧院设计》，《建筑学报》1980年第3期。

［18］张琪玉、付敬生、刘荣、杨元生：《试论我国图书馆现代化的目标、道路及方法》，《四川图书馆学报》1980年第4期。

［19］龚忠武：《高校图书馆现代化从何起步？》，《江苏图书馆工作》1981年第3期。

［20］谢灼华：《维新派与近代中国图书馆》，《图书馆杂志》1982年第3期。

［21］王西梅：《开架借阅在世界的普遍发展及其原因》，《图书馆工作与研究》1983年第4期。

［22］钱遵立：《高校图书馆改革刍议》，《图书馆学研究》1984年第4期。

［23］佚名：《关于公共图书馆改革和业务辅导——辽宁省文化厅召开公共图书馆工作会议》，《图书馆学刊》1984年第4期。

［24］李建中：《小议图书馆的改革——从上海图书馆说起》，《图书

馆学研究》1984年第4期。

［25］佚名：《在改革中腾飞：各类图书馆改革办法摘编》，《图书馆》1985年第1期。

［26］扬子东波：《夫子庙夜市抒情》，《江苏商论》1985年第5期。

［27］佚名：《中国现代建筑历史（1949—1984）大事年表》，《建筑学报》1985年第10期。

［28］王世仁：《中国近代建筑的民族形式》，《古建园林技术》1987年第1期。

［29］吴作育：《思考、比较、归纳——探讨传统商业街的条件和规划原则》，《城市规划》1990年第2期。

［30］安雯、策群：《一次大团结的学术研讨会——第七届全国中青年图书馆学情报学学术研讨会综述》，《高校图书馆工作》1993年第1期。

［31］许碚生：《从有偿服务到馆办产业》，《高校图书馆工作》，1993年第1期。

［32］黄宗忠：《中国图书馆事业与改革》，《图书馆建设》1993年第1期。

［33］黄宗忠：《论图书馆改革中的几个问题》，《晋图学刊》1993年第3期。

［34］杨玉中、杨宏远：《公共图书馆与文化市场》，《图书馆建设》1994年第1期。

［35］程亚男：《1984—1994：图书馆改革扫描》，《图书馆》1994年第6期。

［36］杨燕玲：《从专业人员的流失看高校图书馆的改革与发展》，《北京经济瞭望·北京财贸学院学报》1994年第4期。

［37］李金算：《数字图书馆》，《中国信息导报》1995年第3期。

［38］黄宗忠：《论21世纪的图书馆》，《图书与情报》1996年第2期。

［39］廖奔：《中国古代剧场形制沿革》，《文物》1996年第2期。

［40］杨朝岭：《重点文化工程启动前后》，《瞭望新闻周刊》1997年

第5—6期。

[41] 刘正彬、李绍明、杨俊：《南京夫子庙步行街》，《江苏统计》2000年第6期。

[42] 范根娣：《1951年收回上海跑马厅史料选》，《档案与史学》2001年第2期。

[43] 葛英：《黑暗千年的中世纪戏剧》，《戏剧之家》2001年第2期。

[44] 黄洋：《希腊城邦的公共空间与政治文化》，《历史研究》2001年第5期。

[45] [日] 冈村秀典：《仰韶文化的聚落结构》，姜宝莲、秦小丽译，《考古与文物》2001年第6期。

[46] 罗德胤、秦佑国：《中国戏曲与古代剧场发展关系的五个阶段》，《古建园林技术》2002年第3期。

[47] 李菲：《论近代上海新式剧场的沿革及其影响》，《上海师范大学学报（哲学社会科学版）》2002年第5期。

[48] 范并思：《维护公共图书馆的基础体制与核心能力——纪念曼彻斯特公共图书馆创建150周年》，《图书馆杂志》2002年第11期。

[49] 徐子方：《明初剧场及其演变》，《艺术百家》2003年第2期。

[50] 李恭忠：《开放的纪念性：中山陵建筑精神的表达与实践》，《南京大学学报（哲学·人文科学·社会科学）》2004年第3期。

[51] 郭湛、王维国：《公共性论纲》，《兰州大学学报》2004年第6期。

[52] 仲红卫、张进：《论清末民初文学公共领域的形成及特征》，《兰州大学学报》2004年第6期。

[53] 席涛：《公共图书馆公共性之分析》，《四川图书馆学报》2005年第3期。

[54] 魏凤莲：《狄奥尼索斯崇拜探析》，《世界历史》2005年第3期。

[55] 卢向东：《早期传入我国的西式剧场》，《世界建筑》2005年第11期。

［56］钱久元：《清末上海剧场演变的轨迹》，《合肥学院学报（社会科学版）》2006年第2期。

［57］芦获：《毛泽东谈魏晋南北朝》，《党的文献》2006年第4期。

［58］关昕：《文化空间：节日与社会生活的公共性国际学术研讨会综述》，《民俗研究》2007年第2期。

［59］袁祖社：《"公共性"的价值信念及其文化理想》，《中国人民大学学报》2007年第1期。

［60］俞健：《古希腊剧场、古罗马剧场》，《艺术科技》2007年第4期。

［61］颜红菲：《中世纪的教会戏剧及其演变》，《襄樊职业技术学院学报》2007年第6期。

［62］张小晨：《神佑的古代剧场》，《歌剧》2007年第10期。

［63］陈杏：《公共文化服务与公共文化空间的关系探析》，《图书馆杂志》2008年第2期。

［64］熊月之：《从跑马厅到人民公园人民广场：历史变迁与象征意义》，《社会科学》2008年第3期。

［65］陈竹、叶珉：《什么是真正的公共空间？——西方城市公共空间理论与空间公共性的判定》，《国际城市规划》2009年第3期。

［66］［法］斯特凡纳·托内拉：《城市公共空间社会学》，黄春晓、陈烨译，《国际城市规划》2009年第4期。

［67］郑国良：《中世纪演出造型艺术》，《戏剧艺术》2009年第5期。

［68］王莎、许志龙：《理想城市楷模——论古希腊城市规划》，《西南大学学报（社会科学版）》（增刊）2010年。

［69］刘虹、张岩青、曲凌雁：《古罗马剧场建筑特色及其形成原因和影响》，《世界地理研究》2011年第1期。

［70］卢向东：《中国剧场的大剧院时代》，《建筑论坛》2011年第1期。

［71］俞健：《镜框式舞台的历史与现状》，《艺术科技》2012年第3期。

［72］张梅、李厚羿：《空间、知识与权力：福柯社会批判的空间转向》，《马克思主义与现实》2013年第3期。

［73］李璐颖：《城市化率50%的拐点迷局——典型国家快速城市化阶段发展特征的比较研究》，《城市规划学刊》2013年第3期。

［74］韩荞冰：《从图解教义到世俗化——欧洲中世纪戏剧演出》，《吉林艺术学院学报》2013年第4期。

［75］赵磊、吴文智：《本土文化传承与城市公园绿地规划》，《城市发展研究》2013年第9期，

［76］贺雪峰：《论中国式城市化与现代化道路》，《中国农村观察》2014年第1期。

［77］来嘉炜：《现代剧院的发展与变化》，《戏剧之家》2014年第2期。

［78］王桂新、黄祖宇：《中国城市人口增长来源构成及其对城市化的贡献：1991—2010》，《中国人口科学》2014年第2期。

［79］《新建剧场的现状及对策研究》课题组：《我国新建剧场的现状及对策研究》，《演艺科技》，2014年第5期。

［80］赵岷、李金龙、李翠霞：《从仪式到表演：古罗马角斗活动的文化学剖析》，《西安体育学院学报》2015年第2期。

［81］邢军：《中国城市公共文化领域的历史形态及其演变》，《江海学刊》2015年第5期。

［82］姜志强：《论社会主义文化民主》，《东岳论丛》2015年第5期。

［83］杨子：《大剧院的"政治叙事"及对城市文化的塑型》，《河南社会科学》2016年第3期。

［84］曹志刚、蔡思敏：《公共性、公共空间与集体消费视野中的社区广场舞》，《城市问题》2016年第4期。

［85］连建功：《传统庙会文化传承机制研究》，《信阳师范学院学报（哲学社会科学版）》2016年第5期。

［86］陶庆梅：《中国大剧院建设的模式、问题与出路》，《文化纵横》2016年第5期。

［87］郭晓霞：《论英国中世纪教堂仪式剧的萌发》，《戏剧文学》2016年第7期。

［88］魏兵兵：《近代上海半殖民地市政与城市公共空间之演进——以剧场建筑问题为个案》，《史学月刊》2017年第3期。

［89］汪闻涛、杨永志：《文化民主视阈下当代中国社会主义文化发展路径探析》，《广西社会科学》2017年第4期

［90］单轸、邵波：《国内图书馆空间形态演化探析》，《图书馆学研究》2018年第2期。

［91］张靖、李思雨、杨乃一、陈卫东、彭杰：《广东省公共图书馆事业发展报告（2013—2017）》，《图书馆论坛》2018年第10期。

［92］张品：《社会空间：城市社会学研究的一种新视角》，《理论与现代化》2018年第5期。

［93］李琳：《"十七年"时期浙江剧场的空间组织研究》，《中国戏曲学院学报》2020年第1期。

［94］尤济红：《发展阶段、政府职能与中国城市化进程——为何中国城市化长期滞后？》，《产业经济研究》2022年第2期。

［95］Louis Wirth: Urbanism as a Way of Life，The American Journal of Sociology, Vol 44, No1,（Jul.,1938）.

2. 学位论文文献

［1］曹文明：《城市广场的人文研究》，中国社会科学院研究生院博士学位论文，2005年。

［2］范兴坤：《中国大陆地区图书馆事业政策研究（1978–2008）》，南京大学博士学位论文，2010年。

［3］李建隆：《敦煌壁画中的乐舞演出与演出空间》，上海戏剧学院博士学位论文，2010年。

［4］苑军：《中国近现代城市广场演变研究》，中国艺术研究院博士学位论文，2012年。

［5］钟靖：《空间、权力与文化的嬗变：上海人民广场文化研究》，华东师范大学博士学位论文，2014年。

［6］周彦华：《大连城市广场形态研究》，大连理工大学硕士学位论文，2001年。

［7］董伟：《大连城市规划史研究》，大连理工大学硕士学位论文，2001年。

［8］李建磊：《国家大剧院与北京都市空间想象》，首都师范大学硕士学位论文，2008年。

［9］张瑞琪：《建国以来大型文化演艺设施的空间变化及运营管理研究》，华东师范大学硕士学位论文，2011年。

［10］戈仕钊：《剧院建筑公共空间活力提升策略研究——以海门大剧院为例》，东南大学硕士学位论文，2021年。

（三）其他文献

1．报刊文献

［1］李纶：《更好地、更有效地为工农兵演出》，《戏剧报》1955年第1期。

［2］《中国剧协座谈评剧艺术改革》，《戏剧报》1955年第1期。

［3］《上海市戏曲改进协会召开京剧艺术改革座谈会》，《戏剧报》1955年第2期。

［4］《文化部艺术局和剧协召开吕剧座谈会》，《戏剧报》1955年第11期。

［5］《首都34家剧场向全国剧场提出大跃进倡议》，《戏剧报》1958年第5期。

［6］《戏剧座谈会讨论话剧发展》，《戏剧报》1959年第5、6期。

［7］赵枫林：《把建草坪的钱用在教育上更好》，《人民日报》1989年7月12日。

［8］张新颖：《北京图书馆因经费拮据、清规难越而好景不再》，《文汇报》1993年12月4日。

［9］赖德霖：《吕彦直和中山陵及中山堂（上）》，《光明日报》1996年10月23日。

［10］《深圳图书馆馆长吴谈深图的服务创新理念与实践：开放·平等·免费》，《深圳特区报》2006年12月13日。

［11］《图书馆回归"公益"》，《中国青年报》2008年2月21日。

2. 资料文献

［1］《政治官报》册十，清光绪三十四年7月15日第284号，台北文海出版社影印版。

［2］《文物参考资料》，1951年第12期、1953年Z1期、1954年第5期。

［3］《科学通报》1956年第2期。

［4］《读书月报》1956年第2期。

［5］《关于整顿改善人民广场面貌的报告》，上海市档案馆：B89-2-173-1。

［6］《关于整顿改善人民广场面貌的报告的批复》，上海档案馆：B289-2-173-129。

［7］上海民用建筑设计院：《上海市人民广场地区规划建设用地安排的请示报告》，上海档案馆：B289-2-893-4。

［8］《浙江文化年鉴2018》，浙江工商大学出版社，2019年。

3. 网络文献

［1］2017年第6号国务院公报，http://www.gov.cn/gongbao/content/2017/content_5171322.htm。

［2］《谱写文化惠民新乐章——党的十八大以来我国公共文化服务体系建设成就纵览》，http://www.mof.gov.cn/zhengwuxinxi/caijingshidian/zgcjb/202108/t20210811_3744535.htm。

［3］中国网财经：《文旅部：截至2021年底，所有公共图书馆、美术馆和91%的博物馆免费开放》，https://baijiahao.baidu.com/s?id=1742009376664780597&wfr=spider&for=pc。

［4］"科洛西姆竞技场"百度百科词条，https://baike.baidu.com/item/罗马斗兽场/64716?fromtitle=科洛西姆竞技场&fromid=3535320&fr=aladdin。

［5］"国家大剧院"360百科词条，https://baike.so.com/doc/5418743-5656909.html。